「鎌倉遺文」にみる中世のことば辞典

ことばの中世史研究会❖編

東京堂出版

はじめに

『鎌倉遺文』（古文書編四十二巻、補遺編四巻、東京堂出版）は、鎌倉時代の古文書を、竹内理三先生が独力で編年順に翻刻・編纂されたもので、刊行期間は一九七一～一九九一年におよび、三万二八六六通という厖大な史料を収載する。鎌倉時代の古文書を網羅的に活字で閲覧できる研究条件が整ったことで、中世史研究者が受けた学恩は、はかり知れない。網野善彦氏は、『鎌倉遺文』刊行によって、特定の研究対象についての網羅的な史料の蒐集を可能にしたとともに、「文書の系統的な検索等は、荘園・公領関係の用語をはじめ、中世独特の〈ことば〉の追究をさらに可能にした」とその意義をあげられている（『竹内理三　人と学問』東京堂出版、一九九八年）。

古文書とは、「文献の中の一部であって、特定の対象に伝達する意志をもってする所の意志表示の所産」と定義される（佐藤進一『古文書学入門』法政大学出版局、一九七一年）。すなわち、古文書は「ある特定者から特定者への意志の伝達という働きを持つ文書」（この場合、差出人や宛名人は複数あるいは不特定多数でもかまわない）であり、直接の伝達機能を持たない日記（古記録）等とは区別される。『鎌倉遺文』には、裁判の記録、相続や土地の売買関係等々じつに多彩な古文書が収載される。そして、これら諸史料は、中世社会に生きたさまざまな階層の人々が、直接見聞した出来事や生活の諸相を、古記録類や文学作品以上に、ヴィヴィッドに私たちに伝えてくれるのである。

これまで、国語辞典や古語辞典、歴史用語辞典類は、古記録類や文学作品、古辞書から多く出典を求めてきたが、本書は、古文書を収録した『鎌倉遺文』から〈中世のことば〉を集めたことを特色としている。

さらに、従来の歴史用語辞典類では、研究用語中心に解説することが一般的であったが、本書では、中世社会に生きたさまざまな人々の生活の具体相にせまることを期して、とくに、〈日常の営み〉に即した語彙や中世独自の生活慣習をあらわす語彙を多く抽出した。各章の構成も生活を軸に、第一章「きまり」、第二章「人」、第三章「しきたり」、第四章「くらし」、第五章「負担」、第六章「闘い」のように編成した。また、〈中世のことば〉は現代語として残っているものも数多いが、本書では、そうした言葉のうち、語義が時代によって変化しているものにも注目し、現代の用法との相違についても留意してみた。「世俗」や「湯屋」が「しきたり」の章であったり、「自由」が「闘い」の章に配列されているなど、読者には戸惑われる場合もあるだろうが、その理由については、どうぞ本文をご覧いただきたい。読者の皆さんの便宜を図るため、巻末に五十音順の語彙索引を付けているが、できれば本書は、「検索する辞典」より「読む辞典」として活用していただきたいというのが、編集委員一同の願いである。また、歴史研究者以外の方々にも本書を読んでいただけるように、コラムで古文書用語等を解説するとともに、文書の引用にあたっては、読み下しを基本とした。平易かつ簡明を心がけたため、各用語等の多様な語義について、すべてを紹介することができなかったことをご了解願いたい。

瀬野精一郎氏は、『鎌倉遺文』刊行の偉業を「二十世紀の掉尾を飾るにふさわしい一大文化事業」と讃えられ、「これを引き継ぎ発展充実させることは、二十一世紀の研究者達に課せられた責務である」と、『鎌倉遺文』補遺編第四巻の「あとがき」に寄稿されている。

本年、二〇〇七年は、竹内理三先生の生誕百年にあたる。こうした節目の年に本書を刊行することができたことを、編集委員一同、喜ばしく思う次第である。竹内先生の多大な学恩に比するのもおこがましい限りであるが、本書が、多くの皆様方に『鎌倉遺文』をより活用していただける、ほんのささやかな一歩となれば幸甚である。

二〇〇七年八月

はじめに

編集委員
錦 昭江 樋口 州男
松井 吉昭 白水 智
櫻井 彦 石附 敏幸
今野 慶信

目　次

Ⅳ章 くらし

Ⅴ章 負担

Ⅵ章 闘い

凡例

1、配列

（1）原則として中世の言葉の意味にしたがって、「きまり」「人」「しきたり」「くらし」「負担」「闘い」の各章に配した。

（2）各章項目の配列は、かな見出しの五十音順とした（コラムを除く）。

2、見出し

（1）かな見出しは、原則として、『鎌倉遺文』・『日本国語大辞典』（第二版）・『国史大辞典』等で立項されている表記にならった。

（2）複数の読みがある場合は、中世の読みを優先したが、比較的よく用いられる読みについては、見出しに併記している。その場合、近世以前に用いられた読みには（古）、現代の読みには（現）と表記した。

（3）かな見出しは、原則として現代かなづかいを用い、常用漢字を当てた。

（4）活用する語の場合は、終止形で表記した。

3、記述

（1）原則として、本文・引用文とも現代かなづかい、常用漢字を用いた。

（2）原文が漢文の史料引用文は、読者の便宜をはかるため、できるかぎり読み下し文としている。また、原文がひらがな書きの史料引用文は、同じく、傍注（　）内に同じ語義の漢字を併記している。

（3）原則として『鎌倉遺文』に収載されている引用史料は、『鎌倉遺文』から引用し、出典は（『鎌』○○○号）のように表記した。

（4）本文中に頻出する出典・参考文献については、左記のように表記した。

『平安遺文』—『平』
『日本国語大辞典』（小学館）—『日国』
『大漢和辞典』—『漢』

（5）数字は、漢数字を使用した。

（6）年次表記は、原則として和年号を用い、（　）内に西暦を併記した。

（7）本文・引用文を理解するために、古文書特有の表記・様式・用語等については、「コラム古文書の様式」・「コラム古文書用語の読み方と意味」で解説した。

（8）＊は他に立項されている項目を、†はコラムで解説されている語を示す。

4、その他

（1）『平安遺文』『鎌倉遺文』『南北朝遺文』以外で、本文中に引用した文献については、巻末に出典一覧を掲載した。出典一覧の作者名・成立年代について多くの説がある場合、歴史書の場合は『国史大辞典』、文学作品の場合は『日本国語大辞典』によった。刊本が複数ある場合、もっとも入手しやすいものを掲載した。

（2）各項目の最後に、執筆者名を記した。コラム等、執筆者名を記していないものは、編集委員会が作成した。

Ⅰ章　きまり

第Ⅰ章「きまり」の章では、中世の裁判や法慣習・規範に関連する用語、支配の方針や制度に関連する用語、そして、さらに古文書特有の用語を収録しています。

「垸飯」や「馳走」は、現代語では、「おうばん振る舞い」や「ごちそう」という意味で使われますが、中世では、どのような場合に使われていたのでしょうか？　また、「沽券にかかわる」の「沽券」や「且」は、古文書でよく使われる用語ですが、現代とは異なる意味で用いられています。どのような場合に、どのような意味で用いられていたのでしょうか？

冒頭にあたるこの章では、古文書を読むために皆さんに知ってほしい古文書のさまざまな様式や、中世の裁判に関連する用語もコラムで解説しています。

裏を封ずる

うらをふうずる・うらふう（古）

「裏を封ずる」は、中世では「封レ裏《うらをふうずる》」と記され、文書の裏面に証明のことばや署名がなされることを指し、現在でも使用される裏書《うらがき》の源流である。中世の裁判で、†訴人（原告）の†訴状や†論人（被告）の†陳状《ちんじょう》の文書裏面に、担当奉行人が証明の文言《もんごん》と署名・†花押《かおう》を記して、文書の表の文面を承認・保証した行為を意味する。

鎌倉幕府の裁判において、訴訟の最中に和与（和解）した場合、訴人と論人のあいだで†和与状《わよ》が取り交わされたが、この裏面に幕府奉行人による「封レ裏《うらをふうずる》」が記され、和与の成立を幕府が保証する機能を果たした。また、中世の公家政権においても、雑訴決断所《ざっそ》・†文殿《ふどの》などで、奉行人が審理の結果を上申する評定文《ひょうじょうぶん》の裏面に花押を加えているが、これも表面《おもてめん》の承認を意味する。

鎌倉幕府の裁判では、訴状と陳状をそれぞれ三度繰り返し提出する†三問三答が行われ、裁判が長期化することが多かった。このため、裁判の判決文である幕府†裁許状《さいきょ》には三問三答の内容が要約して記され、文章が長く数紙にわたる裁許状も多く見られた。この場合、担当奉行人は裁許状の紙継目《かみつぎめ》裏《うら》に花押を加えた。また、裁判に際して訴人・論人から提出された訴状・陳状ならびに証拠書類を審理終了後一巻に継ぎ合わせ、その†継目ごとに担当奉行人が花押を加えたが、これを「継目《つぎめ》裏封《うらふう》」という。

『平安遺文』を検索すると、久安三年（一一四七）四月十七日付の東大寺印蔵《いんぞう》文書目録（『平』二六〇九号）に引用された「雑役免《ぞうやくめん》図帳案一通」の†割書《わりがき》に、「宇治殿《うじどの》の裏封《うらふうあ》あり」と見える。関白藤原頼通が文書の裏面に花押を加え、表面である「雑役免図帳案」の内容を保証するという意味で、中世の「封裏」に通ずる内容である。『鎌倉遺文』における「封裏」の初見は、元久元年（一二〇四）三月二十日付の藤原氏重《うじしげ》棚売券案（『鎌』一四四二号）であるが、本文に「†本券を進むべしと雖《いえど》も、他事相交《あいまじ》わるの間、†案文《あんもん》の裏を封じ副《そ》え進む者也」と見える。藤原氏重が相伝私領の本券案文の内容を裏に署判することで保証している。「封裏」の行為は、鎌倉・室町幕府の裁判における奉行人の行為だけでなく、文書表面の内容を保証する行為として広く一般的に行われていたといえるだろう。

笠松宏至は、「封裏」には「文書表面の記事を確認・証明する」という意味以外に、「裏に封をして、表の文書の自由を奪い、活動させないようにする」という意味のあることを主張する。実際に「裏を封ぜられた」文書の現物である正応二年（一二八九）二月十六日付の小早川定心《じょうしん》（政景）譲状（『鎌』一六八八一号）の裏面中央には、永仁四年（一二九六）十月二十四日付で「†謀書《ぼうしょ》の由《よし》、覚性（政景の姉）代長綱《ながつな》申すの間、両奉行人封判《ふうはん》を加えるところ也」と記されている。両奉行人の藤原・兵庫允《ひょうごのじょう》菅原は、「封裏」の行為によって、文書表面の定心譲状が謀書《ぼうしょ》（偽物）であることを保証したのである。しかし、その後の幕府裁判において、定心譲状は実書《じつしょ》（本物）と認められるに至る。この結果、永仁四年の両奉行人の「封裏」は無効となったはずだが、定心譲状の「封裏」は訂正されることなく、現在でも小早川家文書に残されているのである。

『日本国語大辞典』二版の「封ずる」の項目には、①封をする。②とじこめる。封じこめる。③神仏の力によって活動させないようにする。④ある行動や、そのための手段を禁ずる。禁止する。などの意味を載せているが、「封裏」の行為に笠松の主張する「表の文書の自由を奪い、活動させないようにする」という意味のあることは首肯される。

（久保田和彦）

【参考文献】

笠松宏至『法と言葉の中世史』（平凡社、一九八四年）

垸飯

おうばん

一般には「椀飯」・「埦飯」と書き、垸は古くからの誤用という。『日本国語大辞典』が「王朝時代、公家たちが殿《てん》上《じょう》に集まったときの供膳《くぜん》」と解説するように、「垸飯」の原義は、人を饗応するために儲《もう》ける食膳のことで、初期の様相は村上天皇（在位九四六―六七）撰述という『新儀式』に認められる。「垸飯」の初見は『御堂関白記《みどうかんぱくき》』寛弘七年（一〇一〇）閏二月六日裏書に「殿上・女方《にょうぼう》等に垸飯を送る」と思われる。

治承四年（一一八〇）源頼朝の鎌倉幕府開府以後は、「将軍家に大名が祝膳を奉る儀式となり、年頭の恒例として、また、慶賀の時などに」行うようになった（『日本国語大辞典』）。この儀式を司った職が垸飯奉行である。幕府での最初の垸飯は、頼朝が新亭に移居《いきょ》した治承四年十二月二十日で、垸飯を献じたのは三浦義澄《よしずみ》である。これは臨時なものだが、頼朝が公家の儀式を踏襲した形で行った幕府の年中行事垸飯は、*御家人が年首《ねんしゅ》に将軍へ饗膳《きょうぜん》を献じる礼式で、初例は養和元年（一一八一）正月一日に千葉常胤《つねたね》が垸飯沙汰《さた》を行っている（『吾妻鏡』）。頼朝と東国の有力御家人との主従関係を緊密にする意味をこめて献じたものとみられる。北条氏の執権政治から得宗専制への移行の間に、垸飯沙汰人と三役（剣役・調度役《ちょうど》・行縢役《むかばき》）とが構成され、それぞれに適合した垸飯儀礼が行われた。

　建長八年（一二五六）茂木知宣置文《とものぶおきぶみ》（『鎌』七九七七号）では*公事の負担が*惣領と庶子とでは差があったことが示され、惣領は恒例役である「鎌倉毎年垸飯替物《かえもの》」以外に二ヶ月大番・五月会《ごがつえ》流鏑馬《やぶさめ》・八月大将御月忌用途《おんげつきようと》・貢馬役《こうば》など、幕府の年中行事・儀礼に関わる重要度の高いものを、庶子は補助的な負担であったことがわかる（『鎌』七二七九・八六二八・八六二九・一二九九九・一三〇〇〇・一四一九九・一七五〇八・一八〇三四各号）。加えて、有力御家人は太刀・馬・弓矢などの祝儀の品を添えて垸飯を献じた。それ故に嘉元四年（一三〇六）峯定陳状案《みねさだちんじょうあん》（『鎌』二二六七九号）では「替物垸飯」等の停止《ちょうじ》を訴えているわけである（『鎌』二五一四六号・二六八〇三号）。一方では、幕府の下級役人が正月などに御家人の亭におしかけ、饗応を強要する例も多く（追加法三八四条）、御家人は公私にわたり饗応の費用負担が重かったといえる（『鎌』三一九四四号）。

　室町幕府の垸飯は、将軍に守護家の家督がこれを献じ、共同飲食が重視された。そして、正月一日管領《かんれい》、二月土岐氏、三月佐々木氏というように、家と式日とが固定したが、応仁の乱後にすたれ、上位者が下の者をもてなすことに変化し、椀飯饗応（『言語字考』）や大盤の文字もあてられた（『時代別国語大辞典』）。しかし、盤は『金沢文庫古文書』氏名未詳書状（四六〇四号）に「食事一盤に及ばず」などとあり、鎌倉期にも使用されていた。

　江戸時代には年頭に親類縁者が集まり、飲食することが一般的となり「椀飯振舞」・「節振舞」とも称した。民間信仰上の「五五三《ごごさん》」や「強飯《ごうはん》」などへの影響をも考えられ、現代語の「大飯《おおばん》（盤）振舞《ぶるまい》」の語源ともなった。

（三浦勝男）

【参考文献】

『古事類苑』礼式部一、関靖「中世名語の研究（其三）」（『神奈川県文化財報告書』第23集、神奈川県教育委員会、一九五七年）、永井晋「鎌倉幕府の垸飯の成立と展開」（『日本中世政治社会の研究』続群書類従完成会、一九九一年）、盛本昌広「鎌倉幕府垸飯の負担構造」（『地方史研究』二五五号、一九九五年）。

越度

おつど・おちど（現）

現代語では、「落度」と書き、「おちど」と読んで、あやまち、過失を意味するが、古代では、「越度」と書き、関所を許可無く破る行為を指した。「越度あるに至りては、重きは決罰を以てす」（『三代格』十八）とあるように越度は重罰とされた。『平安遺文』では用例がない。

嘉禄年間（一二二五〜一二二七）のものと推定される僧行海陳状《ちんじょう》案（『鎌』三四九三号）は、伊賀国黒田新荘内名田一町二段に関するもので、†相論の一つの争点となっている当該名田の券契状が、本来は封印された箱に入れ衆徒《しゅと》の管理下に置かれるはずであったのに、封印が無かったことは「衆徒の越度也」とある。この例が、現代語の落度に近い意味として使用される『鎌倉遺文』早期の例といえよう。

貞永元年（一二三二）『御成敗式目』制定にあたって書かれた、幕府評定衆《ひょうじょうしゅう》連署起請文《きしょうもん》（『鎌』四三四一号）では、成敗が落着した案件については、「一同の*憲法」であり、たとえ非道であっても「一同の越度」と規定されており、評定衆構成員全体の道理に叶った行為である「憲法」と対比する語として、「越度」が使用されている。また『吾妻鏡』元暦元年（一一八四）八月三日条には、「先日賊徒のために家人等を殺害せられおわんぬ。これ用意なきの致すところ也。あに越度にあらずや」とある。

なお、江戸時代の訴訟の際、召還に百姓・町人が応じない場合、目安（訴状）の裏書文の書止《かきどめ》文言には一般に「曲《くせ》事《ごと》たるべき者也」と記されるが、召還対象が武士・僧侶・神主の場合は「越度たるべき者也」が定型文であった（『古事類苑』法律五六）。「越度」を「落度」と表記するようになるのは、近代になってからであろう。

（錦　昭江）

且

かつうは・かつがつ

「この食事は、おいしく、且つ栄養満点だ」。「且つ」は、このようにある状態にさらに要素を加える意味の接続語として使うのが、現在は一般的である。ところが、この「且」という文字の意味するところは、中世には大きな違いがあった。

大きく分けると、①「且」単独で使われる場合と、②「且…且…」と重ねて使われる場合とがあった。現在の意味に比較的近いのは②の方である。例えば、弘安四年（一二九六）、周防国阿弥陀寺四至《しいし》内での甲乙人*による乱入・押妨を禁じた文書では、「且うは後白河院の勅願により、且うは重源上人の記文に任せて」とその根拠が示されている（『鎌』一四二三三号）。あるいは、文保二年（一三一八）、丹波国大山荘の百姓等が年貢押領*の罪で前雑掌《ざっしょう》を訴えた訴状†では、審理の場で抜刀刃傷に及ぼうとした相手を「且うは向《きょう》後《こう》†傍輩のため、且うは定め置かるるの法に任せて」重科に処して欲しいと願っている（『鎌』二六八一五号）。もっとも後者の例で明白なように、②の用法も厳密にいえば現代の使われ方とは微妙なズレがある。単純に要素をプラスしているのではなく、「一方では…、また一方では…」と、一つの事実の異なる側面をそれぞれに挙げたり、並列的に要素を列挙する表現となっている。また、読みも「かつ…」ではなく、「かつうは…かつうは…」と訓じていた。

しかしさらに現代語と意味の開きが大きいのは、①の場合である。「且」一文字で「かつがつ」と読む。『日本国語大辞典』で「かつがつ」を引くと、表記としては「且且」と出て、次の五つの意味が載っている。（ア）ある事態が不十分ながら成り立つことを表わす。どうにかこうにか。まあともかくも。（イ）ある事態を不十分ながらもすばやく成り立たせる時の、とり急いだ気持を表わす。とりあえず。急いで。（ウ）ある事態が、それの必要な時点より先に成り立つことを表わす。早くも。今からもう。（エ）ある事態が、他の事態に並行してそれを補助する形で成り立つことを表わす。それにまた。加えてまた。（オ）ある事態が、時間の経過に伴って、量的に充実の度を加えることを表わす。おいおいに。だんだん。

微妙なニュアンスの違いも含み、わかりにくい説明となっているが、これらの意味の根本にあるイメージは何かと考えたとき、大きな示唆を与えてくれるのは、佐藤進一による「完全ではない、全体の一部の意」という理解である（『古文書学入門』法政大学出版局）。確かに全体の中の一部分というイメージは、上記（ア）から（オ）に全て共通する。ここから、使われる場面に応じて、さまざまな細かいニュアンスに派生していくと考えられる。使用例としてしばしば見られるのは、貢租の請取状などである。徳治二年（一三〇七）に若狭国太良荘から五石余の「修二月米」が納められた際の請取状には、「右、拾石米の内、且《かつが》つ請け取りの状、件《くだん》の如し」とあり（『鎌』二三〇九二号）、全部で十石のうち約半分を受け取ったことがわかる。この場合の「かつがつ」は、訳すとすれば「当面」「まずさしあたり」という意味合いである。この他にも、「とりあえず」「とり急ぎ」などの意味で理解するのが適当な用例も多く見受けられる。

さらに、国語辞典に掲載されていない意味であるが、「何よりもまず」「第一に」など、主張上の重大な根拠を示す際に用いると考えられるケースがある。太良荘公文職《くもんしき》をめぐって地頭若狭忠清と争った際に出された中原氏女申状案などがその例で、四代にわたる地頭職の詳細を述べ、地頭が公文職を兼帯した事例がないことを主張したあと、「且《かつが》つ代々の国司・領家の御下文顕然也」と強調している（『鎌』八七七二号）。地頭が公文職を兼帯するかどうかという以前に、すでに自らの系譜に連なる非地頭の者たちが公文職を受け継いできたことが明白であるというのである。

「それより何より」「もとをただせば」などの訳語も適合する。こうした使用法は、「さしあたり」「当面」など諸要素の中で最初を意味する表現から転化したものと推測される。

「且」は『鎌倉遺文』の中でも非常に使用頻度の高い言い回しであるが、意味合いは多岐にわたり、訳すとなるとやっかいな用語といえる。それでも、上記の原義を手がかりにすることで、多様な使われ方に対応していくことが可能となる。

（白水　智）

合　点

がってん

現代では、相手の主張することに納得し、「なるほど」と承知する行為を指し（『日国』）、「合点する」というように動詞で用いられることが多い。

『平安遺文』では、「雑文書一結廿枚　文書六通目録合点了《おわん》ぬ」（二三四六号）、「合点　本目録返納し了《おわん》ぬ」（三一八〇号）、「合点　承安五年五月七日返納し了《おわん》ぬ」（三一八一号）、「合点　目録員《かず》の如く返納し了《おわん》ぬ」（三三〇九号）とあり、東大寺文書出納《すいとう》にあたって、照合行為を指すことが多い。『日葡《にっぽ》辞書』にも、合点は、「点をあわする」こととあり、「符号をつけて、ある事を是認、了承することを指し、さらにそのような符号をつけない場合にも言う」と記されており、納得・合意した印《しるし》として点を打つ行為が、もともとの意味であることがわかる。同辞書では、了解する行為として、「合点致《いた》いた」、「合点に参った」を記す。また、和歌・連歌などを批評する際に「よし」とする意思表示や、回状や廻文《めぐらしぶみ》などを見て承知した際、通常は自分の名前の上に鉤型の線で印をつけたことも指す。

『鎌倉遺文』でも、『平安遺文』同様、文書や名簿の照合行為を「合点」と記す場合が多い（『鎌』五一八号など）。さらに、鎌倉期前後からは「件《くだん》*の風聞僻事《ひがごと》に非《あら》ざるの由《よし》、合点せしむるところ也」（『鎌』一〇八八号）や「実正に任せて、道理あるの仁に於《お》いては、合点せしむべき也」（『鎌』一八二〇一号）とあるように、「合点する」とサ変動詞にして用い、納得するや承知するという行為そのものを指すようになる。古記録でも、『明月記』建久三年（一一九二）三月七日条に「親国《ちかくに》祭使の事を申す。院宣《いんぜん》に云わく、合点に及ぶべからず」というように、十二世紀前後から、照合行為そのものではなく、承知・納得する行為全般にわたって「合点」が用いられている。

さらに、近世になると、事情をよく知っていることや、その覚悟ができていることも意味し、以後、「合点がいく」「合点がいかぬ」「合点ずく」など、さまざまな用法で使用されるようになる。

（錦　昭江）

景迹

きょうじゃく・けいしゃく

『大漢和辞典』では「けいせき」と読み、中国では①立派なおこない、②蝿の一種、の意味であるが、中世の日本では別の意味で使われた。『日本国語大辞典』では、①ある人が行なってきたこと、②怪しく思うこと、③おしはかること、推察、の三つの意味を挙げている。

①ある人が行なってきたこと、は中国の用例と同じ意味で、『令義解《りようのぎげ》』など古代で使用された。

②怪しく思うこと、の用例としては、『鎌倉遺文』では日蓮書状にみえる。文永元年（一二六四）十二月十三日日蓮書状（九一九四号）で、念仏者が「法華経をすてよとたばかりげに候はんをば、御用あるべからす、まづ御きやうさく（景迹）あるべし」とあり、法華経を棄てよと言う念仏者の言葉に対してはまず疑いを持てとしている。九〇七七号の日蓮書状の「御景迹あるべき也」も同様の意味で使われている。

③おしはかること、推察、の用例として鎌倉時代では、例えば無住著『沙石集』（弘安六年〈一二八三〉成立）巻九（米沢本）の「慳貪《けんどん》なる百姓の事」にみえる。すなわち、けちな夫との離別を願う妻が地頭に訴えたときの申し立てのなかで、「一事を申さば、余りの事は御還迹あるべく候ふ」とあり、一つの事例で残りの事例を推察してほしいと言っている。この妻は、夫が鮎鮨《あゆずし》を子と妻には与えずに全部自分一人で食べてしまった話をし、「このことから万事を御推察下さい」と申した。地頭が夫を呼び出して確認したところ、夫が事実を認めたので、夫は追放され、妻は女公事《くじ》だけを課されて男公事を免除された。

（菅原正子）

公　平

くびょう・こうへい(現)

「くひょう」「ぐひょう」とも。現在は「こうへい」と読む。意味は①平等で、かたよらないこと、えこひいきや不正がないこと。また、②年貢の意味でも使用された。①の古い用例は、『続日本紀《しょくにほんぎ》』和銅元年（七〇八）七月条の記事で、「勅《ちょく》に曰《いわ》く。卿等の情は公平を存じ、百寮を率先」とある。鎌倉時代初期の説話集である『古事談』巻五の「神社仏事」に、「長谷寺観音の事、長手《ながて》申して云う。四角五重で足るべきか。八角七重を造らるれば国土の費《つい》えたるかと云々。これにより、四角五重を造られおわんぬ。大臣は公平を存じ申さしむといえども、後生《ごしょう》の責めとして、冥途《めいど》において焼銅柱を抱《だ》かると云々」と記されている。②の年貢の用例としては、貞治二年（一三六三）九月二十四日付の橘能継請文《よしつぐうけぶみ》（東寺百合文書）に「公文給《くもんきゅう》三町においては、近例に任せて公平を備えるべき事」とある。

「公平」の用例は、『平安遺文』では十四例が検索できる。初見は寛平元年（八八九）十二月二十六日付の宇佐八幡宮行事例定文（『平』四五四九号）で、「この政途を論ずるに、事公平《ことくびょう》に乖《そむ》く」とある。『鎌倉遺文』にも多くの「公平」の用例が見える。初見は建久二年（一一九一）三月二十二日付の後鳥羽天皇宣旨（『鎌』五二三号）で、前文書と同じ「この政途を論ずるに、事公平《ことくびょう》に乖《そむ》く」の文章が見える。

年貢の意味としての用例は、『平安遺文』には見られない。『日本国語大辞典』二版に載せる年貢の意味としての使用事例は、建治三年（一二七七）七月日付の平弘純請文案《ひろずみうけぶみ》（『鎌』一二七八七号）に見える、「領家の御事、事に於《お》いて疎略に存ぜず、公平を相計《あいはか》うべき事」なる用例である。また嘉元四年（一三〇六）十月六日付の法眼《ほうげん》淵信寄進状にも、「もとより†相折帳《そうせちちょう》の外《ほか》たるにより、寺用公平に費《つい》えあるべからず」と記され、これも年貢としての用例と思われる。年貢としての公平の意味は中世に特有の用例で、現在の公平の語に年貢の意味はない。

中世の公家・武家政権の権力者は、「撫民《ぶみん》」と「公平」の言葉をしきりに使用した。羽下徳彦は、「撫民」政策とは「百姓＝農民に対する収奪の規制」を意味すると同時に、「逆に規制の範囲内の収奪―年貢＝公平―の確保を意味している」と述べている。また、入間田宣夫は、地頭など個別領主の私的利害を超えた全体的な立場に立って、「公平」の安定的確保と「公平」の名にふさわしい適正なる配分を図ること、これこそが中世国家のはたすべき使命であったと述べている。

（久保田和彦）

【参考文献】
羽下徳彦「領主支配と法」（岩波講座『日本歴史』五、一九七五年）、入間田宣夫「撫民・公平と在地社会」（『日本の社会史』五、岩波書店、一九八七年）

憲　法

けんぽう・けんぽう（現）

現代では、普通「けんぽう」と読み、「日本国憲法」を指し、近代国家が統治体制の基礎として定めた根本法のことを言っている。『日本国語大辞典』によれば、古くは「けんぽう」と読み、①「おきて、のり、きまり」のこととしている。聖徳太子の十七条憲法もこの意味であり、日本最初の成文法ではあるが、官吏への一般的訓令に過ぎない。なお、『鎌倉遺文』には「十七条之憲法」（『鎌』五一八一号）、「聖徳太子憲法」（『鎌』八八六九号）、「上宮太子憲法」（『鎌』三〇二三一号）という文言が見えている。この用例としては、「そもそも只世の憲法を忘れ」（『鎌』五二三号）、「本家の憲法に依り」（『鎌』一〇六〇号）、貞永元年（一二三二）の『御成敗式目』の後付に「一同之憲法也」（『鎌』四三四一号）、「長者最初之憲法」（『鎌』五五〇八号）、これくらいしか見られない。

一方、『日本国語大辞典』は、②「公正、公平」という意味を載せている。『平安遺文』『鎌倉遺文』共にほとんどがこの用法であり、具体例としては「憲法之至《いたり》」（『鎌』一二九〇号）、「憲法之誉《ほまれ》」（『鎌』一七四八号）のように用いたり、ある行為の公平性を主張するために「（御）憲法之（御）

沙汰」(『鎌』四六〇五・四八七六・六二二四・六五一九・六五九一・七六八〇・三〇〇六二各号)、「憲法(之)(御)成敗《せいばい》」(『鎌』四七二二・七五五六・一二九五八・一八八四九・二〇一一一・二四四三八・二六三二〇・三〇九一六・三二二五九各号)、「憲法之御奉行《おんぶぎょう》」(『鎌』七七四一号)、「憲法御裁許《ごさいきょ》」(『鎌』一一二六四号・二六五三七号)と使ったり、あるいは「(御)憲法(之)御使《おつかい》」(『鎌』三三四一・一〇五一九・一一〇三三・二一九八七・二四五五〇・二四六八一・二九七五五・二九八五六・二九九一一・三〇九九四各号)や「(御)憲法(之)使(者)」(『鎌』三七五四・七〇五八・一〇五〇八・一三一五八・三〇一六四・三一〇八七各号)、「憲法(之)仁《ひと》」(『鎌』一四三三二・一八二七〇・一八七三四・一八七六二・二四七七三・三一二六五各号)、「憲法之御(善)政」(『鎌』二二六一六号・二三七一七号)、「御憲法政道」(『鎌』二八六五〇号)、「憲法衆中」(『鎌』二七六二〇号)や「憲法之寺僧御中」のように派遣される使者・訴訟当事者、及び政治などの公正さを表現する場合に使用されている。更に「正理」(『鎌』四三三三・一六〇三・三四九三・一二八〇一各号)や「正直」(『鎌』七二七・六三一六・六五九〇・二二六一六各号)、「正道」(『鎌』一二五八・二四一三・三五八〇・四七〇二・六五九九各号)というほとんど同じ意味の単語を冠して意味を強めたりしている【用例1】。ちなみに「正直は貧富を択ばず、憲法は親疎に依らず」(『鎌』二七九四〇号)という並列表現に注目しておきたい。また、高野山は訴訟文書の中で、皮肉混じりに寺領の地頭として「正直憲法仁」の三善康信が「精選」されたと述べている【用例2】。これらのうち、「仰憲法之貴(憲法の貴きを仰がむ)」というフレーズが、最も頻出するもので、訴訟文書の常套句として使用されている。平安・鎌倉期を通してこれらの意味は変わらない。なお、「憲政」も同じ意味であり、「任憲政(憲政に任せて)」(『鎌』八八四七号)とか「憲政之御世」(『鎌』一八七六二号)といった風に使用されている。

【用例】

(1) 永仁三年(一二九五)閏二月の東大寺の訴状(『鎌』一八七六二号)に「永く此くの如き猛悪不善の輩《ともがら》を停止《ちょうじ》し、正直**憲法**の仁をもって、雑掌職《ざっしょうしき》に補せらるべき也」とあり、寺領を管理する東大寺側の雑掌には「正直憲法」な者を任命すべきことを説いている。

(2) 天福元年(一二三三)六月の高野山の訴状《そじょう》†(『鎌』四五三四号)に「故右大将家(源頼朝)御時、正直**憲法**の仁を精選し、(三善)康信をもって定め補せられ了《おわん》ぬ」とあり、昔のことを回顧し、初代の寺領の地頭三善康信を持ち上げつつ、現在の地頭を非難している文書である。

(今野慶信)

興　行

こうぎょう

現代語では、観客を集め、入場料・見学料を取って演劇や相撲等を催すことを指す。『日本国語大辞典』では、さらに、①儀式・会合などを催すこと、②事をおこしすすめること、盛んに行うこと、③所領を保全すること、④大勢の人に風呂や酒などをふるまうこと、⑤和歌や連歌会を催すこと等の意味が付け加えられている。

鎌倉期には、一般に、①や②の意味で用いられるが、とくに仏事・神事に関する振興・復興を指す場合が多い。『鎌倉遺文』の用例でも、「仏法興行」(『鎌』二八五・二一〇八・三二九一各号)、「仏事興行」(『鎌』二九二一号)、「念仏興行」(『鎌』三六三一・三六三七、三六三九各号)、「神事興行」(『鎌』五三一五号)等、圧倒的に仏事・神事の関連興行記事が多い。③の意味では、とくに仏神領の保全を指すことが多い。蒙古襲来後、「敵国降伏」祈願の功として、仏神領保護を目的として出された法令群は、「神領興行令」と呼称される。『吾妻鏡』では、「善政興行」(文治二・四・三十条)や「政道興行」(元仁元・十二・二条)、和歌会の興行(文応元・十二・二十三条)等のように、「興行」の語は政治・芸能等で幅広く用いられ、「振興する」あるいは「盛大に行うさま」を指した。

西源院本『太平記』に「此桟敷《さじき》ト云、橋之勧進《かんじん》ニ桑門計藪《そう》之捨人カ興行スル処《ところ》也。見物之者ト云ハ京中之商人、力《りき》者《しゃ》、下部《しもべ》共也」(巻二十七雲景未来記事)とあるのは、現代語の意に近い用例の比較的早期のものである。芸能が、仏事や神事から独立して、金銭を徴収して上演されていく過程で、「興行」も現代語のような意味に転じたのであろう。『日葡辞書』《にっぽ》では、「興し行うこと、何か遊び事とか宴会とかをするように人々にすすめ、あるいは人々を説きつける」とあり、さらに、「遊びの興行する」を例に引き、「自ら或る遊び事の主人役、あるいは世話役になって、その遊び事をしようと人にすすめる」とある。「興行」が仏事や神事、政治とは乖離《かいり》し、しだいに遊興の面で用いられる語として認識されている過程がうかがい知れる。

(錦　昭江)

拘惜

こうじゃく・こうしゃく(古)

「こうしゃく」とも読む。「拘惜」は、「惜しんで離さないこと」を指し、転じて「罪人などをかくまう」の意にも使われる。

『御成敗式目』に「悪党等出来《しゅったい》の時は、不日《ふじつ》（すぐに）守護所に召し渡すべき也、もし拘惜に於《お》いては、*且《かつ》うは守護使を入部せしめ、且《かつ》うは、地頭代を改補《かいぶ》すべき也」（『鎌』四三四〇号）とあるように、『鎌倉遺文』では、当初は罪人を匿《かくま》うという用例が圧倒的に多い。建久七年（一一九六）中原親能《ちかよし》書状に、「其《その》御下文《くだしぶみ》を以て、犯科人等を拘惜せしむ」（『鎌』八二六号）とあるのをはじめとして、「拘惜」は犯科人（『鎌』一二三一二号）、*悪党（『鎌』四一七九号・八二八一号・九三〇五号）、夜討殺害人（『鎌』一九二九四号）、*下《げ》手人《しゅにん》（『鎌』三一六六一号）等々さまざまな罪人が匿われる行為を指す。

また、†相論の際に、証拠となる文書類を抑留する行為の用例も多く、隠匿されているものも「彼《か》の文書、三谷郷預所《あずかりどころ》拘惜せしむ」（『鎌』四七〇八号）とあるように文書をはじめ、古帳（『鎌』六八九三号）、†譲状（『鎌』七九〇四号）、証文（『鎌』一九四四一号）、借書（『鎌』二八三〇〇号・二九七九四号）、†正文《しょうもん》（『鎌』三一六六九号）等々こちらもさまざまである。

九条忠家遺誡《ゆいかい》草案（『鎌』一一九二五号）にある「御拘惜を以て、関東数度執申《とりもう》さるの間…」は、本義に近い「いとおしむ、残念がる」の意で用いられている数少ない例である。

（錦　昭江）

御家人

ごけにん

『日本国語大辞典』二版によると、「御家人」には以下の四つの意味がある。①平安時代、貴族や高位の武士に隷属していた者。家の子。郎党《ろうとう》。②中世、鎌倉幕府の将軍と直接主従関係を結んだ家臣。将軍に忠誠義務を尽くす代償として、所領安堵や新恩の給与などの保護をうけた。また、鎌倉御家人、関東御家人などと呼ばれて、非御家人とは厳重に差別されていた。③江戸初期、大名以外の将軍直属の一万石以下の家臣の称。のちに、旗本と御家人に区別されるようになる。直参《じきさん》。④江戸中期以降の将軍直臣のうち、御目見《おめみえ》以下の武士。旗本より身分が低く、直接将軍に謁見する資格をもたない小禄の者。御目見以下。

①の用例として、十一世紀中頃に成立した『太神宮諸雑《だいじんぐうしょぞう》事記《じき》』に「そもそも大司仲理は、かの左大臣殿相伝の御家人なり」、仁平三年（一一五三）十二月二十一日付の尾張権《ごんの》守《かみ》藤原某下文《くだしぶみ》（『平』五〇二四号）に「限り有る御家人」と見える。また、養和元年（一一八一）四月二十四日付の紀伊国荒川荘百姓等言上状《ごんじょうじょう》（『平』六三九七号）に「頭殿《こうのとの》（平重衡）御家人等」と見えるように、平家の家人《けにん》も「御家人」と呼ばれている。

鎌倉幕府が成立すると、②の用例が広く使用されるが、その初見は治承六年（一一八二）一月付の源頼朝下文案（『平』三九七四号―本文書編者疑うべしとある）である。『鎌倉遺文』の初見は、文治三年（一一八七）九月十三日付の関東御教書《みぎょうしょ》（『鎌』二六四号）である。鎌倉幕府の体制として御家人制が確立したのは建久年間（一一九〇～九九）といわれ、西国では御家人†交名《きょうみょう》（名簿）が国ごとに作成され、御家人・非御家人の区別が確定された。幕府は御家人に本領安堵・新恩給与を行い、守護・地頭などに補任、朝廷に官位を推薦し、裁判においても保護を加えた。これに対し御家人は、戦時においては軍役を、平時においては京都大番役・鎌倉番役・篝屋《かがりや》（在京）番役・異国警固番役・†供奉随《ぐぶずい》兵《へい》役など自身が参加する役や一般に関東御公事《みくうじ》と総称される経済的な負担を奉公としてつとめた。

鎌倉中期以降になると、御家人制は身分として固定され、御家人の地位をめぐる裁判なども頻発した。十四世紀初頭に成立した裁判の参考書である『沙汰未練書《さたみれんしょ》』には、「御家人とは、†往昔《おうじゃく》以来、開発領主として武家御下文《くだしぶみ》を賜る人のことなり」と定義されている。貞永元年（一二三二）に成立した『御成敗式目』の第三条に、「そもそも重代の御家人たりと雖も、当時の所帯なくんば駈《か》り催《もよお》すことあたわず」(『鎌』四三四〇号)とあるように、御家人の中には早くから所領を手放すものも現れた。御家人制は鎌倉幕府の軍事・経済的な基盤であり、幕府もその統制・保護に努めたが、貨幣経済の発達や蒙古襲来の影響など、政治的・経済的な時代の変化による御家人の貧窮・没落によって、御家人制は次第に揺らいでいった。

(久保田和彦)

【参考文献】

安田元久『鎌倉御家人』(教育社歴史新書、一九八一年)、御家人制研究会編『御家人制の研究』(吉川弘文館、一九八一年)、田中稔『鎌倉幕府御家人制度の研究』(吉川弘文館、一九九一年)

沽券

こけん

沽券は、現代語では体面や品格を指すことが多いが、本来は売買契約の合法的成立を確認し、将来にわたってその効果を保証するために、売主から買主に与える証文を指す。「†売券」、「†沽却状《こきゃく》」ともいう。

養老七年(七二三)の三世一身法や、天平十五年(七四三)墾田永世私財法が出されて、土地の私有が公認されると、土地が売買されるようになるが、律令制下での売買はすべて官司の許可が必要であった。当初、売券は†解《げ》(上申文書)と呼ばれる文書の様式にのっとって作成されていたが、しだいに、売買の当事者間のみで直接交換されるようになった。平安中期以降、「売渡」や「沽却」などの言葉ではじまる売券の様式が確立するが、このことが、売券を「沽却状」「沽券」と呼称する由来となった。長徳二年(九九六)十一月三日の伊福部利光治田処分状案*(『平』三六七号)では、利光が志摩国答志郡内の田二カ処を養子伊福部貴子に分与した処分状に「後代のため、本公験《くげん》并《ならびに》沽券文を相副《あいそ》え、処分件《くだん》の如し」とある。これが、『平安遺文』における「沽券」の初見である。

『鎌倉遺文』にみる一般的な沽券状は、「沽渡」「売渡」「沽却」からはじまり、売買する田地の面積や所在地が記される。文治三年（一一八七）に作成された【用例1】の売券案の場合は、まだ「辞《じ》」という上申文書の様式をとどめ冒頭は「座主《ざす》僧覚源謹んで辞す」からはじまっているが、しだいに「謹辞」などの文言がなくなってくる。売買にあたっては、「沽券并手継《てつぎ》†正文《しょうもん》」（『鎌』一七九四九号）とあるように、売券とともに売却地に関する権利証明書類も売主から買主に移動する。後日、土地の所有権に関する†相論があった場合には、「沽券状に云く」「沽券之状明白」「任沽券（沽券に任せて）」「依沽券（沽券に依り）」という表現が『鎌倉遺文』にしばしばみられ、沽券状が重要な証拠とされた。【用例2】では、「沽券・質券等を帯ぶると、多く以て領作」とあり、沽券や質券を私的に集積して領地を拡大する非御家人や†凡下《ぼんげ》の仁が多くあらわれてきた状況がうかがい知れる。

沽券状には売買価格が記されていることから、やがて沽券は売値・売価そのものの価値を示すようになる。さらにそこから派生して、「沽券」が、ものの品位・品格に関わる意味でも使用されるようになるのは、近世になってからである。すなわち「沽券にかかわる」は品位や対面にさしつかえるという意味であり、「沽券が下がる」は品位が下がることを意味する（『日国』）。現在では、この意味の方が一般的となっている。

【用例】

（**1**）　僧覚源田地売券案（『鎌』二〇八号）

座主《ざす》僧覚源謹んで辞す（中略）

右、件《くだん》の田地は、講泉（衆カ）故常円房之手より、伝領し得るところ也、然《しか》ると雖《いえど》も、要用に依て、**沽券**を相副《あいそ》え、永年を限り、宮主応蓮房に沽渡進《うりわたしまいら》するところ実也《じちなり》、但し、本役等に於いては、除き畢《おわん》ぬ、かの**沽券**の状に明白也、仍《よっ》て後日の沙汰の為、**沽券**件《くだん》の如し

（**2**）　関東御教書《みきょうじょ》（『鎌』一五二〇〇号）

関東御領の事、*御家人并《ならびに》凡下《ぼんげ》之仁に非《あら》ず、或いは相伝と称し、請所《うけしょ》と号し、或いは**沽券**・質券等を帯ぶると、多く以って領作の由《よし》、其《そ》の聞えあり、越中・越後両国之†当知行之†交名《きょうみょう》を尋ね明《あき》らめ、田畠在家員数、注申《ちゅうしん》せらるべきの状、仰《おお》せに依《よ》って執達件《しったつくだん》の如し

（錦　昭江）

【参考文献】

佐藤進一『古文書学入門』（法政大学出版局、一九七一年）

沙　汰

さた

「沙」は砂、「汰」はえらび分けることを意味する字であるが、両方の字を合せて、水の中で砂を取り除き、砂金などをえらび出すことを意味する用語として用いられていたが、転じて善悪を判別する、淘汰する、精粗を区別する、理非曲直を明らかにする、裁決する、成敗する、命令を下す、物事を処理する、所領・所職を給付する、年貢等の収納、運上など、中世社会においてその意味するものはきわめて多岐多様である。したがって『鎌倉遺文』収録文書中には、「沙汰」という用語は頻出するが、その意味については、文中の前後の文脈から判断把握する必要がある。

また「沙汰」という用語の前後に付く動詞は「明《あきらめ》沙汰」(『鎌』二二四八六号)、「改《あらため》沙汰」(『鎌』一五〇四四号)、「誡《いましめ》沙汰」(『鎌』八六二八号)、「新儀《しんぎ》沙汰」(『鎌』二二五八号)、「尋《たずね》沙汰」(『鎌』四二六号)、「糺《ただし》沙汰」(『鎌』一七一二五号)、「取《とり》沙汰(『鎌』九一二九号)、「付《つけ》沙汰」(『鎌』八八二一号)、「造《つくり》沙汰」(『鎌』三〇三一六号)、「得分《とくぶん》沙汰」(『鎌』九五二一号)、「計《はからい》沙汰」(『鎌』四二四号)、「半分《はんぶん》沙汰」(『鎌』三一二八号)、「無《ぶ》沙汰」(『鎌』八八二一号)、「別《べち》沙汰」(『鎌』四八〇一号)、「交《まじわり》沙汰」(『鎌』四五五〇号)、「申《もうし》沙汰」(『鎌』八八二一号)、「宥《ゆるし》沙汰」(『鎌』二〇二五号)、「寄《よせ》沙汰」(『鎌』八八二一号)、「沙汰預《さたしあずく》」(『鎌』四二三号)、「沙汰与《さたしあたう》」(『鎌』一〇七四五号)、「沙汰居《さたしすう》」(『鎌』一三〇九号)、「沙汰進《さたしすすむ》」(『鎌』二〇七三四号)、「沙汰付《さたしつく》」(『鎌』四五五〇号)、「沙汰未断《みだん》」(『鎌』一四四五六号)、「沙汰渡《さたしわたす》」(『鎌』一七一二五号)などといずれも続けて読み、「沙汰を明める」、「沙汰を改める」、「沙汰を尋ねる」、「沙汰を交える」、「沙汰を申す」などとは読まず、続けて読むことによって異った意味内容の用語となる。

鎌倉時代の訴訟用語の解説書として作成された『沙汰未《さたみ》練書《れんしょ》』の「沙汰」とは裁判、訴訟の意味であり、その中には「†所務《しょむ》沙汰」、「†雑務《ざつむ》沙汰」、「†検断《けんだん》沙汰」、「引付《ひきつけ》沙汰」、「評定《ひょうじょう》沙汰」、「†越訴《おっそ》沙汰」、「寺社沙汰」等について解説が施されている。†裁許状《さいきょじょう》にしばしば見える「任二先例一、可レ致二沙汰一」の「沙汰」も判決、成敗の意味であり、判決を保留、訴えを棄却する場合は「非二沙汰限一《さたのかぎりにあらず》」(『鎌』六三〇八号)と称しており、「改沙汰」は審理のやり直し、「尋沙汰」「糺沙汰」は訴訟の際の尋問、糺明を意味する用語である。

このように「沙汰」は裁判、訴訟関連の用語として使用されている例が多いが、それ以外にも、毎年正月に行われる幕府の政務始めのことを「沙汰始《さたはじめ》」と称しており、これは職務の執行【用例1】を意味している。このほか所領・所職の知行、領知、*支配【用例2】、年貢の徴収、納入【用例3】、弁償、支払【用例4】、給付、引渡、補任《ぶにん》【用例5】等の意味でも「沙汰」という用語が用いられている。

そのほか評判、噂、事件、評定《ひょうじょう》、*興行《こうぎょう》、催し、調査、報告、披露、通知等多様な行為を意味する用語として「沙汰」が用いられていることがわかる。

近世になると「御沙汰書」に見られるように、専ら上からの命令、達しなどの意味で用いられていることが多くなる。

【用例】

(1) 鎌倉幕府は、加賀国井家荘の地頭代官に対し「早く、自由の*狼藉を停止《ちょうじ》し、先例に任せて沙汰致すべし」と命じている（『鎌』一五五一号）。荘園で年貢の収納、運上等の職務を執行している者を「沙汰人」と称しているが、伊予国弓削《ゆげ》島の沙《さ》汰人百姓《たにんびゃくしょう》等は「先例に任せて、彼《か》（国司使）の庄内乱入を停止し、当時の狼藉を留められんことを」訴えている（『鎌』一三五二号）。

(2) 鎌倉幕府は、越後国奥山荘 并《ならびに》 相模国南深沢郷の地頭職を、高井重茂の後家尼に「申し請うに任せて、当時は尼の沙汰たるべし」と命じている（『鎌』二六八八号）。

(3) 鎌倉幕府は、伊賀国壬生野《みぶの》荘の沙汰人に対し、伊勢大神宮役夫工《やくぶく》作料米を「件《くだん》の作料は朝家無雙《ちょうかむそう》の重役、一国平均の課役なり、*且《かつがつ》、官符の旨《むね》に任せて、†懈怠《けたい》なく沙汰致すべし」と命じている（『鎌』三六五三号）。

(4) 『御成敗式目』第五条に、「犯用《はんよう》の条、若《も》し遁《のが》るるところなくんば、員数《いんずう》に任せて弁償すべし、但少分においては、早速沙汰致すべし、過分に至りては、三ヶ年中に弁済《べんさい》すべきなり」と定めている（『鎌』四三四〇号）。

(5) 六波羅探題は、三聖寺領備中国小坂荘の所務を「早く彼《か》の所に打ち莅《のぞみ》、雑掌《ざっしょう》に沙汰し居《す》うべし」と命じている（『鎌』一五五六一号）。

（瀬野精一郎）

【参考文献】

石井良助『中世武家不動産訴訟法の研究』（弘文堂、一九三八年）、西岡虎之助『荘園史の研究』上巻・下巻一・下巻二（岩波書店、一九五三・一九五六年）、渡辺澄夫『増訂畿内庄園の基礎構造』上・下（吉川弘文館、一九六九・一九七〇年）、永原慶二『日本中世社会構造の研究』（岩波書店、一九七三年）、網野善彦『日本中世土地制度史の研究』（塙書房、一九九一年）。

自然

しぜん・じねん（古）

名詞としての用法と、副詞的に用いる場合とがある。『日本国語大辞典』では、名詞として①人の作為によらずに存在するものや現象、②あることがらが誰にも抵抗なく受け入れられるさま、③物の本来の性、などを挙げ、副詞的な用法としては①おのずから、②いずれ、③物事がうまくはかどるさま、④偶然、⑤もしかして、万一、を挙げている。副詞的な用法のうち、②と③は近世の用法と考えられる。

『鎌倉遺文』では副詞的用法①「おのずから」の用例が多い。例えば、「その後殊《こと》なる子細なきの間、雑掌《ざっしょう》自然と年月を送るの処《ところ》」（一六八四三号）など、おのずと月日が過ぎ、という意味の使い方が多い。また、「所案の霊像は、天王良弁の自作、自然に涌き出づるの神形なり」（『鎌』二三三八〇号）もある。親鸞は、「自然《ジネン》トイフハ、自ハヲノツカラトイフ、行者《ぎょうじゃ》ノハカラヒニアラス、然《ネン》トイフハ、シカラシムトイフコトハナリ、（中略）自然トイフハ、モトヨリシカラシムルトイフコトハナリ」（『鎌』八三二五号）と定義しており、おのずからそうなる、と解釈している。

副詞的用法⑤「万一、もし」の用例もいくつかあり、「家につたへ宝たりといへとも、若《も》し自然は、火事のために、かくの如く†案文を書きうつし」（『鎌』補八八号）などがある。また、『御成敗式目』第十六条で、承久の乱で京方に加わった*御家人のうち、「自然の運に依り遁《のが》れ来るの族《やから》」（『鎌』四三四〇号）の「自然」は、副詞的用法④「偶然」、⑤「万一」の両方の意味が含まれていると思われる。

名詞としては、①「人の作為によらずに存在するもの」の用例「御影を動かし奉る事は、自然の致す所なりと申せり」（『鎌』一七三〇号）では超越的な自然現象の意味で使われており、また、「国を日本国というは、自然の名称、自然の理」（『鎌』八〇〇七号）は②の用法に該当する。

なお読み方については、『日葡《にっぽ》辞書』によれば、「しぜん」は「ひょっとして」の意味、「じねん」は「ひとりでに、あるいは、本来的に」の意味で使われている。

（菅原正子）

処　分

しょぶん

『鎌倉遺文』の用例を通覧してみると、①物事の取り決め・きまり、②裁可あるいは③処罰といった意味等にも使用されているが、圧倒的に多くの場合は④譲与・配分の意味で使用されている。

例えば、†事書《ことがき》には「処分す　鶴菊丸分阿波庄別納《べちのう》方所当ならびに所々配分の事」と記す一方で、本文には「此等鶴菊丸に永代譲り与うところ也」とみえる用例（『鎌』二三三二九九号）が確認できることからも明らかなように、「処分」は「譲与」と同義で使用されている。ただし、「田地は、行見相伝の私領也、しかるに舎弟円性、存日《ぞんじつ》の時より、処分せしめ畢《おわん》ぬ」（『鎌』三二六九六号）とみえるように、処分者は必ずしも親とは限らず、祖父母（『鎌』五〇四〇号・六五七一号など）、夫（『鎌』一七一九号・六一三四号など）等の場合もあったので、「処分」とは処分者が生前に子孫・妻あるいはこれに準ずる者に対して行う所領所職の譲与・配分のことを指すといえるだろう。この他、僧侶の師弟間での所領所職の譲与も「処分」とよばれていた（『鎌』八二六六号・一九八一六号など）。

一方、処分者が所領所職を処分せずに死亡した場合は「未処分」といい、この用例も『鎌倉遺文』では多く確認できる（『鎌』一四五八八号・二九六〇八号など）。また、所領所職を処分する際、被処分者に与える文書を「処分状（処分帳・処分文）」といったが、例えば、「永く譲り与う　処分帳の事」で書き出し、被処分者に処分すべき所領・理由等を述べ、最後に後日に生ずる可能性のある妨害について触れた上で、「よって後日の亀《き》鏡《けい》のために、譲り与う所の状件《くだん》の如し」と結んだ文書を「処分帳」とよんだ事例（『鎌』二二五五六号）が確認できる他、「処分状に於《おい》ては、惣目録たるによって、副《そ》え渡すにあたわず」（『鎌』九二九五号）とあるように目録形式のものも「処分状」としており、その様式は一様ではないようである。ただし用例を通覧してみると、書き出しもしくは本文中に「処分」の字句があるものを処分状とよんでいる場合が多い。

なお、①の用例としては、海龍王寺制規《かいりゅうおうじせいき》（『鎌』四三二八号）のうちで寺僧入滅時の「葬送の処分」について「すべからく律文を訪ねるべし」としている例があげられる。そして、②の用例は、定額僧に補任《ぶにん》すべき者を推挙する等の際に、その文書の末尾で「よって事の状を勒して、謹んで処分を請う」（『鎌』補五一六号・五六七一号など）といった形式で使用されている場合が多く、③の用例としては、「盗犯の事によって、前政所《まんどころ》の時没収致すところ也、しかるに彼《か》の処分の内として、†進止《しんし》せしむ也」（『鎌』四二二八号）としている例があげられる。

（築地　貴久）

吹挙

すいきょ

就職や昇進等に有利になるように推薦すること。「推挙」とも書く。また、「吹嘘」とも書く。『日本国語大辞典』によれば「吹嘘」は本来息を吹きかける意であったが、中国では推薦する意もあった。両語とも日本に伝来した際、意味の混乱を避けるためか、次第に「吹挙」に統一されるようになったという。「吹挙」は延応元年（一二三九）及び弘長三年（一二六三）の『吾妻鏡』の記録の他二例みられるのみである。「推挙」は「吹挙」よりも事例は少ないが、鎌倉期を通じてみられ、両者に使用上の相違点はなく、ほぼ区別なく用いられている。

語義としては、「自今以後《じこんいご》、寺家吹挙に任せて、*器量の輩《ともがら》を以て、補任《ぶにん》せしむべきの由《よし》、定め置かれ候ところ也」（『鎌』一四七一九号）に代表されるように、現代語同様の語義で使用される。後伏見上皇自筆願文案（『鎌』二八七二〇号・二八七四四号・二九五一三号）では、「東風致吹挙」（東風吹挙を致す）「東風未加吹挙（東風未だ吹挙を加えず）」の語が見られ、東風の吹く事が、吹挙の前兆となっている。

他に、中世の文書様式で、下位の者が上位の者に奉ずる文書を取り次ぐ際の添状《そえ》を「吹挙状」という。「挙状」とも記される。裁判では、身分の低い者が自分の名義で訴訟する場合、†訴状の提出にあたっては、上級者の挙状が必要とされた。『御成敗式目』でも「†本所の挙状を以て、訴訟を経《ふ》るべきの処《ところ》、其《その》状を帯びずば、既に道理に背く歟《か》」(『鎌』四三四〇号)とあり、本所の挙状のない、荘園・公領の裁判は道理に背く行為とされた。*御家人の郎等などが出訴する場合は主人が、本所代官が出訴する場合は本所が、諸国雑人が出訴する場合は在所地頭が、鎌倉中の雑人が出訴する場合は地主の挙状が必要であった。鎌倉後期、蒙古襲来の戦功審理の過程で、上級の武将が配下の御家人の戦功を保証する「軍忠挙状」も出現し、南北朝期には、挙状の目的も、軍忠の証明のみならず、所領の保全や拡大・安堵等々多彩になる。

(錦　昭江)

【参考文献】
羽下徳彦「訴訟文書」(『日本古文書学講座』五、雄山閣、一九八〇年)、漆原徹『中世軍忠状とその世界』(吉川弘文館、一九九八年)、漆原徹「合戦と軍忠」(『今日の古文書学』三、雄山閣、二〇〇〇年)

楚忽

そこつ

現代語では、軽率でそそっかしい行為を指し、そうした人物を「粗忽者」と評したりするが(『日国』)、『吾妻鏡』治承五年(一一八一)五月十三日条に、鶴岡八幡宮の営作にあたり、「去年仮に建立の号ありといえども、楚忽の間、まず松林萱軒《かやのき》を用いらるるところなり」とあるように、本来は、時間にゆとりがなく、突然で、急ぎあわてる場合に使用された語である。「粗忽」と表記されるのは、近世以降のことである。『鎌倉遺文』では「楚忽」と表記される。また、江戸期には、「麁忽」や「疎忽」とも表記される。

『鎌倉遺文』元徳三年(一三三一)五月十二日尼蓮阿等連署寄進状に、「元徳三年四月十六日、石見公他界せられ畢《おわん》ぬ。病脳楚忽の間、*寄進状の沙汰に及ばず」(三一四二七号)という例では、『吾妻鏡』の例同様、「急に」という意味で使用される。また、正中年間(一三二四〜二六)と比定される醍醐中性院経乗書状では、「奉行《ぶぎょう》人奏聞《そうもん》楚忽に依り、†物忩《ぶっそう》(あわただしい)の聖断たらば、*不便《ふびん》の次第に候」(『鎌』二九四九四号)とあり、この場合、思慮が不十分という語義で使用されている。また、【用例】にある東大寺申状でも時間が無く急であることから転じて、不注意・軽はずみという語義で使用されている。

山城国曾《そ》束《づか》荘と禅定寺《ぜんじょうじ》との境相論では、曾束荘から提出された平等院に所蔵される絵図の真偽が焦点になっているが、禅定寺側では、「本証無く、曾束土民の浮言《ふげん》に任せて」作成された絵図は「楚忽の絵図」と非難している。絵図を裏付ける確かな証明のない絵図が、「楚忽」と表現されているわけで、この場合、楚忽は、根拠のない・誤っているという語義で使用される（『鎌』二五二八一号・二五五二三号）。

この相論では、楚忽と同様の語義として、「髣髴《ほうふつ》」の語も用いられている。「髣髴」は、現代語では「はっきりとしないこと、姿や形がかすかであること、よく似ている」等の意味で使用される。中世では、禅定寺側が曾束荘側の提出する絵図は、*牓示を縮めた「髣髴の絵図」であると主張している（『鎌』二六四九三号）ように、はっきりしないことから転じて、「髣髴」は「楚忽」と同様に「あいまいなこと」「たしかでないこと」を意味している。

高野山金剛三昧院筑前国粥田荘雑掌《ざつしょう》種春と在庁《ざいちょう》成藤等の†相論で作成された正中二年（一三二五）四月五日鎮西《ちんぜい》下知状でも（『鎌』二九〇七九号）、「髣髴の†案文《あんもん》を以て、分明《ぶんみょう》の証文破り難し」とあり、「髣髴」と「分明」は対比する語として位置づけられている。「髣髴の書状」（『鎌』二二七二五号）、「髣髴の*指図」（『鎌』二七二二二号）、「髣髴の先状」（『鎌』二四九二八号）のように、「根拠のない・不確かなもの」に対する非難をこめた語として、使用される事例が多い。

「楚忽」・「髣髴」とも、現代語では、それぞれに別の語義で使用される言葉であるが、『鎌倉遺文』では、相論の際、相手側の主張や提出された証拠の可否や正確さを非難する語としてつかわれている。

【用例】　東大寺申状案（『鎌』二五六二六号）

正和四年（一三一五）九月、六波羅探題両使が兵庫島に入部し、升米《しょうまい》・置石《おきいし》の所務《しょむ》を打止めたことに対し、升米・置石からの収入の一部を塔婆《とうば》修造料所としていた東大寺側は、「子細あらば、†本所（東大寺）に尋ねられ、真偽を糺定《ただしさだめ》せらるべきの処《ところ》、商人等の濫訴《らんそ》につき、**楚忽**の御沙汰に及ぶの条、（東大寺）衆徒《しゅと》面目《めんもく》を失うところ也」と非難した。

（錦　昭江）

怠状

たいじょう・おこたりじょう

罪・過失などをおかした者が陳謝する文書をいう。『正倉院文書』には、下痢のために出仕できないことを記した後家川麻呂の「怠之状」が残されている（『寧楽遺文』中巻六〇九頁）。『国史大辞典』の「怠状」の項では、その内容を、①罪を認めて刑に服する旨を裁定者に申上するもの、②紛争当事者間で一方が非を認めて他方に陳謝するもの、③訴訟に際し†訴人（原告）が訴の一部を非と認めてとりさげる際出すもの、の三つに分類している。

『鎌倉遺文』では、①罪を認めて刑に服する旨の申上、の例として、伊勢国飯高郡の住人髪長満阿が死穢《しえ》に触れながら禁忌せず、†祈念祭などの神事を延引させたとして、伊勢神宮から怠状と過料の提出を命じられた件（一三五一八号など）がある。

②紛争当事者間の一方の陳謝、に関しては、肥前国御家人の白魚《しろいお》弘高が佐保・白魚の代官であったときに、公私を無沙汰にして解職されたため、弘高が復職を願って怠状を出したとされていること（『鎌』二二〇〇七号など）がある。この弘高の怠状は鎮西《ちんぜい》下知状（『鎌』二五五二七号）に引用されている。また、鎌倉末期に山科家が二流に分裂して所領相続をめぐる訴訟となったとき、敗訴した方の教行（山科資行の養子）は、教定（教行の実父）の子教宗の相続を認め、元亨三年（一三二三）三月六日に「先非を悔い、和睦の思いに任せ、孝行の誠を抽んぜんと欲す」と記した怠状を教宗に提出している（『山科家古文書』下）。

③訴人が訴訟を取り下げる際に出すもの、の例としては、豊後国都甲荘《とごうのしょう》地頭職の知行をめぐる円然と妙仏の†相論で、訴人の円然が自分の過失を顧みて訴訟をやめ、怠状を公方《くぼう》に提出した例（『鎌』二三九一六号など）がある。

（菅原正子）

【参考文献】

相田二郎『日本の古文書　上』（岩波書店、一九四九年）、瀬野精一郎『鎮西御家人の研究』（吉川弘文館、一九七五年）、菅原正子『中世の武家と公家の「家」』（吉川弘文館、二〇〇七年）

庭中

ていちゅう

鎌倉・室町幕府などの訴訟制度。鎌倉幕府機構においては、訴人が担当奉行人の受理手続に関し、著しい遅延がみられる、公正性を欠く、などと判断した場合、当該奉行人を越え、幕府引付機構に直訴することができる「引付庭中」や、引付の上部機構、評定《ひょうじょう》機構へ直訴できる「御前庭中」という制度が存在した。語源としては諸説あるが、「庭」とは朝廷の記録所《きろくどころ》や文殿《ふどの》の法廷のことで、幕府もそこから「庭」字を借用したという朝廷起源説と、鎌倉御家人らが鎌倉将軍の邸宅の「庭」から将軍に直訴したことから生まれたといった幕府起源説がある。実際の用例としては、貞永元年（一二三二）の『御成敗式目』の第二十八条に「一　本奉行人を閣《さしお》き、別人に付して訴訟を企てる事」が収載されている。本文は「右、本奉行人を閣き、更に別人に付して内々に訴訟を企てるの間、参差《しんし》の沙汰不慮にして出来《しゅったい》か。よって訴人においては、暫く裁許《さいきょ》を抑えらるべし。執《と》り申す人にいたっては、御禁制あるべし。奉行人もし緩《かん》怠《たい》せしめ、空しく二十ヶ日を経れば、庭中にこれを申すべし」（『鎌』四三四〇号）とある。意味としては「訴人が本来の担当奉行ではなく、別の奉行人を介して内々に訴訟を企図すると、両者間で矛盾する沙汰が不慮に生じてしまう。よって、そうした訴人の訴訟については暫く裁許を下すべきではない。またそうした訴人の委託をうけた奉行人には御禁制があろう。但し奉行人の怠慢によって訴訟が二十日放置された場合は『庭中』訴訟せよ」というものである。条文前半分部分によれば、幕府はみだりに担当奉行人を変えることを禁じているが、後半部分によると奉行人の怠慢があって訴えが二十日放置された際には「庭中」直訴を認めていることが分る。また、弘長元年（一二六一）の関東新制事書の第十八条には「面々引付緩怠の間、訴訟人など嘆きあるの由《よし》、あまねくその聞こえあり」（『鎌』八六二八号）とあるように、当時、鎌倉幕府の訴訟審理は奉行人の処理件数の増加や怠慢によってか停滞気味で、鎌倉御家人を中心とした訴人の不満が鬱積していたらしく、幕府としても、このような「庭中」直訴制度を設け、御家人の不利益救済を図らざるを得なかったようである。

　また、文永の役の後、建治元年（一二七五）に鎮西御家人の竹崎季長が鎌倉へ赴き、自身の軍功を幕府へ上申するも担当奉行に受理されず、事態の打開を図って当時の引付頭人で御恩奉行であった安達泰盛《やすもり》に「庭中」直訴したところ、軍功がようやく認められたという逸話（『竹崎季長絵詞』）は、一般の訴訟とは異なる事例ではあるものの「庭中」の語の使用例として有名である。

　このような「庭中」制度は鎌倉幕府の京都出先機関たる六波羅探題機構中にも存在し、鎌倉末期になると公家の訴訟機構中にも存在した。後、室町期においては、訴人が室町幕府の担当機関に正規の手続を踏んで訴訟せず、将軍へ直訴することを特に「庭中」と呼ぶようになった。また、周防大内氏の如く、当主への直訴である「庭中」制度を分国内の訴訟制度中に採用した守護家もあり、引き続き、戦国期においても、戦国大名相模後北条氏をはじめとして、こうした「庭中」制度を採用し、その領国支配を円滑ならしめようとした場合があった。

（藤井　崇）

【参考文献】

藤原良章「鎌倉時代の庭中」（『史学雑誌』九二―一二、一九八三年）

徳政

とくせい

恵み深いまつりごと、仁徳ある政のこと。古く中国では、儒学の古典の一つである『春秋左氏《しゅんじゅうさし》伝《でん》』にみられる。日本では遅くとも奈良時代に、地震などの大災害に際し、治世者がそこから引き起こされる新たな混乱を免れるために行う特別な仁政のことに用いられている。中世に入ると、特別な仁政のなかでも、売買地の取り戻し、債務・債権の破棄などを定めた「徳政令」を中心とする政治改革のことを特にさすようになった。

　『吾妻鏡』寿永三年（一一八四）二月二十五日条には、「一、朝務《ちょうむ》の事、右、先規《せんき》を守り、殊に徳政を施《ほどこ》さるべく候。但し諸国の受領《ずりょう》（長官）等、尤《もっと》も計《はからい》御沙汰あるべく候か」とあり、戦いの連続により東国・北国が疲弊していることをうけて、源頼朝が朝廷に対して善政である徳政を求めている。また、『百練抄』の仁治元年（一二四〇）二月七日条には、「群議《ぐんぎ》有り、変災の間、徳政を行わるべきことなり」とあり、『平戸記』の同月二十日条、四月十一日条などに、諸社祭礼を行うことと記録所《きろくどころ》の再興などの訴訟の整備を行うことなどの具体例が記されている。【用例1】の場合でも、「諸寺を興隆するために徳政がある」と記されており、仏事興行《こうぎょう》*が徳政の主目的であったことがわかる。徳政の具体策は一定しないが、このような仏神事と雑訴《ざっそ》の興行が二つの重要な施策として位置付けられており、祭礼や祈禱を盛んにすることを通じて、寺社領を回復することと、裁判制度の充実に主眼があったことが分かる。

弘安八年（一二八五）十一月の朝廷による徳政は、寺社から流れた所領を取り戻し復興させる点にまで踏み込んでおり、安達泰盛《やすもり》の死によって幕府政策への影響は少なかったものの注目されるものであり、武家では後の永仁五年（一二九七）の徳政令（永仁の徳政令『鎌』一九三〇二号・一九四一六号）により結実される。永仁の徳政令では売却地などの無償返付、債権・債務についての訴訟を受理しないことにより御家人*の所領の回復を意図したが、御家人領に限らず旧地を回復させることにつながった。笠松宏至は、このような政策が行われた背景に、元来日本には、神のもの、人のものというような大きなものの区分があり、他の区分へ移動したものを本来の区分へ戻すことを当然とみなす社会通念があったとする。【用例2】は永仁五年常陸《ひたち》国留守所《るすどころ》下文《くだしぶみ》のものであるが、関東からの徳政令を厳密に守るため常陸総社に所領を返させる旨が記されている。

【用例3】は永仁の徳政令以降の嘉元三年（一三〇五）に出されたものであり、売券にこの「天下一同の御徳政たると雖も」の文言や「何の御徳政出来《しゅつたい》すと雖も」「公家・武家御徳政ありと雖も」のような徳政令による売却地の取り戻しを防ごうとするいわゆる徳政担保《たんぽ》文言《もんごん》が含まれている。このような文言は江戸時代にかけて引き続きみられる。

その後の建武新政はそれ自体が鎌倉期の徳政として位置付けられるが、建武元年（一三三四）の徳政令は浸透しなかった。室町期には、経済発展の一方で所持する土地を土倉《どそう》*などの高利貸に奪われる百姓がみられ、そのような百姓が惣《そう》を母体とし徳政を要求して正長元年（一四二八）の土一揆などを起こすようになる。正長元年の際には幕府は徳政令を出さなかったものの、各地で私徳政と呼ばれる徳政が実施される。その後の嘉吉元年（一四四一）の一揆に際しては室町幕府も徳政令を出し、以降たびたび徳政令を発布する。また、幕府の財政を助けるために契約額の十分の一程度を納入させる分一《ぶいち》徳政令なども出された。

【用例】

(1)　金剛峯寺《こんごうぶじ》衆徒《しゅと》愁状《しゅうじょう》案（『鎌』八〇〇七号）

近年由緒無きの知行《ちぎょう》を停止《ちょうじ》し、諸寺の興隆を専《もっぱ》らにすべきの由《よし》、**徳政**ありと云々《うんぬん》

(2)　常陸国留守所《るすどころ》下文（『鎌』一九三三一号）

買主《かいぬし》等子細を申すと雖も、質券売買の地の事、関東御**徳政**厳蜜《げんみつ》之上、御祈禱之地、いかでか非器之《ひきの》知行《ちぎょう》に及ぶべきや

（3） 源重光田畠売券（『鎌』二二四四五号）
後々将来他人の妨《さまた》げあるべからず、天下一同御**徳政**たりと雖も、此田畠においては、一切子細を申すべからず

（宇佐見隆之）

【参考文献】
笠松宏至『徳政令』（岩波新書、一九八三年）、桑山浩然『室町幕府の政治と経済』（吉川弘文館、二〇〇六年）。

宿直

とのい

すでに『日本書紀』にその用例があり、「殿舎に居る」の意味で（『日国』）、多くは夜間の盗難や不時の災害・執務などに備え警衛・待機することを言う。

当初は宮中・官衙・大寺社での例が多く見られる。長寛二年（一一六四）、左京の神祇官《じんぎかん》領町住人に対して、検非違使《けびいし》庁下部（看督長《かどのおさ》・放免）が、在家に乱入し住人を凌礫《りょうれき》し保内夜行役を強要するために、官中の宿直がおろそかになり、官庫は盗難の恐れにさらされ官門が汚穢《おえ》された。このため左弁官は、特に清浄でなくてはならない町（神祇官町であろう）に、濫穢《らんえ》の身の下部が横行するのを禁止している。神祇官が官衙町住人に対し次第を守り宿直を勤仕《ごんし》するべきことを主張しているのに対し、検非違使庁が保夜行役を強要した争いが背景にあったと見られる。大寺社はその荘園の荘民に対し名別《みょうべつ》に「宿直役」を徴発することがあった様である（『平』三二二一号・四九六〇号）。こうした宿直の他に、伊賀国名張郡司《なばりぐんじ》の私領にある「鷹栖《たかのす》」を守護するために、郷民が宿直させられていた例もある（『平』一二五九号）。

鎌倉期になると、各地の荘・郷における宿直が見られる。

文永五年（一二六八）頃、遠江国のある荘（荘名不明）で領家政所《まんどころ》が夜討にあって焼き払われ、文書などが奪い取られるという事件があった。ことの発端は、遠江国二宮領於保郷の地頭代がかねて領家管理下の名田について濫妨《らんぼう》・刃傷《にんじょう》*狼藉した事にあった。地頭代は幕府に訴えられ、領家方に勝訴の下知《げち》†が下った。地頭代一族は、事件の張本人が召預《めしあず》けられた者に先ず夜討をかけ殺害事件をおこし、かねて恨みを抱いていた領家の荘政所を夜討するという行為にでた。政所は炎上し領家方の者が多数打ち殺されたが、荘官・百姓は地頭代方の企てを知っていたか一人も「声を合さず」駆けつける者も無かったと、たまたま外出していた領家方の者が事件を言上しているが、このとき打漏らされて助かった領家方の者の中に「郷役《ごうやく》の宿直の者」二人ほどがあった（『鎌』一一六〇四号）。中世の夜の深い闇や静寂の中でのこうした事件は、当時の地方社会において「宿直」と言う行為が不可欠であった意味を十分に示していると言えるのである。

元徳元年〜三年（一三二九〜三一）に高野山領備後国大田荘では、荘園領主高野山側の雑掌《ざつしょう》と大田方京丸郷・山中横坂一分地頭との間にかねてよりいくつかの点で相論†があり、その結果和解が成立して幕府からの裁許《さいきょ》下知状が下された。その条々の中の一ヶ条に「平民名百姓等地頭方課役事」があり、宿直の事についても取り決めが成り立っている。そこでは、平民名も地頭名百姓も相共《あいとも》に巡役次第《じゅんやくしだい》を守り、毎夜一人が勤める事とされている（『鎌』三〇七五二号・三一二三〇号・三一四〇六号）。「平民も地頭方百姓も共に」、とあることから推して、領主方荘政所の宿直であろうと思われる。こうした差し迫った役としての宿直の一方で、安芸国入江保の年貢算用の中に「宿直銭」が見え（『鎌』一一五四六号）、一段以下の畠地に「宿直小袴」・「宿直米」が公役《こうやく》として付けられ売買されているのを見ると（『鎌』二七三二・五一九三号）、宿直が公事《くじ》*・雑事として代物・米銭納化したケースもあったようである。また和泉国唐国村《からくにむら》の刀禰《とね》と百姓が協定した条々の中には、「定カヨイ 并《ならびに》 夜ノ殿井（宿直）、向《きょう》†後《こう》あるべからず」とあり、宿直役の廃止が取り決められた（『鎌』七四三九号）。負担の重さと共に、宿直が必要ない環境が生まれていた地域があった事を意味しているのであろう。

また、武士の社会ではその性質から言って当然宿直は各所で行われていた事が予想される。幕府は建長八年（一二五六）、奥大道で夜討・強盗が近年殊に蜂起しているので、所領内の宿々に宿直人を据え置くよう関係する武士に命じ、この場合、宿直屋を造り結番《けちばん》†して警固に当たるようにいっている（『鎌』八〇〇二号・八二七五号）。さらに、幕府は六波羅探題に対し「大樓《たいろう》」宿直を励行するよう命じている（『鎌』一二九三九号）。宿直に関する義務の遂行報告・証明が行われていたことを窺わせ、「宿直」の制度化が図られていると言えよう。本来は主人の「舘《たち》」の「遠侍《とうさむらい》」などで緊張の中に宿直したものであろうが、主人と従者の生の人間関係は、文書という形としては残りにくいのであろうか、その宿直の様子を窺うことが出来る史料は意外に無い。

（田中寿朗）

【参考文献】

渡辺澄夫『増訂　畿内庄園の基礎構造　上』（吉川弘文館、一九六九年）

日記

にっき

日記には、大きく分けて古代から次の二つの意味がある。すなわち、①事実を記録したもの、②毎日のできごとを書き留めた日《ひ》次《なみ》記、である。今日では日記はもっぱら②の意味で使われているが、今日でいう個人の日記は、古代・中世では主に「記録」と呼ばれていた。

『鎌倉遺文』所収の文書中にみえる「日記」のほとんどは、①の事実の記録である。例えば、金剛峯寺《こんごうぶじ》調度《ちょうど》文書目録（六七〇五号）には、御影堂奥院仏具施入日記・金剛峯寺修正布施日記・中門造立《ぞうりゅう》吉日日記・大鐘日記・三昧堂《さんまいどう》送仏吉日日記・高野房舎日記・平等院僧正夢想日記・灌頂《かんじょう》院具足日記などがみえ、御鉢と仏具箱には「日記あり」とあり、これらはみな①にあてはまる。また、僧明慶書状（『鎌』一三〇三号）には、恵光房が借りた米五斗について、「コレソ今度ノ日記ニハ不注候」とあり、これも①である。

具体的な日記の史料としては、伊勢神田上分米納日記（『鎌』七六四二号）がある。これは、伊勢国安東郡の字河道三月三日神田の上分《じょうぶん》米納日記と所役勤仕日記で、寛元四年（一二四六）～建長五年（一二五三）の年月日ごとに、納米と所役勤仕について記入している。

（菅原正子）

【参考文献】
斎木一馬『古記録学概論』（吉川弘文館、一九九〇年）、山中裕編『古記録と日記　上巻』（思文閣出版、一九九三年）、榎原雅治『日本中世地域社会の構造』（校倉書房、二〇〇〇年）、高橋秀樹『古記録入門』（東京堂出版、二〇〇五年）

風聞

ふうぶん

「うわさ」のこと。人々の口から耳へと直接に口頭で伝えられ、その膨大な連鎖によって広がっていく情報。人間にとっては「もっとも古いメディア」である。

今日ならばテレビや新聞のトップニュースとして報じられるような大事件から、身近なゴシップのような内容にいたるまで、じつに多くの情報が「うわさ」として人々のもとに届けられた。今日のようにテレビ・ラジオ・携帯電話・インターネットなどの機械的なマスメディアが発達していなかった時代には、人間の身体を媒体として広がる「うわさ」こそが、もっとも重要なマスメディアだったのである。

「うわさ」がひろがっていく原動力となるのは何か。それは、伝えられてきた話題が聞き手にとってたいそう重要なもので急いで他の人にも聞かせなければならないと思うこと、それから、本当のところは一体どうなのかがあいまいで確かなところはさっぱりつかめないこと、この二つの条件が重なると「うわさ」は大変な勢いで拡大していく。どこからも公式見解など発せられない中世のような社会にあっては、この二つの条件は常に存在したから、「うわさ」はいつも情報伝達の主要な担い手となった。中世で「うわさ」を意味することばは、今日とは比較にならないほど多種多様で、風聞（普聞ともいう）はそのひとつに過ぎない。たとえば、物言《ものいい》・口遊《くゆう》（くちずさみ）・人口《じんこう》・雑説・浮説・巷説《こうせつ》・広説・荒説・伝説・謳歌《おうか》などなど、中世の史料には「うわさ」を意味することばがあふれかえっている。しかも、それぞれのことばは少しずつ微妙に違ったニュアンスを含むものとして、意識的に区別して使われていた。雑説・荒説・巷説などに較べると、風聞はわりあいに確かな情報として伝わってきたものを指す場合が多く、また「物言」などは近々に一大事が起きるというような特別な緊迫した状況下で用いられる。「うわさ」を意味することばがこれほどまでに多様で、しかもそれぞれが使い分けられているのは、ひとつのことばだけで表現できないほどに多種多様な内容が「うわさ」に籠められていたことを物語っている。

『鎌倉遺文』の最初に出てくる「風聞」は、没落していく源義経に関するものである。文治元年（一一八五）十一月六日、源義経・同行家は西海を目指して摂津の大物浜から船出したが、たちまちのうちに逆風に遭い漂没したとの風聞であるが、その後の足取りはわからない。「早く武勇の輩《ともがら》に命じて山林河沢までも尋ね捜し、†不日《ふじつ》その身を召し進めるように」と後白河の院宣が出された（『鎌』一六号）。翌文治二年五月には、「義経・行家等が洛中にいる」とか、「叡山の衆徒《しゅと》の中に同意の輩がいる」などの風聞が流れ、世上では様々な巷説が人の口にのぼり「うわさ」が乱れ飛んだ（『鎌』九六号）。

さて、鎌倉時代も終わりの頃には、隠岐に流されている先帝後醍醐について「種々の説」が風聞となって京都まで伝えられている。「後醍醐は既に伯耆国大山寺の傍らに城*郭を構え千騎ばかりの武士がお供をしている」とか、「いやいや二・三百騎に過ぎない」とか、「隠岐国の守護が追いかけてきて合戦になっている」とか、正慶二年（一三三三）三月九日の花園上皇書状には伝えられるこうした風聞を書き並べ、これらの風聞のうちで一体何が事実なのかと何度も問いかけている（『鎌』三二〇五一号）。

このように、中世の文書や記録の中に出てくる風聞を追いかけることによって、わたしたちは政治的な大事件やそれに関係する主要な人物について多くの情報を得ることができる。「うわさ」が中世社会のもっとも重要な情報伝達手段であった以上、それは当然のことかもしれない。風聞は確かな事実を伝えていないものだとしてこれを退けていたのでは、史実にたどりつくためのもっとも大切な手がかりを放棄することになるだろう。風聞は中世社会について考えるための宝庫である。

また、夜討《ようち》・強盗・山賊・海賊などの取り締まりにおいても、風聞を手がかりにしなければ、誰が*悪党であるのかを特定することもできなかったから、領主は、ひろく人々に「見隠し聞き隠しをしない旨の起請文《きしょうもん》」や「落書《らくしょ》起請文」を書かせて、悪党の禁断に努めた。さらに、村の中でおきた盗みでも、風聞として広がっている情報を数多く集めることによって、はじめて犯人を見つけ出し捕えることができた。そこでは、人々は情報提供者であると同時に犯人追捕《ついぶ》の主体ともなったのである。

中世社会の風聞のあり方を見てみると、特定の社会集団内部の「うわさ」にとどまって決して外部の諸集団に拡大していかないものがあるのと同時に、さまざまな諸階層の諸集団のあいだを縦横にかけめぐる「うわさ」もある。実際は、この両極端をなす二つの「うわさ」のあいだに、多種多様な「うわさ」がひしめきあって中世の情報世界を作り出していたのである。『鎌倉遺文』の中に現われる膨大な数の風聞は、そのことをよく物語っている。

（酒井紀美）

【参考文献】

酒井紀美『中世のうわさ』（吉川弘文館、一九九七年）

目　安

めやす

今日、目安という言葉の用法を聞かれた時、目安＝「目あて。目標。めじるし。基準・標準」の意から、目安を付ける＝「目当てとなるしるしをつける。また、およその見当をつける。だいたいのきまりをつける」を連想する人が少なくあるまい。また学校での日本史の授業やテレビの時代劇などによる知識から、江戸幕府八代将軍徳川吉宗の設けた目安箱＝「広く庶民の要求や不満などの投書を受けるために設けられた箱」をあげる人もいるであろう（以上、『日国』参照）。それでは鎌倉時代、目安はどのような意味に用いられていたのであろうか。

そこでまず注目されるのが、鎌倉幕府訴訟制度の解説書『沙汰未練書』に見える「目安ﾄﾊ訴陳状内、肝要之段々、目安ニ書レ之」という文言である。すなわち目安とは、その内容を理解しやすくするために箇条を立てて書いた訴状†や陳状†のことだというのである――目安には元来、目を安んじる、見やすい、わかりやすいなどといった意味があるとされている――（以上、『日国』、佐藤進一『古文書学入門』、岩波『日本史辞典』参照）。実際、『鎌倉遺文』には目安という言葉を載せる文書が約八十通ほど収められているが、たとえば、最初に「目安」と記し、以下、五箇条にわたって自己の主張を書きあげたのち、末尾で肝要のことを目安にして言上する旨を述べた文保元年（一三一七）大和西大寺僧訴状（『鎌』二六五〇五号）をはじめ、多くは訴訟関係のものである――そのうち十一通は鎌倉後期における山城国曾束《そつかの》荘《しょう》と同国宇治平等院末の禅定寺との境相論関係文書で、双方によるたびたびの目安提出状況を知ることができる（『鎌』二五八〇九・二五八六八・二五八七四・二六四九三・二六四九五・二七〇四九・二七〇五八・二七〇八一・二七二二一・二七五三〇・二八三〇一各号）――。

なお訴状は、やがて箇条書にされなくても目安と呼ばれるようになり、さらにこうした用法が近世における目安方（江戸町奉行の配下にあって訴状＝目安の整理や読みあげなどを勤めた）や先の目安箱などの呼称へと継承されていくことになったのである。

次に『鎌倉遺文』中、文永六年（一二六九）三月二十二日紀伊南部《みなべ》荘年貢米下行《げぎょう》定（一〇四〇〇号）、正応四年（一二九一）十二月日紀伊南部荘高野米下行目安案（一七七八六号）などに載せられている目安にも注目しておきたい。文書名に見える下行†とは、たとえば荘園領主が徴収した年貢のうちから必要経費を該当者へ支給する場合などに用いられており、文永六年の文書にしても、最初に「高野山年貢見米下行目安」とあり、以下、「高瀬賃卅石」「駄賃卅石」「水手糧米 人別四斗六石」「兵士糧米 人別一斗五升定七斗五升」「御代官得分 五十七石三斗三升三合四夕」「公文方得分 二拾八石六斗六升六合六夕」などといったように、その内訳が具体的に列記されているのである。先の訴状・陳状と同じく、わかりやすくするために順に書きあげたことから目安と呼ばれたものであろう。

鎌倉最末期になると、目安という言葉は、いわゆる軍忠状†――合戦に参加した武士が自分の戦功（従者の負傷・戦死も含む）を書き上げ、自軍の指揮官に提出する文書で、指揮官はこれに証判（証明文言と花押）をすえて返却し、提出者は後日の恩賞申請の際の証拠文書とした――のうちに見い出されるようになる。たとえば『鎌倉遺文』中、この用法の初見文書である元弘三年（一三三三）六月十四日信濃後藤信明軍忠状（三二二六八号）は、新田義貞のもとに参陣した後藤弥四郎信明という武士が、武蔵分倍原の合戦や鎌倉攻めにおいて敵方の首をあげたり、左足を負傷するなどの忠節を尽くしたことを書き上げたのち、「仍《よ》って目安件《くだん》の如し」と記して提出し、義貞から証判をうけたものである。また同じく鎌倉攻撃に加わった塙政茂という武士の軍忠状は、最初に「目安　常陸国塙大和守平政茂申軍忠事」と記してから戦功の内容を書きあげているのが特徴である（『鎌』三二三〇九号）。以後、南北朝の内乱の中で、これも、もともと箇条書にされたことから目安とも呼ばれた軍忠状が急増していくことになる。

（樋口州男）

コラム《中世の法廷でかわされる言葉》

裁判は、何時の時代であってもさまざまな人間模様を浮かび上がらせる。法廷で訴状と陳状が虚々実々の駆け引きをかわすが、自己の陣営を有利な裁定に導くために、相手方を誹謗するとりどりの表現が『鎌倉遺文』にみられる。

建久八年（一一九七）二月笠置寺大法師等解案《げあん》（『鎌』九〇二号）で、「神民等濫吹《らんすい》無道、巻舌で披陳《ひちん》す」あるように、事実でないことを法廷で主張する行為を「巻舌」と表現する。美濃国大井荘における下司職《げすしき》相論関連史料に「両方を召決し裁断せらるるの処《ところ》、明友巻舌閉口披陳無し」（『鎌』四一四一号号）とあり、「巻舌」と認定された平明友は直ちに敗訴と決定され、以後の陳述は許可されていない。他の史料でも「巻舌堕負」「巻舌閉口」とあり、*悪口《あっこう》同様、巻舌はその行為で自体敗訴となった。

「尾籠《びろう》」という語は、現代語では、汚らわしいや人前を憚《はばか》る行為を指す意味で使用されるが、本来は、「をこ」と読み、愚かでばかばかしい行為から転じて無礼な行為も意味していた。この意味をもって、中世の法廷では、「かくの如く悪言を吐き、尾籠の申状を捧げる」（『鎌』一二四二〇号）とあるように、「楚忽」や「髣髴」同様相手方の陳状や訴状を非難する語として用いられる。「胸臆《きょうおく》」は、胸の奥、心の中という意味であり、現代語では「胸臆をひらく」は「胸襟をひらく」と同義で使用され、さほど否定的に使用される語彙ではない。しかし、鎌倉期には、「黒田庄民等謀略極まり無し、是偏《ひと》えに胸臆之詞に任せ…」（『鎌』一〇七三号）、「胸臆に任せて謀言を吐く」（『鎌』一〇七五号）とあるように、「思ったままを主張する」から「強引な自己主張」を指す行為となり、法廷では、相手側を非難する語として、しばしば「胸臆陳状」（『鎌』一五〇四五号）、「胸臆之申状」（『鎌』一六二八〇号など）、「胸臆謀訴」（『鎌』一六六〇六号）、「胸臆浮言」（『鎌』一八六五七号など）等々、さまざまな表現で記される。

強く主張する行為を「*骨張《こっちょう》」、道理に反した主張や態度を「狼唳《ろうるい》」とも表現する。後者は、狼のように欲深いという（『日国』）意味から派生したと考えられる。邪《よこしま》な計略のことを「狼唳之計」（『鎌』一四八六八号）と表現する。また、長期化する相論では、当事者同士の代が替わる場合もある。この場合、死者を冒瀆する主張を非難する言葉として、「仏意先人芳志を忘るるの上は、死骸に敵対す」（『鎌』三〇七六七号）とあるように「死骸敵対」という語が鎌倉後期からあらわれる。

以上のように中世の法廷では、相論の過程で、相手を誹謗することを目的として、巧みで多様な言語が生み出されていったのであった。

（錦　昭江）

コラム《古文書用語の読み方と意味》

〔中世の裁判関係用語〕

越訴（おっそ）　上級の官庁に直接訴えること。または、再審請求。

過料（かりょう）　財産刑の一種。軽微な罪科の替わりに銭を徴収すること。

具書（ぐしょ）　訴訟の際に、訴状や陳状に添える提出文書。

賦奉行（くばりぶぎょう）　鎌倉幕府問注所内にある訴状を受理する機関の担当奉行。訴状を受理すると、訴状・具書等が一定の要件を満たしていることを確認した上で、担当部署に分配する役割を果たした。

検断沙汰（けんだんさた）　刑事訴訟。

裁許状（さいきょじょう）　判決書。鎌倉幕府では、執権・連署の署判をした下知状の様式をとる。

雑務沙汰（ざつむさた）　動産・債権・債務等、民事関係訴訟。

三問三答（さんもんさんとう）　訴人と論人が、訴状と陳状の応酬を三回繰り返すこと。

重申状（じゅうしんじょう）　「かさねてのもうしじょう」とも読む。訴人が、二回目、三回目に提出する訴状。「重訴状」、「二問状」、「三問状」ともいう。「重言上如件（重ねて言上件の如し）」で書き止める。

所務沙汰（しょむさた）　不動産関係等の民事訴訟。

相論（そうろん）　訴訟し争うこと。

訴状（そじょう）　裁判に際し、訴人（原告）が提出する書類。「申状」ともいう。

訴陳に番う（そちんにつがう）　訴人と論人の間で、訴状と陳状を応酬し争うこと。

訴人（そにん）　原告。

陳状（ちんじょう）　論人（被告）が裁判所からの問状をうけて、訴状に反論・抗弁するために提出する書類。陳弁する文書という意で陳状と呼ばれた。

問状（といじょう）　訴人（原告）からの訴状が受理されると、奉行が、論人（被告）に訴状を送り弁明の有無を問い合わせた文書。

引付（ひきつけ）　訴訟を扱う鎌倉幕府の機関。建長元年（一二四九）訴訟遅滞を理由に、訴訟処理の迅速化を目的として設置された。

評定（ひょうじょう）　鎌倉幕府において、執権・連署と評定衆によって構成される裁決機関。あるいは、合議によって理非を決断すること。

文殿（ふどの）　文書・典籍等を保管し文事を掌る機関。寛元四年（一二四六）後嵯峨上皇が文殿の官人らに訴訟の審理・

勘申を命じ、訴訟機関としての機能をもつようになった。

召文（めしぶみ） 訴人・論人に出廷を求める文書。

論所（ろんしょ） 係争地。

論人（ろんにん） 被告。

和与状（わよじょう） 和解が成立した際、訴人と論人との間で取り交わされる文書。相論の担当奉行人が裏に署判を据え、文書の有効性を証明した。

コラム《古文書の様式》

〈古文書の様式による分類〉

Ⅰ 公式様文書《くしきよう》（養老令《ようろうりょう》公式令に形式が規定されている文書様式）

解（げ） 下級役所から上級役所へ上申する文書。八省以下の役所が管轄の上級役所に上申する場合に出される。やがて個人が上申する場合にも広く用いられるようになった。「謹解…（謹《つつし》んで解《げ》す）」と書出す場合、書止《かきとめ》は、「以解（以《もっ》て解す）」が多い。また、宛名を記さないことが特徴である。

牒（ちょう） 上級役所から上級役所へ上申する文書。四等官以上の役人が上申する場合を「牒」といい、四等官以下の役人の場合は「辞《じ》」という。「牒」の様式は、その後、管轄関係のない官庁間や寺院が相手となる文書に幅広く用いられる。さらに、平安期以降は、蔵人所《くろうどどころ》や検非違使庁《けびいしのちょう》、雑訴決断所《ざっしょけつだんしょ》のような令外官《りょうげのかん》（養老令に規定されていない新設の官）の出す命令にも用いられ、それぞれ「蔵人所牒」や「雑訴決断所牒」と呼ばれた。

符（ふ） 上級役所から管轄の下級の役所に出す文書。代表的なものは、太政官が発する「太政官符」。冒頭に「A符B」（例：太政官符〇〇国司）のように、上級役所であるAから下級役所であるBに「符を下す」から書き出される。官印が押される。

Ⅱ 公家様文書（平安期以降、公家政治の展開にともなって発生・発達した文書）

下文（くだしぶみ） 発給者から受給者へ命令下達された文書。一般に、「下…宛所」「某下…宛所」と書き出す。三位以上の公卿の家政機関である政所《まんどころ》が出すものを「政所下文」、院庁が出したものを「院庁《いんのちょう》下文」という。

宣旨（せんじ） 天皇の命令を伝える正式な文書である「詔《しょう》勅《ちょく》」を簡略化したもの。天皇の勅命を、側近の内侍が承《うけたまわ》り、蔵人《くろうど》（蔵人頭《とう》）が上卿《しょうけい》（政務担当の公卿）に伝え、上卿が外記《げき》局（弁《べん》官・内記《ないき》局）などに伝えて、さらに書記である史が起草して発布した。冒頭にある「応…事（応《まさ》に…事）」の部分が宣旨の要旨であり、書止は「奉勅宣…者（勅《ちょく》を奉《たてまつ》るに宜《よろ》しく…すべしてえり）」とあることが多い。弁官が署名して発するものをとくに「官宣旨《かんせんじ》」という。

奉書（ほうしょ） 身分の高い人の意向を、奉者がうけたまわって発給する私文書。書止に「依仰執達如件（仰《おお》せに依《よ》り執《しっ》達《たっ》件《くだん》の如《ごと》し）」というように主人の意向を代行して伝達するという趣旨の文言が記される。差出人は、奉者の名の下に「奉《うけたまわる》」という字を小さく書く。しだいに公務の連絡にも用いられるようになる。三位以上の人の奉書を「御教書《みぎょうしょ》」という。

御教書（みぎょうしょ）「みきょうじょ」ともいう。公卿や公卿相当の官位をもつ人物が出した奉書。とくに天皇の意向を奉じて蔵人が出したものを「綸旨《りんじ》」、上皇の場合を「院宣《いんぜん》」、皇太子・親王などの場合を「令旨《りょうじ》」という。

庁宣（ちょうせん）在京の国司から、留守所《るすどころ》（国司不在の国衙《こくが》）や在庁官人《ざいちょうかんじん》（国衙の役人）へ発した文書。「庁宣…宛所」と書き出す。

Ⅲ　武家様文書

下文（くだしぶみ）頼朝は当初、自身の花押《かおう》を加えた「奥上《おくうえ》署判《しょはん》下文」や「袖判《そではん》下文」を出したが、建久元年（一一九〇）右近衛大将となると政所《まんどころ》を設け、翌年から「政所下文」を発するようになった。その後、歴代将軍も「将軍家政所下文」を発給する。執権《しっけん》・連署《れんしょ》が花押を記す。

御教書（みぎょうしょ）「みきょうじょ」ともいう。公家様文書「御教書」の様式を踏襲した文書で、将軍の意向をうけて発給したものを「将軍家御教書」あるいは「関東御教書」といい執権・連署が署判した。六波羅探題《ろくはらたんだい》が出したものを「六波羅御教書」、鎮西《ちんぜい》探題が出したものを「鎮西御教書」という。

下知状（げちじょう）下文と御教書の中間的な様式の文書。書止に、「下知如件（下知件《くだん》の如《ごと》し）」とある。建久三年（一一九二）のものが初見。執権政治確立とともに発給数が増加し、また、奉者も何人かの奉行から執権と連署に固定する。訴訟における判決文のほとんどが下知状の様式で出されている。

直状（じきじょう）奉書は、奉者が主人の意向を奉じて差出者となる様式であるのに対し、直状は、伝達する本人が差出人となる形式の文書。書止は「状如件（状件《じょうくだん》の如《ごと》し）」が多い。上位の者が下位の者に命令を下付したり権利を認定したりする機能をもつ文書を「書下《かきくだし》」とも呼ぶ。

〈古文書の用途・内容による分類〉

Ⅰ　軍事関係文書

軍勢催促状（ぐんぜいさいそくじょう）天皇・皇族・将軍・守護等が、武力集団の統率者に対して、一族を率いて出陣を命令した、あるいは加勢を促した文書。発給者によって、綸《りん》旨《じ》・院宣《いんぜん》・令旨《りょうじ》・御教書《みぎょうしょ》・書下《かきくだし》等の様式が用いられた。

着到状（ちゃくとうじょう）軍勢催促状に応じた武士が、馳せ参じたことを記して提出した文書。着到状を請け取った指揮官は、証明のために「一見了《おわんぬ》」、「一見候了」や「承《うけたまわり》了」、「承候了」のように花押を署した証判を与え、着到者に返却された。証判のある着到状は、後日、恩賞を給付する際の重要な証拠文書となった。

軍忠状（ぐんちゅうじょう）　軍勢催促状に応じた武士が、着到後、いかに忠節を尽くしたかについて、合戦の状況や自身や従者の負傷・戦死などを上申する文書。蒙古襲来以後、分捕った首や口頭報告に代えて、文書を提出して報告するようになった。着到状とともに、恩賞判定の際の重要な証拠文書となった。

感状（かんじょう）　合戦のため馳せ参じた武士の戦功を褒賞するために発した文書。軍勢を招集したものの直状の様式で発給される場合が多い。

覆勘状（ふくかんじょう）「ふっかんじょう」ともいう。京都大番役や鎌倉番役など、恒例の勤務をはたした場合、勤務終了後、幕府・六波羅探題・守護等から証明書として交付された文書。勤務役所・期間等が記された。

請文（うけぶみ）　上位者からの命令を承諾し履行することを約束した、あるいは履行した結果を報告した文書。

Ⅱ　荘園支配関係文書

立券文（りっけんもん）　土地の取得、売買、譲渡等にあたって、その事実を証明する正式な承認書。「立券状」ともいう。立券文により荘園として承認される手続きを「立券荘号《しょうごう》」という。十二世紀以降になると、現地に下向した官使、荘官等の立ち会いで検注を行い、堺の四至《しいし》に牓示《ぼうじ》が打たれた上で、立券文が作成され、立荘の手続きが終了した。立券文は通常三通作成され、国・郡・買主が保存した。

寄進状（きしんじょう）　土地や金銭、物品を神仏に奉納する際、その趣旨を記した文書。平安末期以降、開発領主が、私領を上位の権門社寺に寄附した際に作成した文書も指す。

補任状（ぶにんじょう）　幕府・荘園領主・守護等が、被官する者に諸職を任命する際発給した文書。

宛行状（あておこないじょう・あてがいじょう）　土地や所職を給与する際に、給与者が被給与者に交付した文書。「充行状」とも書く。主君が家臣に所領を恩給する場合や、荘園領主が農民に田畠の耕作権を給与する場合に用いられた。

安堵状（あんどじょう）　将軍・守護などが、家臣に土地財産を保障・確認した文書。嘉元元年（一三〇三）以降は、所領譲与の場合、提出された譲状の袖部分に、執権・連署が、「任此状可令領掌之由、依仰下知如件（この状に任《まか》せて領掌《りょうしょう》せしむべきの由《よし》、仰《おお》せに依《よ》り下知《げち》件《くだん》の如《ごと》し）」と書き申請者に交付するようになった。これを安堵外題《あんどげだい》という。

注進状（ちゅうしんじょう）　下位の者が、上位の者に対して事柄の明細を報告した文書。荘官が現地の状況を荘園領主に報告したり、犯罪の実否等を報告した内容の文書が多い。

検注帳（けんちゅうちょう）　国司や荘園領主が、耕地の所在・面積や耕作状況、耕作人、年貢の徴収基準等を調査した結果を記した帳簿。田畠一筆ごとに列記した。取帳《とりちょう》、*馬上帳《ばじょうちょう》ともいう。検注帳作成後、記載内容を名《みょう》ごとにまとめたものを名寄《なよせ》帳といった。

算用状（さんようじょう）　荘園年貢・公事に関する年間収支決算報告書。「散用状」とも書く。「結解《けちげ》状」ともいう。

相折帳（そうせちちょう）　「相節帳」とも書く。「相折」とは分割して支払うことを意味する。寺院等で費用の使途・額等の明細を記した帳簿。

売券（ばいけん）　土地や財産を売却する際、売主から買主に交付する文書。「*沽券《こけん》」、「沽却《こきゃく》状」ともいう。売却対象その場所、広さや価格などが記された。

返抄（へんしょう）　受領証。年貢の請取証明として、国衙や荘園領主から年貢納入責任者に出された。

譲状（ゆずりじょう）　土地や家屋、所職等の財産の権利が移転する際に、その事実を証明するために、譲渡者が作成し被譲渡者に与えた文書。「処分状」ともいう。

Ⅲ　その他

置文（おきぶみ）　現在ならびに将来にわたって遵守すべき規範を、子孫や関係集団に対し定め残した文書。書出しに「置文」「被定置…（定置《さだめお》かる）」とあり、書止に「可守此置文之状如件（この置文を守るべきの状件の如し）」や「置文如件（置文件の如し）」とあるのが定型。

勘文（かんもん）　「かもん」ともいう。諸事を調査し上申する文書。宣旨をうけて、日時・年号・方角等について、故実を調査したり、吉凶を占うなどした結果を記し、意見を奉った文書。

願文（がんもん）　祈願文・願書。神仏に願いを立て捧げた文書。願いを叶えてもらう謝礼として造仏・写経・仏事等の作善業が添えられる。あらかじめ作善の上、願文を捧げるものと、祈願が叶った際に報謝として作善を誓うものと二種ある。

起請文（きしょうもん）　神仏に対して宣誓した文書。前半の前書で誓約内容を記した上で、後半の神文・罰文では、もし違反した場合は、神仏の罰を蒙るという起請文言を付記する。寺社の発行する護符の一種である牛玉宝印《ごおうほういん》を料紙として、その裏に書くことが多い。神文に記す神々は、村の氏神から「日本国中大小神祇」に連なる神々が列挙されている。

交名（きょうみょう）　多くの人名を書き上げた文書。諸役に参勤する人名や、大社寺の役職名、在地で起きた事件の関係者名等がよく列記された。

施行状（しぎょうじょう）　上級者から受けた命令を、下級者に伝達するために発給された武家様文書様式。「遵行状《じゅんぎょうじょう》」

とも称された。人に物等を施し与えることを同じ「施行」の文字を用い「せぎょう」と発音したのに対し、その意味の違いを区別するため、「しぎょう」と発音した。

流記（るき）　さまざまなことを書いた雑記帳。寺院の建物・敷地・仏具等を記した財産目録である流記資財帳を指す場合が多い。

Ⅱ章　人

この章では、中世社会に生きるさまざまな「人」が登場します。

「甲乙人」「冠者」「古老」は、どのような人を指すのでしょうか？　「梶取」「番頭」「兵士」等の職業が登場しますが現代との相違点はあったのでしょうか？　また、中世社会の「継母」「聟」「嫁」「養子」「後家」は、どのような存在だったのでしょうか？

さらに、再婚を意味する「改嫁」や、いったん相続した財産を取り戻すことができる「悔返」等、家族生活に関する中世独自の慣習についても解説しています。

コラムでは古文書特有の用語を解説するとともに、『鎌倉遺文』にみられるさまざまな病気を紹介しています。

乳母

うば・めのと

読み方には「うば」「めのと」「ちおも」などがあり、母親に代わって子供に乳を与え、親の代わりに世話をする人のことをいう。『日本書紀』に散見する。また『枕草子』（十世紀末頃成立）の「すさまじきもの」では、稚児《ちご》の乳母が少しの間と言って出かけ、稚児を慰めながら「早く帰れ」と催促しても「今晩は参りません」と返事してくることを挙げている。また【用例1】のように、男性を乳母と呼んでいる場合があり、多くは乳母の夫を指している。男性のめのとは「乳父」とも書いた（『鎌』二九三一三号）。乳母・乳父《めのと》に養育される子は養君《やしないぎみ》と呼ばれた（『鎌』一八九二号）。

通常では乳幼児に乳母が付けられ、乳母は養君にとって父母に准じる存在であった。日蓮書状では、草木の母を大地、父を虚空《こくう》、乳母を日月にたとえている【用例2】。なお日蓮の乳母は、死にかけたときに法華経の七巻薬王品《やくおうほん》で生き返ったという（『鎌』一四五八〇号）。養君にとって乳母への恩は重要で、その恩に報いるために乳母の経済面を援助することはめずらしくなかった（『鎌』二五三号・三三五〇号）。乳母にとっても養君は我が子にも等しく、金沢貞将《さだまさ》が病気になったときに乳母が嘆き悲しんだことが、貞将の父金沢貞顕《さだあき》書状にみえる（『鎌』二六一三三号）。

『吾妻鏡』によれば、源頼朝の乳母には四人の女性がいた。すなわち、摩々尼、寒川尼、比企《ひき》尼、山内尼である。摩々尼は土肥氏の一族で、頼朝が生まれたときに、初めて乳を与える乳付の役を務めた。寒川尼は、八田宗綱《はったむねつな》の娘で小山政光《おやままさみつ》の妻である。その子小山朝光《ともみつ》は、頼朝を烏帽子親《えぼしおや》として元服し、頼朝に側近として仕えた。寒川尼は頼朝から大功があったとして下野国寒川郡・網戸郷を与えられている。比企尼は、頼朝が伊豆国に配流されていたときの乳母で、尼夫婦は武蔵国比企郡を請所として与えられた。彼女の娘は河越重頼《かわごえしげより》の妻になり、頼朝の嫡男頼家が誕生したときに乳付の役を務めている。比企尼の甥比企能員《よしかず》は尼の猶子《ゆうし》として頼家の乳母夫になった。その後、能員の娘若狭《わかさの》局《つぼね》は頼家の側室となり一幡《いちまん》を生んだが、能員の北条時政追討計画が事前に知られて、能員らは討伐された。山内尼は山内首藤経俊《やまのうちすどうつねとし》の母で、石橋山合戦で頼朝に矢を放った経俊は斬罪に処せられることになっていたが、尼の命乞いにより許されている。山内尼の言によれば、尼の夫山内俊通の祖父資通が源義家の乳母となって以来代々源家に仕えてきたという。この頼朝の例のように、乳母は一人とは限らず、乳離れをした童児にも乳母は付けられた。また、乳母の子や一族も養君の家に仕えて主家を支えた。

生まれた子供が、妾の子や庶子などの場合、乳父・乳母に預けられて養育されることがあり、この乳父・乳母は養君の保護者となって成人後も後見をした。乳父は、乳母の夫であることが多いが、乳母の兄弟や息子のこともある。

鎌倉時代の天皇家において、天皇の乳父は、次第に乳母との関係を離れ、朝廷の一つの役職へと化していった。後二条天皇の場合、乳父は洞院実泰《とういんさねやす》と西園寺公衡《きんひら》であった【用例3】。洞院・西園寺家はともに天皇の妃・母を出しており、天皇家の外戚である。天皇の乳父には中流貴族が多かったが、鎌倉後期になると、天皇家の外戚である上流貴族や、日野家などの院の近臣が乳父の地位についている。乳父は、その役割を傅役《もりやく》から執事・後見役へと変化させていき、政治的に重要な地位となった。

【用例】

(1)　暫《しばらく》**乳母**成正の耕作に付く、しかるにかの死去の後、(中略)かの後*家に申し付く〈成正の妻女、雲厳の**乳母**なり〉(『鎌』一五七七号)

(2)　譬《たとえ》は草木は大地を母とし、虚空を父とし、甘雨を食とし、風を魂とし、日月を**めのと**《乳母》として生長し…(後略)(『鎌』一三六七一号)

(3)　署判の「別当正二位行《ぎょう》権大納言兼陸奥出羽按察使《あぜち》藤原朝臣実泰〈奉〉」に注記「内裏の御**乳父**なり、加署の条いかん、公衡御**乳父**たるに依り、周闋《しゅうけつ》の間加署せず」がある(『鎌』二三二六六号)。

(菅原正子)

【参考文献】

秋山喜代子「乳父について」(『史学雑誌』九九―七、一九九〇年)、秋山喜代子「養君にみる子どもの養育と後見」(『史学雑誌』一〇二―一、一九九三年)、吉海直人『平安朝の乳母達―『源氏物語』への階梯―』(世界思想社、一九九五年)、田端泰子『乳母の力〈歴史を支えた女たち〉』(吉川弘文館、二〇〇五年)

改嫁

かいか

あらためて嫁ぐこと。再縁、再婚。夫と死別あるいは離別した婦人が、再び他の人に嫁入りすること（『日国』）。

上古以来、人の妻妾となった女性が、死別・離別の後に改嫁することは法律で禁じられる例はなかった。それは、現代と同様で別れた直後の再婚は、身体的にも道徳的にも決して好ましいこととはされなかったが、改嫁自体は許される行為であった。しかし、改嫁することで、前夫との間で交わされた財産の所有権をめぐって諸問題が生じるのは必然の成り行きであった。そこで、鎌倉幕府法である『御成敗式目』（『鎌』四三四〇号）では、改嫁した際の前夫もしくは婚家の財産の所有権の有無について規定した。

それが、第二十四条「譲㆓得夫所領㆒*後家令㆓改嫁㆒事」である。「妻は夫の死後、他事をなげうって夫の冥福を祈って生きるのであれば、亡夫から譲り受けた所領の相続に支障はない。しかし、改嫁した場合には、その所領は亡夫の子息に支給され、子息がいなければ他の計《はか》らい（恐らくは亡夫の冥福を祈るための事業に充てる）のために*処分される」と規定されている。したがって、後家が後に改嫁したかしないかによって、亡夫の所領の相続権の行方は大きく違ってくる。それゆえ、改嫁にからむ†相論が起きるのは必定であった。

例えば、延応元年（一二三九）五月二十五日付の関東下知状（『鎌』五四三四号）によれば、山代《やましろ》三郎固《かたむ》の娘源氏は、固の後家尼が改嫁したので固の†譲状《ゆずりじょう》にある所領の内、後家尼の相続分は無効であると訴えた。結局は、後家尼の改嫁は証明されず、後家尼の*一期《いちご》知行《ちぎょう》が認められて、訴えた娘源氏に敗訴の下知が下された。

また、改嫁する後家の側でも、相続権を失わないように不正が行われることがあった。暦仁元年（一二三八）十二月十六日付の関東評定《ひょうじょう》事書（『鎌』五三五四号）では、「*御家人の後家が亡夫の所領を譲り受け、*安堵の†下文《くだしぶみ》を給わるのは一般的に行われていることである。しかし、後家が改嫁した場合には、その所領は他の人に充て行われる。そこで、こうした式目の規定を遁れようとして、後家は改嫁する以前に病気などを理由にし、自分の子息や親類への所領譲渡の安堵の下文を給わるということを行っている。しかし、今後は余程重篤の病気でなければ、一切それを認めない」ということが規定された。新たに法律で禁止しなくてはならないほど、こうしたことは頻繁に行われていたのだろう。

再婚をめぐって起こる相続に関する論争は、その具体的な内容に違いこそあれ、頻度の確率は当時から現在に至るまで大差はあるまい。その対応策に苦慮する点でも同様であろう。式目の改嫁に関する規定は、室町時代末に至っても生きた法律であった。

（新井　信子）

【参考文献】
三浦周行『法制史之研究』（岩波書店、一九一九年）、同『續法制史の研究』（岩波書店、一九二五年）、中田薫『法制史論集』第三巻上（岩波書店、一九四三年）、佐藤進一・池内義資編『中世法制史料集』第一巻鎌倉幕府法（岩波書店、一九五五年）

冠者

かんじゃ・かじゃ

元服をして冠《かんむり》をつけた少年・若者、召使の若者、などを意味するとされる（『日国』）。「かんざ」・「かざ」ともいう。『平安遺文』件名索引ではその用例が無い。『鎌倉遺文』では、前者の「元服後の若者」の用例の外に、後者、即ち「召使」の意味を示す用法が多く見られるようになる。

よく知られている安芸国田所《たどころ》文書の正応二年（一二八九）の沙弥《しゃみ》某譲状《ゆずりじょう》では（『鎌』一六八六二号）、多くの国衙《こくが》諸得分・散在田畠と共に「所従《しょじゅう》」の項があり何十人もの名前が挙げられているが、その中に「弐王冠者」・「松王冠者」がある。この外にも処分状・譲状の類の「所従」の項にあげられた名前の中に「冠者」を付した例が多く見られることは（『鎌』二六七四・四六〇三・六七五一・一四五五〇・一四七七四・一六八六二各号）、『鎌倉遺文』中の「冠者」の用法の大きな特徴である。さらに正和二年（一三一三）、小槻《おづき》淳房は遁世《とんせい》の後、紀伊国鳴嶋《なるしま》社に関する諸得分を主計頭《かずえのかみ》親秋に譲与しているが、その中には「下人」「有石冠者父子」がある（『鎌』二四九六三号）。この様にしてみると、下人《げにん》・所従がある層の一部をも含む「召使」の意味での「冠者」の用法があり、それが鎌倉期にはかなり一般化していたことが窺えると言えよう。また、「有石冠者父子」とあることから、有石冠者の年齢が推し量られ、後に挙げる下人・所従の実態と併せて考えると、「冠者」と言う語から「若者」という意味は薄れていると見て良い。

それでは、「召使」われる「冠者」の実態は、どの様なものであったのであろうか。寛喜二年（一二三〇）、「蔵王《ざおう》堂寄人《どうよりうど》」と「宣舜願聖房」は「墓谷田」・「北谷田」の耕作権を巡って†相論している。この間に「墓谷田」下作人が年貢未払いをした替りとして、宣舜側は作稲を刈り取ろうとしたが下作人に妨げられて果たせず、逆に下作人に夜刈り取られた。後日宣舜の連れ出した証人は「太郎冠者妻下女」であった。「太郎冠者」は「下女カ夫（下女の夫）」であったのである（『鎌』三九七九号）。弘安五年（一二八二）、最勝寺新阿弥陀堂別当の覚順が伊王に譲与した所従には「又太郎冠者妻子ウラチ女」があった（『鎌』一四五五〇号）。さらに、先に挙げた田所文書の二人の「冠者」は「童《わらわ》に於て召仕《めしつか》う」とされ、「弐王冠者」は祖父・父・自分の三代にわたり服仕している。下人・所従に「相伝・重代の」という語がよく付される所以《ゆえん》であろう。こうして下人・所従としての「冠者」は、家族ごと代々にわたり「召使」となっていたことが窺える。

さらに元仁前後（一二二四～五）の一史料は、「冠者」を巡る厳しい生活実態の一面を伝えている。「冠者」重吉はその父の出挙米《すいこまい》二斗の質物《しちもつ》と引き換えにその身を石見公《いわみのきみ》に預けられ、多年服仕させられていた。もう出挙の未払いは無いくらいであるといったところ、石見公から身の暇《いとま》を出され衣装を剝ぎ取り追い出される結果となった。そこで「他人に身を預け一分の憐愍《れんびん》に預かって能米《のうまい》（玄米）六斗を完済し、また石見公に服仕しているので、質入の証文を返していただきたいと願ったが証文は返してくれず、あまつさえ年々の利分を責められ為す術《すべ》が無い」と言っている（『鎌』七二六八号）。経済的窮乏から「召使」となり、容易にそこから抜け出せない「冠者」の姿があるのである。

こうして見ると、単に「召使」と言うことから一歩進んで、社会的に隷属的な身分の者に対する、軽い蔑称としての「冠者」の用法が現れていると言えよう。訓としても「くわさ」・「かしや」などが見られ（『鎌』一六五八二号・三〇七〇九号）、この語の意味が「狂言」の太郎冠者・次郎冠者の「冠者」の内容に近づいている、と言える。

（田中寿朗）

梶取

かんどり・かじとり(現)

「かじとり」とも読む。船の長として船の舵をとって漕ぐ者。『日本国語大辞典』では、「かじとり」「かんどり」ともに「楫取・舵取」の字をあて、「かじとり」の項目に「舵を操って船を一定の方向に進ませること。また、その人。また船を進ませるには舵が最も重要であるところから、上代から中世にかけては船の責任者、すなわち船頭に相当する役柄。近世では水路および航海に関する責任者の役名で船頭に次ぐ重要な役職。現在の航海長に相当する。」と述べる。

中世の梶取は、荘園公領制のもと、年貢の輸送を担当した。梶取の多くは、有力百姓（名主層）とみられ、†給田《きゅうでん》・免田を得て業務を行う者や、中には梶取を専任する荘官もいた。梶取の下には、一般百姓・海人などが水手《かこ》（水主）として組織された。建久七年（一一九六）、雑賀《さいか》荘住人源太丸が、紀伊湊において備後国大田荘の梶取丸と争い、丹生《にう》神人《じにん》を刃傷《にんじょう》させたことを高野山住僧が訴えるという事件が発生している（『鎌』八三八号）。大田荘は高野山領であり、同荘の梶取が紀伊国まで年貢を運んでいる様子がうかがえる。

紀伊国南部《みなべ》荘では、梶取が責任者となって高野山に年貢を輸送した。梶取の名として紀貞角、小野国吉、沙弥正珍、藤原宗光男、沙弥願仏がみえ、新城常三は彼らを有力百姓と想定している（『鎌』八一七三・八五九二・九八二二・一〇七〇一・一二二二五各号）。肥後人吉《ひとよし》荘のような内陸荘園にも梶取はみられ、「河梶取給」五丁が設定されている（『鎌』六三二一号）。嘉暦三年（一三二八）、宇佐宮神官池永重頼が豊後国の某名《みょう》を相伝した際に、証拠文書の中に「梶取友信等年貢催促状」をあげている（『鎌』三〇三〇二号）。梶取信友は、年貢の徴収にあたっており、荘官の一種と解釈できる。

また†国衙に属する梶取もいた。建仁三年（一二〇三）、国衙船所《ふなどころ》の書生・梶取らは、御幸渡船料《みゆきわたしふなりょう》と号して河船を切り損じ、仏供《ぶつぐ》等を入水している（『鎌』一三九三号）。梶取に与えられた給田などの事例をみると、文永十一年（一二七四）、安芸国入江保では、「梶取分」が除米の中に、「梶取給」が分地子から除かれている（『鎌』一一五四六号）。正和元年（一三一二）、豊後国大野荘において、「梶取田」や「梶取薗麦地」がみえる（『鎌』二四七四〇号）。一方、伊予国弓削《ゆげ》島《しま》荘では、梶取・水手には給田・給畠がみられない。新城常三は、同荘の年貢塩はほとんど無償で輸送されたとし、そのため塩年貢の未進が頻発していたとする。

広範囲に活躍する流通業者である梶取もいた。鎌倉後期、北条師時《もろとき》の梶取である肥後国宇土《うと》荘住人右衛門三郎重教は、売買のため肥前国（五島列島）の青方《あおかた》住人である宗次郎のもとに寄宿している（『鎌』二二六二〇号）。*関所の業務に関わる梶取もいた。元徳三年（一三三一）、六波羅探題は、播磨国福泊《ふくのとまり》の修固《しゅうこ》（補修）の有無や関務について、高橋新左衛門尉と梶取弥六に検査させている（『鎌』三一四一二号）。

また蒙古襲来や異国（高麗）征伐への備えとして、鎌倉幕府は梶取・水手の動員を計画した。建治元年（一二七五）、明年三月に異国征伐を行うため、梶取・水手等が鎮西《ちんぜい》（九州）で不足した場合、山陰・山陽・南海道等に充てるべき旨を命じた。その際、安芸国守護武田信時に対し、「安芸国海辺知行の地頭御家人・†本所一円地等は、催促に従い、梶取・水手らを早速博多に遣すべし」と指示している（『鎌』一二一七〇号）。建治二年、豊後国守護大友頼泰《よりやす》は、*御家人野上資直に対し、異国発向のための用意を命じ、領内の大小船・水手・梶取†交名《きょうみょう》を注申し、来月中旬に博多津に送付すべきことを命じている（『鎌』一二二五二号）。

（関　周一）

【参考文献】

新城常三『中世水運史の研究』（塙書房、一九九四年）

器量

きりょう

『日本国語大辞典』などによれば、①物事をやり遂げる才能・能力・力量を意味し、そこから②そのことに巧みなこと、もしくは巧みにこなす人、名人を意味するようになった。おもに学問や芸道の達人を意味する。その後、才能が自然に外貌に現れた人、もしくは名人によって作成された勝れた様、綺麗なもの、美しいものを表すようになったと思われ、江戸時代には、③男女の容姿が勝れている、もしくは容姿の勝れた人（とくに女性）を意味するようになったと考えられる。この場合は「器量よし」とか「器量者」ともよばれる。

かな文書には「きりやう」とみえ（『鎌』九〇一五号など）、よみは「きりょう」で、①の場合は、ただ単に「器《うつわ》」とも表記し（『鎌』六七二三号など）、器量人（『鎌』二四二六号など）・器量者（『鎌』一八三七〇号など）とも表記する。僧侶の場合は「法器」ともいった（『鎌』三二〇五三号）。能力のない場合は「非器」となる（『鎌』一三五三〇号など）。

『大漢和辞典』によれば、古代中国では、本来は一定の量を意味したとされるが、また「才の在る所を器、徳の充ちる所を量といふ」ともあり、才能や徳にあふれた人物を「器量」と呼ぶようになったと思われる。

日本では、『続日本紀』天平宝字元年（七五七）正月甲寅《こういん》条に軍毅《ぐんき》（律令制に於いて諸国の軍団を統率する人）には、「六衛府の中から器量弁了にして身才勇健な者を擬任せよ」とあるのが早い使用例で、①の能力・才能・力量の意味で使用されている。

平安時代には「器量」の用例はまだ少なく、天治三年（一一二六）三月二十五日、自在房蓮光が、奉行として八年以内に一切経を書写し終えた奉公と器量を理由に、御経蔵別当職に任命されている（『平』二〇六〇号）。

鎌倉時代頃には、②の意味での使用が始まったようで、『平家物語』には、「笛のおん器量たるによって」とある。しかし『鎌倉遺文』には、【用例】のように所職・所領の譲与や充行・任命に際して用いられることが多く、その所職を成し遂げる能力や、所領の管理能力があるかないかに用いられている。

江戸時代初期に成立したとされる『御伽草子』「まんじゅのまへ」に「あっぱれきりやうの鎧かな。いかほどするぞととひければ」とあるのは、②の意味で使用されている例である。また慶長八年（一六〇三）・九年に刊行された『日葡《にっぽ》辞書』には、「キリョウナヒト、恵まれた風采のよい人」とあり、③の意味で使用されている。現在では、「器量」とのみいえば、この③の意味で使用され、①の意味で使用する場合には、「器量人」とか「器が大きい」などという言い方をする。

【用例】　関東評定事書（『鎌』五三四七号）

諸堂の供僧《ぐそう》ら、あるいは病患に臨みて非器の弟子に附属し、あるいは名代《みょうだい》を立てて世間に落堕《らくだ》し、なおその利潤を貪る事暦仁元・十二・七 兵庫頭定員奉行す

右、（中略）たとえ師の譲りたりと雖《いえど》も、非器の輩《ともがら》を免許せらるべからず。**器量**の人たりと雖も、濫僧の譲りを用いらるべからず。自今以後《じこんいご》に於《お》いては、固くこの炳誡《へいかい》を守り、法器抜群の人を撰びてこれを譲り、戒行を専らにし、あえて違越すべからず

（伊東和彦）

悔返

くいかえす

中世における財産処分に関する用語。一旦譲与した所領・財産を取り返すこと。「返」は、同様の意味をもつ「還」が用いられることもあった（『鎌』七九〇四号・一二五八九号など）。

「悔返」は、単に「取り消す」のような意味で用いられることもあったが（「日蓮書状」『鎌』一三〇一〇号）、多くの場合は法律的に財産を取り返すことを意味していた。律令法を基本とする平安時代以来の公家法では、子孫、他人の区別なく一旦譲与された所領、財産の悔返は認められていなかった【用例1】。鎌倉幕府法でも、社寺への寄進地や他人への贈与物（和与物《わよ》）などの悔返は許されなかったが【用例2】、直系親族に譲与した所領についての悔返は認められていた。貞永元年（一二三二）に制定された『御成敗式目』（『鎌』四三四〇号）の第二十条「得ニ譲状一後、其子先ニ父母一令ニ死去一跡事」には、「†譲状を与えた子が先に死去した場合は勿論のこと、たとえ子が生存していても父母の意思に任せて、譲った所領の悔返に何の妨げもない」とし、さらに第二十六条「譲ニ所領於ニ子息一、給ニ安堵御下文一後、悔ニ還其領一譲ニ与他子息一事」では、「父母の意に任すべし」とある。親が子に譲与した所領は、たとえ安堵*の†下文を給わった後でも父母による悔返は自由で、他子への再譲与が認められていた【用例3】。

また、女子に関しては、第十八条「譲ニ与所領於女子一後、依レ有ニ不和儀一、其親悔返否事」で、女子が親に背くような行いがあった時には、譲与した所領の悔返は父母の意に任せるとあり、女子の子供つまり外孫に譲与した所領についても、女子の場合に准じ外祖父の悔返権が認められていた（『追加法』年代未詳）。しかし、第二十一条「妻妾得ニ夫譲一被ニ離別一後、領ニ知彼所領一否事」では、離別した妻や妾に譲与した所領は、妻妾に罪科があって離別したのでなければ、夫に悔返の権利はなかった。ただし、文永四年（一二六七）十二月二十六日付の『追加法』「離別妻妾知ニ行前夫所領一事」（『鎌』九八三七号）では、妻妾が離別した後に再婚した場合は、それを不義とみなされ、前夫には譲与した所領の悔返が認められた。

他人に譲与したもの（和与物）についての悔返は、公家法だけでなく武家法でも基本的には認められていなかった【用例2】。しかし、式目の第十九条では、本主の恩を受け生前に所領を譲与された者が他人和与物《たにんわよ》と称しても、本主の死後、その子孫に敵対した場合、本主の子孫に「悔返」が認められた。さらに、『追加法』（年代未詳）「和㆓与他人㆒物、可㆓悔返㆒否事」では、式目の第十九条で規定された場合以外の他人和与物について、公家法に任せて悔返を認めないとするも、証文などを勘案しながらの個別の対応を容認した。

また、兄弟姉妹の和与物については、延応二年（一二四〇）六月十一日付の『追加法』「兄弟姉妹和与物悔返否事」（『鎌』五五八九号）で、父母に対して礼をなし、恩情によって所領を得た者が敵対したときには、本主の意思に任せて悔返してもよいとした。さらに、正応三年（一二九〇）十一月九日付の『追加法』「譲㆓与兄弟叔姪㆒所領事」（『鎌』一七四七七号）では、先の『追加法』で本主に敵対した場合や証文などを勘案した結果によって、和与物の悔返を認めるとした規定を変え、全面的に本主の悔返を許可するとした。

公家法とは違ったこうした武家法での悔返容認の有様は、当時の武家社会の構造に依るものであった。家長を中心に団結して一族の存続を図る武家社会で、一族がより固く結束し繁栄するためには、家長に権力を集中することが必須であった。それゆえに、一族の持つ所領や財産をなるべく分散させないような法制度が必要だったのである。

【用例】

(1)　寿永元年（一一八二）十二月十九日、度会《わたらい》神主某が女子度会毘沙子に与えた譲状には、譲り与えた所領についてたとえ不慮の†相論が起きたとしても承知しないように、それは「**悔返法**、無きの故也《ゆえなり》」とある（『平』四〇六五号）。

(2)　弘安三年（一二八〇）二月日の河内金剛寺衆徒《しゅと》等の申状案で、衆徒等は寄進された寺領に関して相論するなかで「神明に寄附の物、**悔返**の法、いまだその跡を聞かず」と主張し、さらに他人和与物であることに言及して、「他人和与物、**悔返**べからざるの法、†炳焉《へいえん》せしむる也《なり》」と陳情した（『鎌』一四二六一号）。

(3)　建暦元年（一二一一）八月四日の東大寺充行状《あてがいじょう》には、大中臣康則《おおなかとみやすのり》が生前に*養子の奉則《とものり》に与えた大井荘下司職《げすしき》を、奉則の不義不忠を理由にして康則の後家尼生蓮が**悔返**して実子である妙蓮に与えたとある（『鎌』一八八七号）。

（新井　信子）

【参考文献】

三浦周行『續法制史の研究』（岩波書店、一九二五年）、中田薫『法制史論集』第一巻（岩波書店、一九四三年）、佐藤進一・池内義資編『中世法制史料集』第一巻鎌倉幕府法（岩波書店、一九五五年）

継　母

けいぼ・ままはは

「ままはは」ともいう。父の妻で、実母や養母でない者。父の後妻。一般に、父に複数の妻が同時に存在した場合の実母以外の者を継母ということはない。しかし、十一世紀の『更級日記』には、作者の菅原孝標女とともに国司である父に伴って東へ下向した「継母」が登場する。この場合は実母が存在していて京の屋敷に残っていたが、おそらく出家して父との夫婦関係が終了していたのだと考えられる。この継母と菅原孝標女《むすめ》は親密であったようであり、継子いじめのような実態は見られない。

一方、継子いじめの物語『落窪物語』は十世紀末には成立していたと考えられている。ここでは、ヒロインの女君が実母の死後、父の邸に引き取られ、継母と同居することになったことから、継母によるいじめが始まるのである。

しかし、十世紀に成立した『和名類聚抄《わみょうるいじゅしょう》（二十巻本《ぼん》和名抄）』には「継父母　（略）継父〈和名万々知々《ままちち》〉　継母〈万々波々《ままはは》〉　継父母各その子我生まざる義を謂うなり」とあり、継父母が同列に論じられており、継母のみが特に問題視されていない。

継母と先妻の子たちとのトラブルが激化するのは、夫の家に夫婦が同居する嫁入婚が成立し、妻が経営に重要な役割を果たすようになってからであろう。鎌倉時代には、長男と継母は、家における地位をめぐってしばしば対立した。それは、継母が自分の子を家の後継者にするために先妻の子を押しのけようとしたこと、また家における家父長に次ぐナンバー2の立場をめぐる抗争があったと考えられる。『御成敗式目』二十二条では、「父母所領配分の時、*義絶《ぎぜつ》にあらずといえども成人の子息に譲り与えざる事」として「右、その親、成人の子をもって*吹挙《すいきょ》せしむるの間、勤厚《きんこう》の思いを励まし労功《ろうこう》を積む処《ところ》、或は継母の讒言《ざんげん》に付き、或は*庶子の鍾愛《しょうあい》により、その子義絶せられずと雖《いえど》も、たちまちかの処分に漏る」という事態、すなわち奉公の功績がある子息に対して、継母の讒言によって、所領の譲与がなされないという事態がしばしばあったようで、鎌倉幕府はこうした「*無足《むそく》の兄」に対する保証を定めている（【用例】）。

鎌倉時代には、このように「継母の讒言」という言葉がしばしば言われた。例えば、建長七年（一二五五）九月十三日の関東下知状案（『鎌』七九〇四号）では、藤木右衛門尉行元の女子藤原氏と、継母藤原氏がそれぞれ代理人を立てて†相論を行なっている。ここでは、行元が死去した時に、女子藤原氏に譲った屋敷名田の譲状を継母が讒言を企てて隠したかどうか、が問題になっている。

なお、『鎌倉遺文』所収の文書に「継母」は十八通程度に登場するが、「継父」は五通程度であり、「継母」の立場が家族の深刻な矛盾の中心となっていたことがわかる。他に、「継子」が数通あり、「継娘」「継妻」「継祖母」「義母」がそれぞれ一ヶ所に見ることが出来る。

【用例】『御成敗式目』二十二条（『鎌』四三四〇号）

父母所領配分の時、義絶《ぎぜつ》にあらずと雖も成人の子息に譲り与えざる事

右、その親、成人の子をもって吹挙《すいきょ》せしむるの間、勤厚《きんこう》の思いを励まし労功を積むの処《ところ》、或は**継母**の讒言《ざんげん》に付き、或は庶子の鍾愛《しょうあい》により、その子義絶せられずと雖もたちまちかの処分に漏る。*侘傺《たてい》の条、†非拠《ひきょ》の至りなり。よつて今立つるところの*嫡子の分を割き、五分一をもって無足《むそく》の兄に充《あ》て給うべきなり。ただし少分たりと雖も、計《はか》らい充つるにおいては、嫡庶《ちゃくしょ》を論ぜずよろしく証跡《しょうせき》によるべし。そもそも嫡子たりと雖も指《さ》したる奉公なく、また不孝《ふきょう》の輩《ともがら》においては*沙汰の限りにあらず。

（野村育世）

甲乙人

こうおつにん

鎌倉時代以降、たとえば寺社領内への乱入や領内での殺生といった*狼藉行為などを禁止する、いわゆる禁制が増加するが、それらのうち文治元年（一一八五）十二月日北条時政禁制（『鎌』三四号）は現存最古の木札としてよく知られている。ところで、この北条時政禁制は鎌倉殿（源頼朝）の祈禱所であった河内国薗光寺内および同寺田畠山林などへの他者による乱入行為を禁止したものであるが、ここで注目されるのは、他者について「甲乙人」と呼んでいること、さらに以後、こうした禁制をはじめとする中世文書からうかがえるように、「甲乙人」の活動が次第に目立つようになっていくことである。

一体、甲乙人とはどのような人々をさすのであろうか。この疑問に答えてくれるのが、鎌倉幕府訴訟制度の解説書『沙汰未練書《さたみれんしょ》』である。そこには「甲乙人等トハ凡下百姓等事也」と見えるが、文中、「†凡下《ぼんげ》」の語は、鎌倉幕府法では侍身分に含まれない幕府諸機関の下級職員や商工業者などに対して用いられており、とすれば、甲乙人もまた凡下百姓と同じく、一般庶民をさす身分呼称ということにな

るのである。実際、甲乙人が侍身分と区別されていたことは、建長六年（一二五四）七月九日六波羅下文（『鎌』七七八〇号）、同七年五月二十一日六波羅下知状（『鎌』七八七二号）などにも、それぞれ「守護所・検非違所《けびいしょ》・近隣地頭御家人ならびに甲乙人等」「武士ならびに甲乙人」と見えることによってわかる。

しかし、ことはそれほど簡単ではない。というのも『日本国語大辞典』では「名をあげるまでもない一般庶民、雑人、地下人《じげにん》、凡下の者など」のほか、「誰と限らずすべての人。貴賤上下の人」、同じく『日本国語大辞典』の「甲乙」の項にも「十干の甲と乙」「ものの順序にいうことば。第一と第二」「すぐれていることとおとっていること。まさりおとり。優劣。上下」と並んで、「名をあげる必要のないとき、また不定の事物をあげる時にいう語。たれかれ。某々」といった語釈があげられ、さらに『国史大辞典』では「本来『甲の人や乙の人』の謂で、ある特定された人間以外の第三者をさす中世語であった」と記されているからである。すなわち、その意味内容が、不特定の第三者から『沙汰未練書』のいう凡下百姓という身分呼称へ変化したというのである。

たしかに正応四年（一二九一）十月五日付で高野山に提出された湯浅定仏起請文《きしょうもん》（『鎌』一七七二五号）に、「或いは自身、若しくは縁者、或いは甲乙人の語《かた》いを得て」と見える甲乙人が、「自分自身でも親類縁者でもない、不特定なあかの他人」（笠松宏至『法と言葉の中世史』）にほかならないことは、ほぼ同時に同じく高野山に提出された同年月十一日西信請文《うけぶみ》（『鎌』一七七二九号）・坂上清澄起請文（『鎌』一七七三〇号）に、「或いは自身、若しくは縁者、或いは他人等の語《かたらい》を得て」とあることによっても明らかである。また平安時代、治暦四年（一〇六八）伊勢国大国荘司等解（『平』一〇二三号）や承保四年（一〇七七）四月十五日祭主大中臣《おおなかとみ》輔《すけ》経《つね》下文案（『平』一一四四号）に見える「甲乙人人」「甲乙人」にしても、「朝臣の称号をもつ（五位以上）貴族さえ含」（笠松前掲書）んでおり、決して低い身分をさす語ではなかったのである。

そこで問題となってくるのが、こうした甲乙人の意味内容の変化が生じた理由であるが、この点については「非器の甲乙人」（正安元年〈一二九九〉八月十二日鎮西下知状、『鎌』二〇二〇三号ほか）、「非職の甲乙人」（正中三年〈一三二六〉二月十三日顕増和与状、『鎌』二九三五一号ほか）といった慣用的表現が鎌倉後期から用いられるようになったことと関連づけて以下のように説明されている。まず「非器」とは、ある所領に関して、本来それを知行することのできる資格＝「器*量」をもつ人間の範囲から排除された人間の意であり、また所職に関する「非職」の場合も同様であることから、『非器甲乙人』『非職甲乙人』の『甲乙人』は、所領や所職を知行することのできる特定者に排除された非特定者であった」ということになる。次にこの非器・非職の甲乙人と、初期中世社会において所領や所職の知行からもっとも遠い位置にいた凡下百姓とが結びつき、その結果、甲乙人に関して、不特定の第三者から凡下百姓へという意味内容の変化が生じたというのである。鎌倉後期から南北朝期という、旧来の秩序が大きく動揺する時代の中で、身分呼称としての甲乙人の活動が禁圧の対象としてクローズアップされるようになるといった指摘とあわせて継承すべきであろう（以上、笠松前掲書）。

なお、この甲乙人は、松本新八郎『中世社会の研究』が、南北朝の内乱を動かした三つの勢力のうち、第一・第二の天皇公家勢力・武家勢力に対する革命的な第三勢力として、その役割を高く評価して以来、*悪党との関連性などをはじめ、今日でも議論の多い注目すべき中世語となっている。

（樋口州男）

【参考文献】

松本新八郎『中世社会の研究』（東京大学出版会、一九五六年）、笠松宏至『法と言葉の中世史』（平凡社、一九八四年）、田中稔『鎌倉幕府御家人制度の研究』（吉川弘文館、一九九一年）

後家

ごけ

夫に死別した女性。また、夫の死後、その家を守っている寡婦《かふ》。中国には用例がない。古くは、賦課《ふか》の主体となる人物がいなくなった後に、残された家族を指す言葉として用いられ、妻の意味ではなかった。

例えば、『令集解《りょうのしゅうげ》』賦役令舎人史生条《ふえきりょうとねりししょうじょう》では、天平八年（七三六）の格《きゃく》において「大宰府官人及び所部国司等後家」の徭役《ようえき》を免じたとあり、また同じく『令集解』賦役令外蕃返条に、霊亀三年（七一七）の太政官符で大唐国に遣わす水手《かこ》らの後家の徭役を免除したとあり、徭役は女性には課せられなかったことから、これらの「後家」は女性ではなく、遺された子孫、家族を指す言葉であると考えられる。八、九世紀を通じて、「後家」は全て残された家族を指す言葉であった。

平安時代後期になっても、永保年中（一〇八一～八四）に官物未進《かんもつみしん》のまま死去した山村姉子《やまむらあねのこ》の「後家」が、四十余石の未進分を出すよう責め勘ぜられたことがあり（『平』一三四二号）、姉子が女性であることから、ここでの「後家」が妻でないことは明白であり、遺族を「後家」と称する用法が残っていたことがわかる。しかし、この時期においては、これは既に一般的な用例ではなくなっていた。

十世紀以降になると、「後家」の中に妻の存在が感じられるようになる。万寿二年（一〇二五）、二人の国司が*公事《くじ》を払わないまま出家してしまうという事件が起こった。この時に藤原頼通が述べた道長の判断は、「さしたる子孫後家の中にあらざると雖《いえど》も、妻、財貨を領し、これを子孫に知らしめざる者あらば、よって後家という。妻子ともに弁中にあるべきか」というものであり（『小右記』万寿二年二月二十七日条）、国司の妻が財産を独占的に領有している場合は、妻を後家と呼び、弁済の責任を負わせるべきだとしている。

十一世紀になると、先に述べた「山村姉子の後家」というような用例を残しながらも、「後家」が遺された妻で、夫の財産、権利、義務を継承する者の意味として使用されるようになり、十二世紀には定着する。『鎌倉遺文』に見られる「後家」は、ほとんど全てが遺された妻の意味であり、『御成敗式目』でも専らその意味で用いている。「後家」は、家を引き継ぎ、夫の財産を継承し、子どもたちを指揮して、公事を勤仕する存在として公的に認められていた。夫の死後、後家は在家ながら尼となるのが一般的になったので、「後家尼」という用例も多い（【用例】）。

こうした語義変化の背景には、平安時代後期に進展していった夫婦関係の安定化、すなわちできるだけ離婚しない永続性を志向し、互いの財産を持ち寄って共同で経営を行ない、死後は財産を引き継ぎ、子孫に分配するという関係が形成されたことがある。中世後期の村落においても「後家」の語が見られる。『日本国語大辞典』は、これについて、「中世、村落を構成する家のうち、成人男子を欠くもの。賦課が免除もしくは軽減されることが多い。」としており、「安治《あじ》共有文書」元亀三年（一五七二）閏正月六日の「近江国安治村後家 改《あらため》」の中の「安治村家数之内後家供之事…此外《このほか》後家御《ご》座候《ざそうらわ》ば、少つつ成共《なりとも》懸米《かけまい》申付《もうしつけ》」の用例を挙げている。しかし、『菅浦文書《すがうらもんじょ》』の十五世紀末から十六世紀の初めに作られたと考えられる棟別銭《むなべちせん》の掟書《おきてがき》には、「後家惣並《そうなみ》たるべき事」とあり、この解釈については久留島典子が、「惣並」とは棟別銭を払うということであり、同じ掟の中に見える「やもめこれを除く事」とは明らかに区別されているとしている。つまり、「後家」は、村落の成員としての家を保持しているもので、棟別銭の負担を負う存在、「やもめ」は同じく配偶者のいない寡婦であっても、保護され救済されるべき存在として、両者は区別されていたのである。しかし、既に織豊期に入った「安治共有文書」元亀三年（一五七二）の段階になると、織豊政権によって夫役《ぶやく》を負担する成人男子の有無が重視されるようになり、「後家」と「やもめ」の同一視が進んだのだという。

さらに、江戸時代には、「後家荒し」「後家と黒木は触って見ねば知れぬ」というように、「後家」は性的関心の対象として人口に膾炙し、髪を切り、寡婦の姿をした私娼も現れたが、鎌倉時代の「後家」には性的に揶揄するような意味はない。

【用例】関東下知状案（『鎌』三二二六号）

早く前豊前守能直《よしなお》朝臣**後家尼**をもって、相模国大友郷地頭ならびに大野庄地頭職《しき》たるべき事

右人、†譲状に任せて、かの職《しき》として、同じく知行《ちぎょう》の例を守り、*沙汰を致すべきの状、仰せに任せて下知《げち》件《くだん》の如し

貞応三年四月二十四日　前陸奥守平（在判）

（野村育世）

【参考文献】

飯沼賢司「後家の力―その成立と役割をめぐって」（『峰岸純夫編『家族と女性』吉川弘文館、一九九二年』）、久留島典子「後家とやもめ」（網野善彦他編『ことばの文化史』中世3、平凡社、一九八九年）

古老

ころう

としより。老人。特に故実や昔の事をよく知っている老人。

『続日本紀』天平十五年（七四三）五月丙寅《へいいん》の条に、備前国の言上《ごんじょう》として、新羅《しらぎ》の邑久《おおく》浦（現、岡山県瀬戸内市の牛窓湾か）の浜に大魚五十二匹（ゴンドウ鯨か）が打ち上げられた時、「故老皆云フ、未《いま》ダ嘗《かつ》テ聞《き》カザルナリ」とみえる。

平安期には、『源氏物語』行幸に「うへに侍ふ古老のすけ二人、又さるべき人々、さまざまに申さるるを」とあり、老年の人の意として用いられている。

『平安遺文』では、康保三年（九六六）の伊賀国夏見郷刀《と》禰《ね》等解《げ》案《あん》に、「自爾《じよ》以来、古老相伝する所の誡《いましめ》」とあるのが初見（『平』二八九号）。その後寛治二年（一〇八八）、伊賀国名張《なばり》郡では、住人らが藤原真遠《さねとう》（実遠）朝臣の例と称して、国方に加地子《かじし》を納めず訴訟を起した際、調査に派遣された定使は、その例を在地*の古老に尋問した。古老はその先例の証言をしている（『平』一二六一号）。ついで、久安三年（一一四七）、紀伊国神野荘の住人が、猿川村の柱五本を仁和寺領の住人が押領*した際、猿川村は領内であるとした相論†では、「公験†《くげん》の理に依り、在庁の申状に依り、前司の詞に依り、古老の談に依り」とあるように（『平』二六一二号）、古老の談は、公験の理とともに、非文書の証拠（証言）の役割を果している。このように古老の語は、相論（訴訟）関係で先例などの証言人として多く使用されている。また、古老は地域を代表する保障者であり、地域の法秩序を担っている存在としてとらえられていた（『平』一二九九号）。

鎌倉時代には、「古老百姓」「古老猟師」「古老在庁官人」「古老庄官」「古老之神官」などのように、あらゆる社会的分野、階層などに古老の語がみられ、また、中世日本のほぼ全域にわたって古老の語は用いられている。鎌倉期は、山野河川の境相論が多く生じているが、古老は境界領域をよく知るものとして、境相論において、【用例1】にみられるように、証人として登場しており、その証言は裁許《さいきょ》の有力な判断となっている。さらに、鎌倉後期の嘉元三年（一三〇五）、陸奥国一迫坂崎郷と苅敷郷の境相論が起こった際、【用例2】にみられるように、村落間の山野河川境相論では、在地の実情をよく知る両方の古老百姓に尋ねて、その証言に従い確定することが通例であったという。また、その際、古老証言といえども、起請文†《きしょうもん》をもって証言させることが成立要件であった（『鎌』二六一二五号）。

ところで、古老の機能は証人のみならず、相論における訴†人・調停者・仲介者などの役割を果していたようである。正和三年（一三一四）、伊予国弓削島《ゆげしま》荘百姓らが、預所《あずかりどころ》代官を領主東寺に訴えた際、「訴人　百姓等則古老百姓　進士入道　宗太郎　平三」とあるように（『鎌』二五三六四号）、ここでは古老は、訴人として登場している。なお、伊賀国黒田荘では、鎌倉前期の承久二年（一二二〇）六月の法橋某下文案*によれば、【用例3】にみられるように、本来、当荘の番頭*は、古老百姓の中から器量*ある者が補任《ぶにん》されることになっていたことが知られる。このことは、古老は荘園村落内における在地慣習の世界を体現する存在であったことを示すものといえよう。

【用例】

(1) 左衛門少尉兼致《かねむね》書状（『鎌』三九〇四号）

寛喜元年（一二二九）、中野馬允と木嶋兵衛尉の鷹子盗人の争いは、鷹の巣がどちらの領内に属するかという境相論に発展した。その中で中野の主張が史料に、「中野馬允は、**古老**猟師《りょうし》三人を相具し、志久見山たるの旨申し候の上、且つ《かつが》往代證據《しょうこ》の方々、勘申《かんしん》致し候」とあり、古老猟師は証人として登場している。

(2) 関東下知状（『鎌』二二四四三号）

往古堺現在の間、両方**古老人**に尋問せられ、押作田を止めらるべし。所詮、堺相論之法、**古老**土民等に御尋問あるの條、通例也

(3) 法橋某下文案（『鎌』二六二〇号）

当庄番頭は、**古老**の百姓中、器量を蕳(簡カ)び、彼《かの》職に定むるところ也、しかるに近来の番頭器量の者に非《あら》ず、自今以《じこんい》後《ご》に於《お》いては、早く下司《げす》*の沙汰として、其《そ》の器量を計り、之を補すべし

（堀内　寛康）

【参考文献】

蔵持重裕「中世古老の機能と様相」（『歴史学研究』五六三号、一九八七年）、山本隆志『荘園制の展開と地域社会』（刀水書房、一九九四年）

惣領

そうりょう

「惣」は「総」の書きかえ字で、「すべて、治める」などの意味をもち、「領」は「とりしまる」などの意味のほかに、「かしら」を表す。したがって、「総領」＝「惣領」は、「すべて治めて取り締まること、またはその人」ということになる。現在でも一般的に兄弟の中で最年長者の長男・長女または家の跡を継ぐ者を指す言葉として使われている。

古代では、総領は一定地域を政治的に支配すること、またはそれを担当する地方官を指す語であった（『常陸風土記』、『播磨風土記』、『日本書紀』、『続日本紀』など）。それが平安時代中・後期になると、「惣領する」という動詞として用いられるようになる。たとえば、長治三年（一一〇六）二月七日付の平盛正《たいらもりまさ》解《げ》（『平』一六五一号）では、兄師衡《もろひら》は多度寺の別当《べっとう》であった時、多度寺中の「件《くだん》の田畠、惣領する所なり」と、「件田畠を所有していた」という。また、久安三年（一一四七）七月十五日付の前大隅《さきのおおすみの》掾《じょう》建部《たてべ》親助《ちかすけ》申状（『平』二六二三号）には、親助が大隅国禰《ね》寝院《じめいん》南俣《みなまた》の所領を父頼親《よりちか》の死後「惣領之刻《きざみ》」とあり、「所領を相続した時」の意味で使われている。しかし、鎌倉時代にはいる頃には、「惣領」は動詞として用いられるよりも土地所有に関する名詞として使用されることのほうが多くなる。行政文書では、土地そのものを表す言葉として惣領を用いる例（『鎌』一八三・一八四・七六二二各号など）がみられるが、一般的には土地を所有するという意味から転じて「所領」を表し、さらには所領を支配する人を指すようになる（『鎌』八七三号）。

そして、鎌倉時代中頃になると、一族という血縁集団の中で所領は父祖から子孫へ相続され、その多くが嫡子《ちゃくし》*に受け継がれることから、嫡子＝惣領となる。やがて嫡子は一族の土地を支配するのみならず、一族を統率する存在になるため、惣領は一族の長たる統率者をさらにはその地位そのものを表す言葉として定着する。

『鎌倉遺文』の中で最初に嫡子を惣領と表した文書は、貞応二年（一二二三）十一月二日付の大友能直《よしなお》の譲状†（『鎌』三一七〇号）で、能直は豊後国安岐郷内の所領を「嫡子大炊《おおいの》助《すけ》親秀《ちかひで》為二惣領一、可レ令二支配一也」と、嫡子である親秀に惣領として所領を支配*するようにと命じている。また、嫡子は長子とは限らず、親は惣領として器量《きりょう》*のある子を嫡子に指名した。嘉禎三年（一二三七）八月二十五日付の藤原家門《いえかど》置文《おきぶみ》案（『鎌』五一九八号）では、「惣領武雄村」を「以二三男能門《よしかど》一為二嫡子一、譲二与之一畢」とあって、家門は三男を嫡子に指名した上で惣領分の所領を譲与している。それは、嫡子が所領を相続するだけでなく、一族の庶子《しょし》を統率しなければならないため、それなりの器量が必要とされていたためであろう。寛喜二年（一二三〇）八月十三日付の藤原宗政《むねまさ》譲状（『鎌』四〇一一号）で、宗政は嫡子時宗に対して「庶子等に至りては、万事に就き、支配致すべし、若し、異儀に及ぶ庶子出来《しゅったい》すれば、惣領として時宗が、これを領知せしむべし」と、惣領として庶子に命じた。また、先述の大友能直の譲状によれば、嫡子親秀は惣領として「関東御公《みくう》事《じ》」を庶子各々の所領の大小に任せて配分し、その嫡子の命に背いた庶子にたいしては、嫡子の判断によって所領を没収するという。弘長三年（一二六三）七月二日付の志賀泰《しがやす》朝《とも》深妙連署《れんしょ》譲状案（『鎌』八九六九号）では、「関東御公事并大番役」について惣領の配分を守り、沙汰*するようにとあり、さらに正応六年（一二九三）七月二十日付の相良上蓮頼《さがらじょうれんより》氏《うじ》譲状（『鎌』一八二六二号）には、「公家・関東御公事、異《い》国警固番役《こくけいごばんやく》」について、惣領の所勘に随って沙汰するようにと記されている。これらの譲状の記載内容によれば、惣領は一族伝来の所領を譲り受けると同時に、庶子に対する支配権をも譲られていた。こうした惣領の庶子に対する支配権は「公事*」だけに限らず、軍事力を編成する上にも及んでいた。正安三年（一三〇一）十二月二十日付の阿法譲状案（『鎌』二〇九三〇号）に、「公家・関東御公事番役以下合戦事」とあり、合戦についても惣領の手に付くように記されている。このように公事の負担も軍事力の編成も惣領の統率下で行われていた。しかし、惣領も一族の代表として幕府への責任を負っていた。幕府は正安元年（一二九九）正月十日評定《ひょうじょう》の関東評定事書（『鎌』二〇一〇六号）で、庶子の公事の無沙汰については惣領にその支払いの義務があるとした。この惣領による一族統率の体制（惣領制）は、鎌倉幕府にとっても御家人*から公事を徴収し、また御家人を軍事的に統制する上で都合の良いものであった。

　このような惣領制は、惣領が一族を代表してその全所領に課せられる諸負担を勤仕《ごんじ》するため、庶子に対してその所領の検注権や没収権、さらに公事の配分権や軍事統率権、祭祀権などをもつものである。したがって、こうした惣領による一族統率の体制は、一族の共同知行が前提でなければ成立しなかった。それが、鎌倉時代後期頃になると有力な庶子は、幕府から直接に勲功の賞を給与されたり、新しく開発した所領を安堵*されたりして惣領から独立するようになる。また、長い間の分割相続によって所領の細分化も進むなどして、次第に惣領制はゆらぎはじめる。そのため惣領は、一族を代表してその権利を行使するという立場から、惣領家という独立した家を形成するようになり、惣領の権利も惣領家の一族統制権を意味する「惣領職」で表されるようになる。嘉暦四年（一三二九）二月二十七日付の沙彌爰蓮†和与状（『鎌』三〇五一九）で、公重が祖父公義から相続したものは、肥前国長嶋荘内の畠、屋敷などの所領の他に惣領職であった。この惣領職に関する記述によれば、家督を相続した公重には惣領として関東御公事の配分権と軍事統率権があった。

　こうして惣領には、惣領職という形で一族を統制する権限が幕府から承認され、所領に関しては細分化を防ぐため、女子の一代に限っての相続を認める女子一期《いちご》分の制度を採り入れたり（『鎌』一一八七七号など）して、惣領家の権力の強化を図った。やがて、惣領の単独相続が慣例になっていくと庶子は惣領の家臣となり、武士の結合は血縁から地縁へと移行していく。室町時代に入る頃にはそれが一層顕著になり、それまでの惣領制の概念は消滅する。

（新井　信子）

【参考文献】

三浦周行『續法制史の研究』（岩波書店、一九二五年）、豊田武『武士団と村落』日本歴史叢書1（吉川弘文館、一九六三年）、羽下徳彦『惣領制』日本歴史新書（至文堂、一九六六年）

嫡子

ちゃくし

嫡子は、『日本国語大辞典』によれば家督を継ぐ者のことをいい、古代・中世では、①嫡妻から生まれ家督を継ぐべき子、②嫡出・庶出・養子*を含めて家督を継ぐ子、の二通りの意味がある。律令の戸《こ》婚律《こんりつ》では嫡妻の長子を嫡子としたが（『令集解』喪葬令服紀条）、戸令《こりょう》の応分条などでは②の意味で使用している。嫡子に近い意味として嫡男があるが、嫡男は同辞典では正妻の生んだ最初の男子と定義している。嫡女も同様に、正妻が生んだ長女とする。嫡孫は嫡子の嫡子、嫡弟は正妻の生んだ兄弟のうちの弟とする。嫡子に対する語として、庶子がある。古代・中世における庶子については、同辞典では①正妻でない女から生まれた子、②嫡子以外の実子、③中世の惣領制*において惣領の支配下に属する一族の者、④若年の子、の意味を挙げている。『鎌倉遺文』の用例には②③が多いと思われる。

　『鎌倉遺文』には生得《しょうとく》嫡子という語がみえ（『鎌』一九二六四号）、生まれつきの嫡子、すなわち嫡妻の生んだ長男のことをいう。嫡子には生得嫡子が多かったが、【用例1】の関東下知状にあるように、嫡子は父祖が家督を継ぐと定めた者であり、生得の長男であるとは限らなかった。『御成敗式目』（『鎌』四三四〇号）第二十二条では、*継母の讒言《ざんげん》や若年の子への偏愛により、成人した子が所領の配分に漏れた場合には、嫡子の所領の五分の一を所領のない兄に充《あて》行《おこな》うことを定めている。どの子を嫡子にするのかは親の判断に任されていた。

『鎌倉遺文』には、長男以外が嫡子になった例がいくつかみられる。次男を嫡子に（『鎌』一六二五二号）、嫡男・次男は*器量（能力）がないので三男を嫡子に（『鎌』五一七〇号）、末子を嫡子に（『鎌』五六二九号）、孫を嫡子に（『鎌』二〇三〇〇号）などの例がある。また、【用例2】のように女子を嫡子とした例がある。また、女子しかいないので*養子を嫡子とした例（『鎌』二八三八三号）もある。

嫡子は「家」の惣領として庶子たちに負担を分配した。【用例3】では、大友能直《よしなお》は嫡子親秀《ちかひで》を惣領とし、関東御《み》公事《くうじ》については庶子が嫡子の命令に従うことを定めている。能直の孫の志賀泰朝《やすとも》も、嫡子貞朝《さだとも》に主要な所領を譲り、他の子たちに御公事・合戦等で貞朝の命令に背くなとしている（『鎌』二〇九二八〜二〇九三〇号）。

財産の相続については、大宰府守護所下文に「凡《およ》そ父母存日《ぞんじつ》の処分、全《まった》く嫡庶《ちゃくしょ》に依るべからず、只財主《ざいしゅ》の意巧《いこう》に任すところ也」（『鎌』三〇三二号）とあり、嫡子・庶子に関わりなく父母の意思次第であった。しかしながら、社会には「嫡子の道理」（『鎌』三三七〇号）が存在し、「嫡子たるに依り」嫡子優先に財産が分配された（『鎌』二七八一号等）例が多い。それでもなお、嫡子以外に配分に預かるべき相続権者である*得分親《とくぶんしん》の相続権利は存在した（『鎌』二三七六四号）。

財産相続の形態は、鎌倉時代に分割相続から嫡子単独相続へと移行していく。前述の大友・志賀家では、延応二年（一二四〇）に能直の後家尼深妙が、能直の遺言に従って五男二女に所領を均分に分配したが（『鎌』五五五三号）、能直の曾孫の志賀貞泰《さだやす》は、元徳二年（一三三〇）に嫡子・女子・末子に所領を譲ったとき、女子の分は一期《いちご》譲与としている（『鎌』三二一四二号・三二一四三号）。鎌倉後期になると、女子や後家への譲与は一期（その人の一生）の間で、一期の後は嫡子（惣領）に返す相続形態が多くなった。さらに志賀家では、貞和四年（一三四八）に志賀頼房《よりふさ》の†譲状で嫡子一法師丸（氏房）に所領を譲り、ほかの男子・女子は一法師丸が計らって扶持《ふち》せよとしており（『南北朝遺文　九州編』二四三〇号）、嫡子の単独相続となった。嫡子単独相続といっても、庶子・女子に所領が分配されなくなったのではない。扶持には所領を分与・分給する意味が含まれている。『鎌倉遺文』から相続のあり方をみると、嫡子から男女の庶子に分給する（『鎌』一八七四七号）、男女の庶子の分は一期譲与とし一期後は惣領に返す（『鎌』二九九三一号）などの方法があった。

このほか『鎌倉遺文』にみられる嫡子としては、田畠等の売券†で、売主の署判にその嫡子が連署†している例が非常に多い。これは【用例4】に書かれているように、後で売主の一族・子孫が知行を妨害しないためであった。

【用例】

（1）**嫡子**と号するは、父祖立つるところの家督なり、生得《しょうとく》の長男に依るべからず（『鎌』二三八八三号）

（2）くたん乃しまのちとうしき（地頭職）ハ、はりま（播磨）乃つほね（局）を**ちやくし**として、代々乃御くたしふミ（下文）をあひくして（相具）、ゆつりわたすところなり（『鎌』四四四五号）

（3）関東御公事においては、所領の大小に随い、得分の多少に依り、**嫡子**大炊助親秀惣領として、支配*せしむべきなり、各《おのおの》**嫡子**の命に随い、深く相思うべきなり（『鎌』三一七〇号）

（4）又某《それがし》の一門を号すといえども、某の**嫡子**相共に判《はん》形《ぎょう》を加うるの上は、他の妨げあるべからざるものなり（『鎌』二八九七五号）

（菅原正子）

【参考文献】

中田薫『法制史論集』第一巻（岩波書店、一九二六年）、近藤成一「中世財産相続法の成立―分割相続について―」（前近代女性史研究会編『家族と女性の歴史　古代・中世』吉川弘文館、一九八九年）、高橋秀樹『日本中世の家と親族』（吉川弘文館、一九九六年）、野村育世『家族史としての女院論』（校倉書房、二〇〇六年）、菅原正子「中世後期における相続と家族法」（『日本歴史』六九七号、二〇〇六年）。

長　者

ちょうじゃ

　元々は仏典に見える仏教教団の発展に尽くした富豪の人を意味し、この用例は日蓮の書状に多く見られる。これが発展して、徳のある人、金持（富豪）、年上の人（年長者）、氏族の長、統率者などの意味が生じ、平安時代以降には多様な用法が見られる。特に長・統率者としての用法は多く、その一例として藤原氏・橘・菅原・小槻《おづき》氏などの氏長者があり、藤原氏は摂関、小槻氏は太政官の史《ふひと》（史長者）のように官職と結びついた場合もある。藤原氏の長者が出す文書を藤氏長者宣《ちょうじゃせん》と呼び、興福寺・春日社・香取社など藤原氏と関係が深い寺社に発給された。また、東寺の長は東寺長者と呼ばれた。

　遊女の統率者も長者と呼ばれ、『吾妻鏡』文治三年（一一八七）二月二十五日条には「信濃国保科《ほしな》宿遊女長者」とある。源頼朝が青墓《あおはか》（東山道の宿）で長者大炊《おおい》息女を召し出しているのも同様の例にあたる（『吾妻鏡』建久元年〈一一九〇〉十月二十九日条）。遠江国橋本宿（東海道の宿）の長者妙相が聖徳太子の御廟《ごびょう》を訪問しているが（『鎌』一〇七〇二号）、橋本は遊女が集住していた宿として知られ、妙相は橋本宿の遊女の統率者であった。遊女・宿の長者は文学作品にも見え、『平家物語』には池田宿、『義経記』には鏡宿、『御伽草子』には手越《てごし》や山下（大磯）の長者とあり、いずれも遊女の長者を意味する。また、『太平記』には垂井《たるい》宿の長者とあり、東海道には遊女を統括する長者が宿毎にいた。同じ東海道の難所の一つ宇都谷《うつや》郷の今宿には傀儡《くぐつ》の集団がいて、その統括者と思われる栄燿尼は預所を聟*にとっているが、この女性も宿の長者であろう（『鎌』七〇九三号）。遊女や傀儡は芸能者の一種とも言えるが、猿楽者の長も「法成寺《ほうじょうじ》猿楽長者」、「後戸《うしろど》猿楽長者」と呼ばれるなど（『鎌』一三三四九号、一四三九七号など）、芸能民の統率者も長者と呼ばれることがあった。神人《じにん》の長も長者と呼ばれ、日吉《ひえ》社大津神人には右方長者がいた（『鎌』一三〇九号）。油商人として知られる山崎（京都市大山崎町）の油神人は各人が長者を名乗り（『鎌』八一五七号、三二一九一号）、彼らは長者衆として宮座を結成していた。ちなみに『信貴山《しぎさん》縁起絵巻』には山崎の長者が登場し、油絞りの器具が描かれている。一方、畿内の水走《みずはや》・和田《にぎた》氏などの武士は長者職《しき》と鎮守神主職を持ち、開発領主として、村落や百姓を支配していた（『鎌』一八六九一号など）。

　一方、現代でも使われる億万長者のような金持ちという意味の長者は文書類にはほとんど見られないが、中世の文学作品には多く見える。『徒然草』二一七段には大福長者が語った言葉が引用され、その中で人は何よりも徳を付けることを心掛け、銭を神のように敬い、正直にして約束を守れば、富が来ると述べている。また、『宇治拾遺物語』の「長谷寺参籠《さんろう》男、利生《りしょう》にあづかる事」は、たまたま得たわらしべを交換して、最後は金持ちになった話で、一般には「わらしべ長者」として知られている。この話には長者の言葉自体は使われていないが、「徳つきて、いみじき徳人にてぞ有ける」とあり、長者は「徳人」とも呼ばれ、徳を付けることが長者への早道と認識されていたことが窺える。中世では金持ちを有徳人《うとくにん》・富有人《ふゆうにん》とも呼ぶが、有徳人とはまさに徳がある人を意味し、徳と金・財産は一体的存在であった。それゆえ、寛喜の飢饉の際には米銭の放出が要求され、室町期には幕府などの財政不足の際には有徳銭が賦課されるなど、徳を発揮して人々を助けることが期待されていた。このように道徳的観念が経済的交換をもたらすことは、前近代には多くあり、徳政や徳政令もその一つで、これらは研究上ではモラル・エコノミーと呼ばれている。

栄華を誇った長者も永久に長者であり続けることはなく、年月の経過により没落していく。『宇治拾遺物語』の「上緒の主、得金事」は平貞文（平中）がたまたま長者の倉庫の跡の礎石が金であることを見付け、その金を元手に徳人になった話である。また、『更級日記』には多数の麻布を織らせていた長者の家の跡を下総国で見た記述がある。平安中期に伊賀国に多くの所領を持っていた藤原実遠《さねとお》が急激に没落した事例もあり、平安時代には一時は栄えた長者が没落し、その家の跡は伝説化していた。現在も全国各地に没落した長者に関する伝承が残っているが、そのルーツの一つがこうした事例であろう。一方、田植の時に日を招き返したため、天罰を受けて没落した朝日長者伝承など多様な伝承があり、伝承の生成過程や時期は一様ではない。文書と文学作品では長者が異なる意味で使用される一方で、文学作品と伝承は親近関係にある。室町期の『御伽草子』には立身出世により富を得る話があり、その一つ「物ぐさ太郎」は最後に甲斐・信濃両国をもらい、信濃国朝日郷に下向する。下向先が朝日郷であった点は朝日長者伝承とも関わり注目されるが、長者は常に再生産され、文学作品や伝承には富の獲得を望む人々の願望、没落への悲哀や郷愁が表現されていた。

（盛本昌広）

【参考文献】

柳田国男「日を招く話」（『民族』二巻一号、一九二七年）、石母田正『中世的世界の形成』（東京大学出版会、一九五七年）

得分親

とくぶんしん

平安時代後期〜鎌倉時代に、所領などの財産を相続する権利を有する者のことをいう。平安後期の法制書『法曹類《ほっそうるい》林《りん》』(藤原通憲《みちのり》編)の残欠(金沢文庫所蔵)に、「処分之法已《すで》にその限を立つ、但し姪に至りては得分親にあらず」とあり、遺産の処分の対象は得分親に限られ、姪は得分親でないから処分の対象にはならない、と解釈される。『鎌倉遺文』には、所領などが得分親に分配譲与されたことを記す文書がいくつかある。

関東下知状案(一九一九六号)では、和田茂連《しげつら》の遺領である越後国奥山荘等について、永仁二年(一二九四)六月十二日に「男女の子息に分譲するの間、茂貞以下得分親等、面々かの譲状を撰び取り、知行せしめおわんぬ」という茂泰の陳状の文を引用している。嘉元四年(一三〇六)四月十六日香宗我部重通譲状(『鎌』二二六一一号)では、重通の所領の得分親は後家・孫を含めて十五人いた。

しかし、得分親の範囲内の者であっても、譲状に関わる謀書の罪などにより得分親から除外されることがあった。前述の関東下知状案では、茂連の遺領の三分の二を嫡子茂貞の知行とし、残り三分の一を配分するときには、茂泰は譲状を偽作した謀書の咎により「得分親を除かるべきなり」として相続の対象から除外された。夜討で殺害された鬼柳光義の遺領をめぐる訴訟でも、嫡子光景・三男家行は譲状の謀書の咎により幕府評定の決議で得分親から外されている(『鎌』二一八〇二号)。

相続のあり方は、鎌倉時代に分割相続から嫡子単独相続へと変化していく。得分親は分割相続の時代の用語といえよう。

(菅原正子)

【参考文献】

石井良助『日本相続法史』(創文社、一九八〇年)、近藤成一「中世財産相続法の成立―分割相続について―」(前近代女性史研究会編『家族と女性の歴史　古代・中世』吉川弘文館、一九八九年)

番頭

ばんとう

荘園内に設定された「番」を統括する現地荘官の一種。荘園領主は年貢・*公事徴収の必要上、荘園を番編成し、各番内の有力者を番頭とし、夫役や雑公事を徴収させた。大治二年（一一二七）八月二十八日付の加賀国額田荘寄人等解《げ》（『平安遺文』二一〇七号）にみえる大江氏以下の番頭十名の連署が文書使用例として早いものとされている。

番頭は番内における有力名主などの有力者が任用され、荘園領主に掌握・把握された。その直接的な得分としては、例えば和泉国近木《こぎ》荘領家方においては、荘園の総田数二二七町九段半三十歩の内、「番頭給」として二町四段が計上・設定され（『鎌』一八六三〇号）、播磨国田原荘では総田数二五十町六段三二代の内、「番頭免」が一町四段分設定されている（『鎌』一七六七三号）ように、荘園内の†給田・免田がこれにあたる。

また、寛元三年（一二四五）の紀伊野上荘々官等申状によると、同年の七月二十四日付で、同荘の下司《げす》・田所《たどころ》・公《く》文《もん》・図師《ずし》・追捕使《ついぶし》以下の荘官・番頭ら十五名は、荘内の下津野村の「番頭職」について、荘園領主石清水八幡宮に次のような上申書を送っている。まず、荘官らは、「下津野番頭職」は中原恒安の妻の父である物部守恒の先祖相伝の所職で、守恒死去後、その嫡男物部金王丸がこれを継ぎ、金王丸死去後は、守恒嫡女（中原恒安妻ヵ）がこれを継いだ。しかし、この後、「異姓他人」の末正という者が金王丸の母と婚姻し子息を儲け、この子息に同番頭職を継がせた。この子息は金王丸の異父弟であるが、「氏者」ではないため番頭職になることは問題である、と主張する。また更に「この荘園においては、『御庄職』を譲与する際は、荘官にこれを披露した上で†譲状を作成するのが例であるのに、金王丸が死去したとき、末正子息にこれを譲るという披露はなかった。これはまったく末正の謀略である」とし「嫡男がいない場合、嫡女が親の後を相続するのがこの荘園の『御庄例』であり、中原恒安妻は*不便の次第である。恒安妻の主張に従い、中原恒安を番頭職に補任《ぶにん》なさるべきだ」としている。この上申を受けた荘園領主石清水八幡宮はこの上申書を「庄家」の主張と表現し、かつこれを「道理」と認めている（『鎌』六五一九号）。恐らく、荘園領主と「庄家」の支持を得た中原恒安の番頭職相続は実現したことと思われる。ただ、この場合、中原恒安は物部守恒女の夫であるが、物部姓の者ではない。この点は、敗れた某姓末正と同様である。むしろ、争点となったのは、この相続について「庄家」の承認を得たか否かであった。この場合、野上荘内の下津野村の現地統括者たる「下津野番頭職」をだれが相続するかという問題が、荘園全域の秩序維持を担う「庄家」構成員にとって重大な関心事で、「庄家」の承認なしにこれを獲得しようとする者（この場合某姓末正とその子）があった際には、「庄家」として、これを全力で阻止する必要があったということと思われる。

（藤井　崇）

【参考文献】
水上一久「荘園における番頭制について」（『歴史学研究』一八九、一九五五年）

兵士

へいし・ひょうじ（古）

「ひょうじ」とも読む。兵士といえば、たとえば『日本国語大辞典』に見える、「徴集されて戦争に出る者。軍隊で士官の指揮をうける者。（略）兵卒」などといった意味での用いられ方が、もっとも一般的であろう。

この点、古代では律令の規定に、「凡《およ》そ兵士を簡《えら》び点《さ》さむ次《ついで》は、皆比近をして団割《だんかつ》せしめよ。（略）其《そ》れ点して軍に入るべくは、同戸の内に、三丁毎《ごと》に一丁を取れ」（『令義《りょうのぎ》解《げ》』軍防令）とあるように、兵士は正丁《せいてい》（二十一歳～六十歳の男子）三人に一人の割合で徴集され、その訓練のために設けられた近傍の軍団に配属されており（一部は上京して衛士《えじ》、大宰府へ下って防人《さきもり》となった）、近代でも一八七三年の徴兵令以来、国民の義務兵役制によって、満二十歳に達した男子は徴兵検査をうけ、いわゆる兵士として徴集されていたことなどが示すところである。

しかし中世文書に現れる「兵士」は、これらとかなり異なる意味で用いられている場合が少なくない。その一例として建治元年（一二七五）十月二十五日紀伊南部荘《みなべのしょう》年貢色《しき》代銭《だいせん》送文案（『鎌』一二〇七〇号）を見ると、「高野山蓮花乗院御年貢色代銭」八十貫文が「兵士新藤二中正男等」に託されて南部荘から荘園領主の高野山に送られたとあり、年貢などの運送に兵士があたっていたことがわかる。すなわち、この場合の兵士は交通上の労務に従事するものの意味で用いられているのである。そこで以下、古代律令制解体後の平安中期以降、とくに鎌倉時代において兵士がどのような意味で用いられているかを、史料上で確認していくことにする。

まず最初に注目しておきたいのが、平安後期成立の歴史書『扶《ふ》桑略記《そうりゃっき》』承平四年（九三四）七月二十六日条のうち、兵庫允在原《ありわら》相安なるものが「諸家兵士」「武蔵兵士（諸国兵士のこと）」を率いて海賊*追捕《ついぶ》のために発向したという記事である。というのも、史料上、この記事を初見とし、それぞれ「貴族の家に養われた私兵」「諸国で、その国内の武勇の士を徴集して†国衙に上番させた『国の兵《つわもの》』」（阿部猛編『荘園史用語辞典』）を意味する諸家兵士・諸国兵士こそ、十世紀以降、王朝国家のもとでの軍事体制をささえ、いわゆる武士の成立に関わっていく存在とみなされているからである。

一方、『平安遺文』『鎌倉遺文』などには、荘園領主が一般荘民に課した夫《ぶ》役《やく》の一つとしての兵士（兵士役）に関する文書が多く収められているのが特徴的である。通常、荘園兵士と呼ばれているのがこれで、先の南部荘における兵士＝交通上の労務従事者もその一例であるが、こうした年貢運送・警固に関しては、弘安六年（一二八三）九月二十一日尾張国守護中条左衛門尉書下《かきくだし》（『鎌』一四九五一号）に「円覚寺領尾張富田庄年貢運上時宿兵士《しゅくへいし》事」と見える、宿から宿への年貢運送に従事した「宿兵士」の事例もある。そのほか荘園兵士の任務としては、荘園領主家における警固・*宿直《とのい》があった。後白河法皇の持仏堂長講堂に寄進された多数の荘園を列記していることで著名な、建久二年（一一九一）十月日長講堂所領注文（『鎌』五五六号）によると、院の警固にあたる「御《み》倉兵士《くらへいし》」や諸門の警固にあたる「門兵士」などが、毎月、各荘園から徴集されており、また寛喜二年（一二三〇）八月日東寺三綱解《さんごうげ》案《あん》（『鎌』四〇一七号）には「宝蔵守護之兵士」も見える。さらに平安後期の保延七年（一一四一）二月二十五日僧叡尊起請文案（『平』二四四一号）には「宿直兵士」の名も見えるが、この宿直兵士については、山城醍醐寺では毎月五人、越前牛原南荘以下の寺領荘園から徴集していたことが知られている（『醍醐雑事記』一一）。

なお、こうした平常時の兵士役に対して、治承・寿永の内乱などの戦時には、兵粮の運送や軍事施設構築などのために荘民が徴発される兵士役もあった。寿永二年（一一八三）三月日山城国和束杣工《わづかのそまく》等重申状《じゅうしんじょう》（『平』四〇八〇号）によると、平氏は木曾義仲軍鎮圧のための北陸遠征に先立ち、和束杣の杣工（木材伐採などの林業労務に従事するもの）二十七人を徴発しているが、彼ら杣工に期待されたのは、戦場において軍事施設を構築するなどといった工兵としての役割であった。

最後に中世の兵士に関連する用語として、弘安二年（一二七九）十二月十三日若狭太良荘《たらのしょう》後米支配状（『鎌』一三七九六号）を初見とする、「兵士米」について触れておきたい。同支配状には「雑用六石六斗四升一合兵士米一升」と見えるが、こうした兵士米の性格を端的に示してくれる史料として、南北朝期の建徳三年（一三七二、応安五年）四月日金剛《こんごう》峯寺《ぶじ》衆徒《しゅと》訴状案（『大日本古文書』家わけ一ノ八、一七六八号）がある。同訴状案は高野山金剛峯寺が大門修造料所として朝廷から寄進をうけていた紀伊国大野郷兵士米をめぐって、熊野山と†相論を行った時のものであるが、そこでは「大野郷兵士米」が「大野関米」とも記されており、両者が同一視されているのである。すなわち高野山などの荘園領主は、みずから設けた関所に兵士を配置し、警備の名目で、警備をしてもらう側から料米を徴収して収益としていたのである。先の太良荘の場合の兵士米も、同荘から京都東寺に至るまでの関米（関料）であったと見られている。

（樋口州男）

【参考文献】
相田二郎『中世の関所』（畝傍書房、一九四三年）、阿部猛『日本荘園史』（大原新生社、一九七二年）、戸田芳実『初期中世社会史の研究』（東京大学出版会、一九九一年）、川合康『鎌倉幕府成立史の研究』（校倉書房、二〇〇四年）

名字

みょうじ・なじ

現在では、「苗字」と書き、姓名のうちの姓（鈴木・佐藤など）を指している。しかし、鎌倉期には姓ではなく、名前（アンダーネーム）を指すことが多かった。『吾妻鏡』は嘉禄元年（一二二五）十二月二十九日、のちの四代将軍となる九条三寅《みとら》が元服したとき、「御名字〈頼経《よりつね》〉」と命名されたと記している。また、三代将軍実朝が誕生したときは、「名字定《さだめ》」という儀式が行なわれ、「千万《せんまん》」という童名《どうみょう》が付けられている（『吾妻鏡』建久三年八月九日条）。また、姓名（源頼朝など）を指すこともあった。「名字を過去帳に載するところ也」（『鎌』九三四五号・九三六一号）の名字はこの用例であろうし、*悪党などの†交名《きょうみょう》注文に載せられる名字もこの例で（『鎌』三二六三一号など）、名前が不明のため*注文に載せられない場合には「名字を知らざる間、注進あたわず」などと表現されている（『鎌』二六五三六号）。

現在のように、北条・三浦などの称を「名字」というようになるのは鎌倉後期からである。名字はイエの名として継承されてはじめて名字であるから、名字が成立するのは、分割相続から単独相続に切り替わった鎌倉末期のこととされている。そこで注目されるのが、徳治二年（一三〇七）十月日付の薩摩渋谷氏の一族斑目《まだらめ》蓮性（泰基）の陳状《ちんじょう》案である（『鎌』二三〇七七号）。蓮性は†陳状の中で「而《しか》るに行重段歩を譲り得ざる上は、争《いかで》か渋谷名字を呼ばるべき哉」と述べ、兄の祁答院《けどういん》重松《しげまつ》（行蓮）の孫である行重《ゆきしげ》を同族とは認めない旨、論難している。現在のところ、これが苗字を意味する「名字」の初見例と思われる。行重は、実は近隣領主の大井頼郷《よりさと》の実子で、幼少時から祁答院重松の孫となった人物であった。大井氏と渋谷氏は鎌倉初期から度重なる婚姻関係を結んでいる。祁答院氏の相続は複雑さを増し、さらに、元徳三年（一三三一）五月八日には出家した祁答院行重（法名行意）が養子*千代寿丸に、武蔵国六郷保《ろくごうのほ》†内大森の長富惣領職と鎌倉の屋地を譲り、曾祖父大井頼郷の跡を継がせるために、「名字もなのらすへき也」と述べている（『鎌』三一四二五号）。千代寿丸の出自は不明であるが、結果として自らの実家大井氏に所領が戻るよう配慮したものと思われ、建武元年（一三三四）には千代寿丸が大井を名乗っているのが見える（『南北朝遺文　関東編』一四二号）。このように、鎌倉後期に至って、一族内†相論が頻発するなか、イエの名（名字）を名乗ることが重要な用件となってきたところから現在の意味の名字が成立してきたのであろう。

なお、『日本国語大辞典』では、この他、①事物の名称、そのものの名目、呼称、②名跡、③仏菩薩の名号、④名前と字義、教えとその教義、⑤「みょうじそく（名字即）」の略、という意味を掲げている。『鎌倉遺文』では、①の事物の名称での用例が多く見られるが、②の名跡《みょうぜき》の意味では、「地頭名字を仮り、往代の所務を掠《かす》め、新儀を構え」（『鎌』七六二三号）や「事に於《お》いて地頭の名字に寄せ」（『鎌』八三三五号）、「†雅意《がい》に任せ*押領するところ也、公文《くもん》給の名字を改め」（『鎌』一二九五八号）、「永く別当の名字を買取り」（『鎌』一四三二五号）、「永く*御家人名字を削る事、生涯の愁嘆」（『鎌』一四八九八号、二八二九八号）、「地頭名字を止め」（『鎌』三一二八九号）などと見え、職務や地位を示す名詞を冠し、非法な行為を弾劾《だんがい》する場合に用いられることが多い。

しかし、『鎌倉遺文』において最も多く見られるのは、田畠や在家の所在を示す場合であり、「国郡之名字」（『鎌』二六五八四号）や「四至《しいし》堺・名字・分限《ぶんげん》」（『鎌』一六〇三七号）などと表現され、具体的には「水田事　合一段者〈名字山辺郡云々〉」（『鎌』三八一八号）などのように使用され、本券（売券《ばい》や沽却《こきゃく》状）に副《そ》えられる†譲状・坪付《つぼつけ》等に面積とともに記されるため、「名字・坪付」「名字・員数」などと併記される。例えば「肥前国墓崎村内田地伍町〈坪付載譲状〉、畠地参箇所〈名字載譲状〉」（『鎌』六九四三号）や「はたまた名字と云い、坪付と云い」（『鎌』二七一一四号）、「其所名字・分限と云い、領主の交名と云い」（『鎌』一一四六八号）、「名字といひ、領主といひ」（『鎌』一二九六〇号）等は対句的に使用された用例である。なお、「みょうじ」という訓は、おそらくこの用例から発生したものと思われるが、他の用例において、「なじ」と読むか、「みょうじ」と読むかは更なる検討が必要である。

【用例】

（1）　東寺の前執行《さきのしぎょう》厳伊代《だい》の祐賢は「違勅之身として、**名字**を改め」、朝快と名乗っているという（『鎌』一二五一七五号）。

（今野慶信）

【参考文献】

加藤晃「日本の姓氏」（『日本古代史講座10　東アジア世界における社会と風俗』学生社、一九八四年）、飯沼賢司「氏と名字と姓」（『歴史評論』四五七、一九八八年）、坂田聡『苗字と名前の歴史』（吉川弘文館、二〇〇六年）、五味克夫「薩摩国祁答院一分地頭斑目氏について―斑目文書の紹介を中心に―」（『鹿児島大学法文学部紀要文学科論集』四号、一九六八年）

聟

むこ

常用漢字では婿と書き、正字では壻と書く。聟は壻の俗字であるが、『鎌倉遺文』ではほとんどが聟の字で出てくるので、ここでも聟の字を使用する。『日本国語大辞典』によれば、古代・中世では娘の夫を意味し、文献の初出は『日本書紀』雄略天皇九年（四六四）七月壬辰《じんしん》朔条である。

『鎌倉遺文』には聟の熟語がいくつかみえる。聟の字の上に親族の名称を付けると、その夫を意味する。姉聟は姉の夫、妹聟は妹の夫、孫聟は孫の夫である。このほかに伯母聟がみえる。また、合聟《あいむこ》は、妻が姉妹関係にある夫同士のことをいう。このほかに『鎌倉遺文』には継聟という語が出てくるが（『鎌』一〇六四三号・一〇六八五号）、継聟は『日本国語大辞典』『大漢和辞典』には所載されていない。しかし、継嫁が継子の嫁を意味するので、おそらく継子の夫をさすものと考えられる。このほかの熟語として押入聟があり、紀伊国では禁止の対象とされた（『鎌』一二一八四・一七六八四・二五六七六・三一三七七各号）。

平安中期〜南北朝期では婚姻の形態が聟取婚であったと提唱したのは高群逸枝《たかむれ》である。その後、高群説に対しては批判が出されているが、少なくとも平安期の貴族社会においては聟取婚が広く行なわれていた。一一二〇年頃成立の『今昔物語集』には、嫁取婚より聟取婚の話の方が多く載せられており、それらによれば、親は娘に聟をとって経済的にも聟の面倒をみるが、その婚姻は緩やかな結び付きで、聟は容易に夫婦関係を解消して他家に婿入りできた。聟取婚が嫁取婚へと変わっていく過程の例としてよく挙げられるのが、関白九条兼実の息子良経と検非違使《けびいし》別当一条能保《よしやす》の娘（母は源頼朝の妹）との結婚である。兼実は聟取婚を主張し、頼朝は嫁取婚を主張したが、結局頼朝が譲歩して聟取婚となった。兼実は日記『玉葉』建久二年（一一九一）六月二日条に嫁取について「近例皆不快」と記しており、嫁取婚が増加しつつあった状況を示している。なお、頼朝が嫁取婚を主張したことについて、武家社会では嫁取婚が多かったと解釈する研究傾向がある。しかし、摂関家の九条家は上級貴族で一条能保は下級貴族であるという身分上に大きな差があり、頼朝は、将来の摂政関白である高貴な良経を一条邸に迎えるよりも、身分が下の能保の娘を九条家に進上した方がよいと考えたことが可能性として存在する。この事例が武家社会で嫁取婚が慣習化していたことを示しているとはいえないであろう。

鎌倉幕府は、幕府の奉行人が訴訟の場で評定《ひょうじょう》の座から退座すべき親族等の範囲を『追加法』で定めており、直系の尊属・卑属、兄弟姉妹についで聟・舅・相舅が記され、伯叔父以下が続く（【用例1】）。これは聟・舅が親族のなかで兄弟姉妹に次ぐ重要な位置にあったことを示している。また、聟はあるが*嫁は含まれていない。

鎌倉時代の武士の家では、聟はしばしば妻方の武士団のメンバーとして軍役に勤仕した。【用例2】では、蒙古襲来（文永の役）の後、異国征伐を企てた幕府の要請に応えて、尼真阿は息子光重と聟久保公保を参陣させている。また、元弘の乱のとき、長崎三郎左衛門入道思元の聟南部武行は、長崎高貞に属して河内国茅屋城（千早城）で戦っている（『鎌』三二八一〇号）。*悪党の場合、聟は共同体の重要な構成員であった。山城国上野荘にたて籠った悪党道覚ら一団は、道覚、息子清安、聟の彦二郎、聟の法師、清安のいとこ四郎、清安の聟大夫房、清安の小舅九郎などから構成されていた（【用例3】）。伊賀国黒田荘の悪党が扶持する縁者も、聟・舅を含んだ集団であった（『鎌』二九八七八号・二九九六七号）。

【用例】

（1） 評定《ひょうじょう》の時退座すべき分限《ぶんげん》の事

祖父母　父母　養父母　子孫　養子孫　兄弟　姉妹　**聟**〈姉・妹・孫聟これに同じ〉　舅　相舅　伯叔父　甥姪　従父兄弟　小舅　夫〈妻訴訟の時これを退くべし〉　烏帽子々《えぼしご》（『鎌』四七八二号）

（2） 抑《そもそも》仰せ下され候異国征伐のため、（中略）子息三郎光重・**聟**久保二郎公保、夜をもって日を継ぎ参上を企て候えば…（『鎌』一二二九二号）

（3） 山城国上野庄楯籠《たてこもる》悪党交名注文《きょうみょうちゅうもん》

道覚法師　同子息四郎兵衛尉〈清安〉　彦二郎〈道覚**聟**〉　四郎男〈四郎兵衛いとこ〉　同道覚**聟**法師〈名字を知らず、西山住〉　大夫房〈四郎兵衛**聟**〉（後略）（『鎌』二五九七五号）

（菅原正子）

【参考文献】

高群逸枝『招婿婚の研究』（大日本雄弁会講談社、一九五三年）、高橋秀樹『日本中世の家と親族』（吉川弘文館、一九九六年）、辻垣晃一「嫁取婚の成立時期について—武家の場合—」（『龍谷史壇』一一七、二〇〇一年）、鈴木国弘『日本中世の私戦世界と親族』（吉川弘文館、二〇〇三年）

養子

ようし

わが子として養った他人の子。養子縁組によって子となった者。用例は、古く中国の『後漢書』順帝記に、「養子をもって後となし、封爵を世襲するを得」とある。日本では『続日本紀』大宝元年（七〇一）七月条に「それ封を伝うの人また子なきは、さらに養子を立ててこれを転授するを聴す」とある。

平安貴族の養子関係は、養親、養子の男女を問わず行なわれていた。高橋秀樹によると、養子には個人（養親、養子）のための養子と、家を継承するための養子があり、後者が登場するのは十二世紀であるという。

鎌倉時代には、養子を取って財産や家を継がせることが多く行なわれた。『鎌倉遺文』には多くの用例が存在する。例えば、「しつし（実子）もたぬによりて、にふのわう、たふくにしやうといへとん（他腹他生と雖も）……ちやくし（＊嫡子）にたつる（立）によりて、とこう（都甲）のしやう（荘）のちとう（地頭）のせうく、ならひに、いはまろかみやうてん（名田）、ゆつりわたす（譲渡）事しち（実）なり」（『都甲文書』正治元年、『鎌』一〇九〇号）、また、「件《くだん》の島は、定西相伝の所領也。しかれば、定西と源藤二持《げんとうじたもつ》とおち（叔父甥）をいたりと雖も、今に於ては持《たもつ》を嫡子とあい憑《たの》み、かの島次第の証文等をあい副《そ》えて、永代に譲り与うるところ也」（『青方文書』建保七年、『鎌』二四九八号）などがある。

ところで、鎌倉時代において、養子と類似した語に「猶《ゆう》子《し》」がある。これは王族・貴族の間でよく用いられている語である。『日本国語大辞典』では、「猶子」とは「兄弟、親戚、また、他人の子を自分の子としたもの。相続を目的としないで、仮に結ぶ親子関係の子の称。厳密には養子と区別される」としている。しかし、『鎌倉遺文』や古記録など、中世の史料を見る限りにおいては、猶子と養子を、相続を目的とするか否かという点で区別しているとは考えがたい。例えば、『志賀文書』嘉元四年（一三〇六）五月二十日の虎王丸（志賀朝郷）契状《けいじょう》（『鎌』二二六四八号）には、「豊後国大野庄志賀村内近地名地頭職《しき》事…虎王丸（時に弥《いや》次《じ》）をもって猶子として譲り与うるの由《よし》」とあり、「猶子」に地頭職が譲られている。この場合は、他のところで「養子」の語が用いられており、養子と猶子が同一視された例である。これは特殊な例ではない。「猶子」は相続を目的としないもの、という定義は少なくとも、鎌倉時代においてはあてはまらない。

一方、女子の養子について「養女」と称することは、『鎌倉遺文』に五例が存在し、数は非常に少ない。一般的には女子も男子と区別なく「養子」「猶子」の語が用いられていたのである。

（野村育世）

【参考文献】
田端泰子『日本中世女性史論』（塙書房、一九九四年）、高橋秀樹『日本中世の家と親族』（吉川弘文館、一九九六年）、野村育世『家族史としての女院論』（校倉書房、二〇〇六年）

嫁

よめ・かす

嫁は、名詞では「よめ」、動詞では「かす」「とつぐ」と読む。『日本国語大辞典』によれば、古代・中世では「よめ」は、①息子の妻、②妻女、を意味し、十世紀の史料にはみえる。十世紀末頃の『枕草子』には「ありがたきもの」として「姑に思はるる嫁の君」とある。一方、「かす」「とつぐ」は、古代・中世では、①男女が契りを結ぶ、交合する、②結婚する、を意味した。「嫁す」の語は『続日本紀』天平宝字八年（七六四）七月丁未《ていび》条にみえ、十三世紀初成立の『宇治拾遺物語』には「大安寺別当女に嫁する男」とあり、男が女に嫁している。『日本国語大辞典』の引用例から考えると、「かす」「とつぐ」が現代の使用例のように女性が結婚して他家の者となる意味に限定されるようになったのは、明治時代の頃と思われる。

『鎌倉遺文』所載の嫁は、使用例のほとんどが、動詞の嫁す・嫁ぐと、再婚を意味する改嫁*である。

嫁す・嫁ぐは男女の両方に使われた。男が女に嫁すは、【用例1】の市河重房が他の妻に嫁した例、深堀時行が吉鶴丸（時広）の母に嫁した例（『鎌』二四二九三号）などにみられる。女が男に嫁す例としては、【用例2】の春日社神人の娘が平民に嫁して別籍（つまり神人ではなくなる）した場合の例などがある。『吾妻鏡』には、結婚を意味する「嫁す」の事例が十六あり、そのうち、男が女に嫁すは七例、女が男に嫁すは九例である。「嫁す」は男と女の両方をそれぞれ主体とし、『鎌倉遺文』『吾妻鏡』の事例からはその差異は見て取れない。なお、嫁娶《かしゅ》が嫁取婚を意味していないことは、越前国への二十八年間の通い婚を嫁娶と称している（『鎌』一〇七〇九号）ことからわかる。

『鎌倉遺文』の用例をみると、嫁す・嫁ぐ†は必ずしも結婚を意味してはいない。河野通時と弟通義の相論では、二人の父通継が「継母*に嫁すや否《いな》やの事」の具体的な内容として、通継が父敬蓮の「妻妾二人を姦」することが記されており、「嫁す」=「姦す」であった（『鎌』一一一六七号）。同様の意味として、小早川長政の妻として迎えた山城入道光阿養女に、長政の養父定心（政景）が嫁して景宗が出生した例（【用例3】）があり、息子の妻と密通した養父の「嫁す」も、男女の交合を意味している。また、肥前国の御家人*佐《さ》志房《しふさ》が大宰府の遊君の阿経に嫁して留《とまる》が生まれた例（『鎌』一三七三〇号）もこれらに含まれる。

改嫁については、貞永元年（一二三二）成立の『御成敗式目』第二十四条に、夫の所領を譲り得た後家*が亡夫への貞心を忘れて改嫁すれば、その所領を亡夫の子息に与えよ、と規定している（『鎌』四三四〇号）。このため後家の所領をめぐる訴訟が度々起された。山代固《やましろかたし》の後家尼の場合、固の娘の源氏が父から所領を分与されず、後家尼が改嫁したとして鎌倉幕府に訴えたが、法廷での源氏の証言に矛盾があり、源氏の敗訴となった（『鎌』五四三四号・五四七六号）。その後、幕府では改嫁の事実の認定が問題となり、【用例4】の延応元年（一二三九）の『追加法』第一一一条で、所領の成敗と家中の雑事を行なうことを改嫁の証明と定めた。その後山代固の後家尼は、源氏の子益田通広にも改嫁を訴えられたが、通広が証人とした十四人の証言からは確かな改嫁の証明が得られず、訴えは取り下げられており（『鎌』六三〇八号・六三五一号・六三六二号）、噂だけでは改嫁の証拠とされなかった。しかし幕府はその後、弘安九年（一二八六）の『追加法』第五九七条で、内々の密儀と称して改嫁の罪科を逃れる者がいるため、密儀であっても不都合な噂があれば『御成敗式目』第二十四条に従って罪科とみなす、と定めており（『鎌』一五九四七号）、改嫁の法を悪用する者がいるため、鎌倉幕府法では改嫁に対する規定が厳しくなっていった。

【用例】

（1）重房已《すで》に他妻に**嫁**するの間、先妻の所領を知行せしめ難《がた》し（『鎌』一三一七〇号）

（2）神人の女《むすめ》たりといえども、平民に**嫁**して別籍せしむるの時…（後略）（『鎌』一二六八〇号）

（3）景宗の母堂は、定心養子長政の妻女なり、長政離別せざるの間、（中略）山城入道光阿養女嫂《あによめ》たるべきの旨、契約の条勿論《もちろん》、しかれども迎え取るの後、定心これに相**嫁**し、景宗出生の間、長政更に夫婦の儀なきの旨、景宗申せしむるの上…（後略）（『鎌』二七五七四号）

（4）**改嫁**の事、（中略）

右、或は所領の成敗を致し、或は家中の雑事を行ない、現形せしむるにおいては、尤《もっと》もその誡《いまし》めあるべし、この外内《ほかうち》々の密儀に至りては、縦《たとい》*風聞の説ありといえども、沙*汰の限りにあらず（『鎌』五四八二号）

（菅原正子）

【参考文献】

瀬野精一郎「鎌倉時代における改嫁と再婚」（『史観』一〇七、一九八二年）、田端泰子『日本中世の女性』（吉川弘文館、一九八七年）、高橋秀樹『日本中世の家と親族』（吉川弘文館、一九九六年）、辻垣晃一「嫁取婚の成立時期について―武家の場合―」（『龍谷史壇』一一七、二〇〇一年）

コラム《病　気》

中世における病気は、盗賊（合戦）・飢饉とともに「三災」または「三難」（『鎌』七五四九号）とされた。これらはいずれも、人々がいかに留意・警戒しても避けられず、しかも常に脅かされた災難であったといえるだろう。とりわけ内面から身体に不具合を生じ、その原因が明らかでなく、明確な対処の仕方もわからない場合が多かった病気は、もっとも人々を不安にさせたに違いない。『鎌倉遺文』にみえる「病気」は、現代同様身体に不調を生じた場合の全般的な表現として用いられている（『鎌』二二六八八号など）。これは「気」のうち「精気、生活力」（『日国』）を病んだものとの認識による表現といえるだろう。そして具体的な病名には、病気の原因や病んでしまった箇所などに「病」または「気」を付したものが多い。以下、「病」「気」の文字に注目してみたい。

例えば「**風病**《ふうびょう》」（『鎌』四五五六号）は「風の毒に冒されて起こるとされた病気」（『日国』）であり、「**風気**《ふうき》」（『鎌』三二八九三号）は「風邪」や「皮膚疾患の一種」（ともに『日国』）を指すといわれ、病気の原因を風と認識して名付けられたものであろう。原因不明で蔓延する病気は「**疫病**」（『鎌』一八二〇一号）と呼ばれたが、「疫霊病」（『鎌』八五七〇号）ともみえることから、それが霊の力によって引き起こされるという意識も存在したといえよう。不具合が生じた箇所を示した病名としては「**目病**」（『鎌』六五三六号）、「**胸病**」（『鎌』一二四一二号）、「**腹病**」（『鎌』三〇四八号）、「**脚病**」（『鎌』四九七〇号）・「**脚気**」（『鎌』一二六〇一号）などがみえる。さらに主な症状に由来したものとしては、咳の「**咳病**」（『鎌』三八七一号）・「**咳気**」（『鎌』一九九〇四号）、発熱の「**温気**」（『鎌』二七一三六号）、下痢の「**痢病**」（『鎌』一四四五一号）などがあげられる。

また現代でも用いられている病名も散見し、「**痔病**」（『鎌』四七八四号）などは現在と同じ症状を指すと思われる。しかし「**赤痢**《せきり》**病**」（『鎌』五〇八六号）は血便をともなった病気のことを指したと思われ、現代でいう赤痢菌によって発症する病気に限定して使用されたかどうかは不明である。また「**中風**《ちゅうふう》」も「右足中風候て、えふみたて候はす」（『鎌』三三〇一号）、「左手中風の気候の間、数所灸を加え候」（『鎌』一二七一八号）とみえるように、手足にあらわれた運動不全を指していたことは明らかだが、「脳卒中発作の後で現われる半身不随のこと」（『日国』）とまで限定して使用していたかどうかは疑わしい。なお脚に関する病気については、先の「脚病」「脚気」などのことばもみえるが、これを現代の「脚気《かっけ》」が指すビタミンB1不足によって生じるむくみ・痺れと認識して、「中風」と使い分けていたかどうかもわからない。逆に現在では病気とは認識していない症状・状況を、中世において病気と考えていたものとして「**白髪之病**」（『鎌』三九八〇号）などがある。また「**老病**」（『鎌』九五〇六号）は、高齢となったことを自嘲気味に表現したことばとしてみえている。

現在では用いられていない病名としては「**飲水之病患**」（『鎌』五〇一八四号）などがあり、これは水を欲する症状を指しており、渇きを訴える「**痟渇病**《しょうかち》」（『鎌』一五〇四号）とともに糖尿病のこととされる。文字から想定すれば「**疔瘡病**《ちょうそう》」（『鎌』一〇九二五号）はできものができることを指しているようだ。また「すんはく」（『鎌』一六六〇二号）には、古記録などにしばしばみえる「寸白」が充てられるであろうが、これは寄生虫によって貧血を起こす病気とされている。しかしどのような病気を指しているのか、判断しがたい病名も散見する。「**衰病**」「**やせ病**」（ともに『鎌』一四三三六号）などの症状は推測できるが、「**荒病**」（『鎌』一二九二四号）などは漠然としていてはっきりしない。そして現在では判断しがたくなってしまっているこのような病名が、僧侶の書状に比較的多くみえるという傾向は、彼らが当時の医療に関する先進的な知識を有していたことを示しているともいえよう。

以上のように、『鎌倉遺文』には実に様々な病名が登場し、そのあられ方も多様である。しかしあえて傾向を指摘すれば、「白癩黒癩《びゃくらいこくらい》」のように表面にあられる重篤な病気に関しては、主に起請文（『鎌』二九二二号）の類にみえている。彼らは、約束を違えた際には「白癩黒癩」を得ることもやむを得ない（あるいは、約束を違えたものは発症する）と起請しており、この病気に対する恐怖心があられている。一方「此の両三日風気に候、以ての外に候の間、今日の評定出仕に及ばす候」（『鎌』二七一三一号）、「或る時は脚病、或る時は勧農《かんのう》、事を左右に寄せて、故障《こしょう》候の間、寸期《すんき》の間、問注《もんちゅう》を遂ぐ可からず候」（『鎌』四九七〇号）などのように比較的軽度な病気は、実態はともかく、ときとして欠席やサボタージュの理由に用いられており、この点は現代に通じるものがある。

蛇足ながら、現代に通じるという意味では「群飲《ぐんいん》を積まば、病を発する基なり」（『鎌』二三三六三号）ともされており、中世でも度重なる宴会は病気の基とされた。しかし同時に「但し酒は、聖賢《せいけん》の号有り、賓主《ひんしゅ》の和有り、酔わず荒れずは、気を増し精を増す、須く大飲を罷《や》め、早く長生《ちょうせい》を得ん焉」（『鎌』同前）ともあり、やはり飲酒は、ほどほどが肝要ということであろう。

（櫻井　彦）

【参考文献】

服部敏良『王朝貴族の病状診断』（吉川弘文館、一九七五年）
新村　拓『日本医療社会史の研究』（法政大学出版局、一九八五年）

コラム《古文書用語の読み方と意味》その１

上所（あげどころ）「じょうしょ」ともいう。宛名の上に記し、文書を受け取る人に対して敬意を表したもの。「進上」、「謹上」などが広く用いられる。「進上」は「謹上」よりも鄭重な表現。宛名そのものや、宛名を書く場所を指す場合もある。

宛所（あてどころ）文書の宛名。「充所」とも書く。

在判（ありはん）正文に花押がある位置を案文で示す場合に「在判」と書く。「判」と略す場合もある。「在判」「判」と書く文書は案文か写である。

案文（あんもん）原本と同じ効力をもつ複製として作成された写しのこと。「案」ともいう。現代でいう「下書き」の意味とは異なる。後世などに単なる控えとして写し取られたものは「写」と呼び、「案」と区別している。

写（うつし）正文《しょうもん》の写しで、文書そのものの効力がないもの。効力のあるものは「案文」という。

奥（おく）文書の左端。

袖（そで）文書の右端。「端《はし》」ともいう。この部分に花押《かおう》を署したものを「袖判《そではん》」という。

花押（かおう）はじめは署名の代りに、名前をくずして書かれたものであるが、後には名前を書いて、独自の花押が書かれるようになった。花押には、草名体、二合体、一字体、別用体、明朝体等に類別される。

書止文言（かきとめもんごん）文章の終わりの語。御教書《みぎょうしょ》は「依仰執達如件（仰《おお》せに依《よ》り執達件《しったつくだん》の如し）」、下文は「以下（以《もっ》て下《くだ》す）」、「故下（ことさらにくだす）」、上下関係のない役所間でとりかわす「移」という文書では「以移（以て移す）」等、定型の様式がある。書状では、非常に鄭重な順に「恐惶謹言《きょうこうきんげん》」「恐々謹言《きょうきょうきんげん》」「謹言」と表現が異なり、差出人と受取人間の上下関係によって使い分けられていた。

事書（ことがき）文書の書き始めの部分で本文の内容を「……事」という形式で記した部分。文書全体の要旨を記載する。内容を箇条書きにした部分を指す場合もある。

正文（しょうもん）差出人から受取人に送られた文書の原本。

草案（そうあん）文書を作成する場合の下書き。「草」、「土《ど》代《だい》」ともいう。差出人の手許に保存される。

担保文言（たんぽもんごん）売買や譲渡成立時に売主・譲渡者によって契約を保証した文言。当該物件が、自己の合法的所有物であることを証明する場合は「先祖相伝之私領也」等を記す、また「親類兄弟といえども、かの田地においては、違乱妨申《いらんさまたげもう》すべからず」のように、第三者が所有妨害をしないことを保証する場合もある。さらに、保証に反する行為が発生した場合に弁償を約束したものや、「我ら罷《まか》り出で、明《あきら》め申すべき者也《ものなり》」のように訴訟等で妨害を除去する責任を負う場合もある。

継目（つぎめ）　二枚以上の紙にわたる文書の場合、紙を貼り継いだ部分。継目の裏に花押《かおう》や印を署することが多い。このことを「継目裏花押」や「継目裏印」という。家督が譲られることを指す場合もある。代替わりの時に、家臣の所領や所職を先代から引き続き認めることを「継目安堵」という。

手継証文（てつぎしょうもん）　代々の相伝の次第を示す文書を貼り継いで作成された文書。売買・譲与・寄進などの際は、権利継承の由来を示すすべての文書を、権利譲渡者に交付することを必要とした。手継証文を保持することで、土地や所職所有権の正当性をしめした。

端裏書（はしうらがき）　文書の右端を「端」といい、端の裏に書いた記事。通常、文書は左（奥）から内側に折って巻いて保存する。文書の受取人が、文書の内容を中を開かずに把握するため、巻き終わりの表に出る「端裏」の部分に文書の内容を簡単に記したもの。

謀書（ぼうしょ）　謀作の文書。「偽《ぎ》文書」ともいう。

本券（ほんけん）　所領や所職について、権利を保証する根本的な文書のこと。「本公験」ともいう。

見せ消ち（みせけち）　字句を訂正する場合、文字のまわりを囲む、文字に点をつける、文字に線を引く等、文字を完全に抹消せずに元の文字がわかるように訂正する方法。

連署（れんしょ）　一つの文書に複数の人物が氏名を書き、花押を署すること。

割書（わりがき）　本文中に二行以上に分けて、小さな文字で書き入れた文。「割注」。

Ⅲ章　しきたり

第Ⅲ章「しきたり」では、人の一生や人生儀礼に関連する用語、中世の人々の宗教観に関連する用語を集めています。

成人儀礼に関わる「烏帽子《えぼし》」からはじまり、「旗を揚げる」壮年期から「隠居」「墓」に至るまで、人の一生すなわち「一期《いちご》」に関する用語、さらには「勘当」や「義絶」等、人間のさまざまな生き様にせまります。

また、「依怙贔屓《ひいき》」の「依怙」や「億劫」「未来」などは、本来、仏教用語を語源とします。「土用」や、「風呂」にあたる「湯屋」等も、宗教から生まれた習慣や施設ですが、どのような起源をもち、中世ではどのような実態だったのでしょうか？

この章では、中世の人々が、さまざまな宗教に大きな影響を受けてきたことを、収載した宗教関連用語から読み取っていただきたいと思います。

一期

いちご

人が生まれてから死ぬまで。一生の意。「一期の後」と言ったら、一生が終わった後のこと。「一期の大事」と言えば、一生に一度しかないこと、一生に関わる重大事のこと。中国の漢語では、一区切り、一年といった意味であり、日本中世にさかんに用いられた「一期《いちご》」は、もとは仏教用語で、一生涯を指す。すなわち、『唯識論《ゆいしきろん》』五に「一期生中、心心所滅」とある。

鎌倉時代初期の『真如観《しんにょかん》』には、「一期生涯尽きて眼閉む時」とある。また、十三世紀に成立した『平家物語』には「頼朝一期の程は誰か傾《かたむ》くべき」（巻十二、「六代被斬《ろくだいのきられ》」）とある。室町時代の『閑吟集』の「なにせうぞ、くすんで、一期は夢よ、ただ狂へ」の歌はあまりにも有名である。

ところで、この語が社会的に重要な意味を持って用いられてくるのが、鎌倉時代の相続制の変化である。早くは十二世紀の半ばから、摂関家など貴族においては十三世紀の前半、*御家人の家では鎌倉時代中期以降、女子、*後家への所領の譲与に、「一期分」すなわち一期の間だけ、という限定が付けられるようになり、次第に一般化してくるのである（【用例】）。『鎌倉遺文』における一期分は、一二三〇年代の後半になると急に増加する。それまでは、永代（子々孫々永久に）相続できたものが、十三世紀の半ばになると、各家において、女子への譲与に「一期の間」の規制をつけて「一期領主」とすることが始まったのである。女子は、自由に子どもに譲与することができず、死後は女性のメンバーを、「未来領主」と定めて、返還しなければならなかった。『鎌倉遺文』における「一期」の語は、ほとんどがこうした相続制の問題として登場してくる。一期領主が未来領主に対して発行した譲状はあまり残っておらず、そのことは、一期領主の権限の限界をも示していよう。それは、女性が結婚して夫方が用意した家に住む嫁入婚が一般化したこと、分割相続の繰り返しによる所領の狭小化、蒙古襲来などの臨戦態勢の中で、鎌倉幕府によるジェンダー規制が強化されたこと、などが理由である。

【用例】

『鎌倉遺文』における**一期分**の初見は、建久八年（一一九七）の重源《ちょうげん》譲状に見られる「備前三个《か》庄の内、南北條方は、…彼《か》の後家をもって預所《あずかりどころ》となし、…後家**一期**の後は、嫡女左大弁局《さだいべんのつぼね》相伝せらるべきなり。かの局《つぼね》**一期**の後、*嫡子盧舎禅師をして領掌《りょうしょう》せしむべき也」（『鎌』九二〇号）である。

（野村育世）

【参考文献】
後藤みち子『中世公家の家と女性』（吉川弘文館、二〇〇二年）、服藤早苗『家成立史の研究―祖先祭祀・女・子ども』（校倉書房、一九九一年）

隠居

いんきょ

隠居という言葉から、ただちに楽隠居《らくいんきょ》や横丁のご隠居といった、息子に家業をゆずったり、あるいは長年の勤務先を定年退職して、安楽な暮らしを送る老人を連想する人は少なくあるまい。しかし、古くから、その用いられ方はさまざまで、たとえば『日本国語大辞典』二版には、「世の中のわずらわしさを避けて山野など閑静な所に引きこもって暮らすこと。また、その人」をはじめ、十例もの語釈があげられている。それでは『鎌倉遺文』においては、どのように用いられているであろうか。以下、具体例をあげながら検討していくことにする。

まず数多く見いだせるのが、文字どおり、「身を隠すこと」の意味での用いられ方である。たとえば、文治二年（一一八六）二月三十日後鳥羽天皇宣旨（『鎌』五七号）は、平氏滅亡後、兄源頼朝に追われ、「山沢《さんたく》に亡命」し、「隠居」している源義経らの追捕《ついぶ》を命じたものである。ただし、同じ「身を隠すこと」でも、元亨四年（一三二四）三月日伊予弓削島《ゆげのしま》荘沙汰人百姓等申状（『鎌』二八七一二号）などは、先の後鳥羽天皇宣旨の場合とは、やや異なる意味を含む例として注目しておく必要があろう。というのも、この文書は、弓削島荘前雑掌《ざっしょう》の「濫妨《らんぼう》」行為により、同荘を「罷《まか》り出でた」百姓らが、「山野に迷い、他所に隠居していることの*不便《ふびん》」を訴えたもので、南北朝期以降、頻発するようになる、農民の抗議方法としての「逃散《ちょうさん》」との関連性もうかがわれるからである。

　次に、僧侶が仏道修行のために山林などに隠れ住む際に用いられた、いわば宗教的意味での「隠居」を取りあげてみよう。そこで注目されるのが、たとえば平安中期成立の仏教説話集『本朝法華験記《ほんちょうほっけげんき》』に載せる、比叡山の僧増賀が「名聞利養《みょうもんりよう》」に背き、本寺を離れて、多武峰《とうのみね》に「遁世《とんせい》隠居」したという話である。すなわち平安期には、世俗化した大寺院を去り、山中の草庵や別所などに隠れ住み、ひたすら仏道修行に励む僧があらわれてくるが、鎌倉期にも、彼らの系譜をひき、「遁世隠居」する僧たちがいたのである。華厳宗の僧明恵《みょうえ》が、晩年、寛喜四年（一二三二）頃に記した置文《おきぶみ》案（『鎌』四二六二号）によると、自身、「山林に隠居することを先と為し」ていた明恵が、後鳥羽院や本寺神護寺の許可をえて開創した栂尾《とがのお》別所（高山寺）に、やがて、「遁世の志の深い正達房なる僧が、本山を辞して隠居した」とある。宗教的意味での「隠居」の典型例である。

　ところで、こうした僧侶らの隠居が、本寺（大寺院）という、いわば公的な場を離れる意味で用いられていることは、古代における隠居を考える上で重要である。『大漢和辞典』にも、中国の事例をあげ、「†致仕《ちし》して閑地《かんち》に保養する」と記されているが、わが国でも、隠居は、古くから「致仕する」「官を辞す」の意味で用いられているからである。その具体例としては、『続日本紀』延暦二年（七八三）三月丙申《へいしん》条に、藤原広嗣《ひろつぐ》の弟田麻呂が、兄の乱に連座して流罪となったが、赦されたのちも蜷淵《になぶち》の山中に隠居し、時の政治に関わらなかったとあること、また『類聚国史《るいじゅこくし》』天長六年（八二九）十二月乙丑《いっちゅう》条に、橘浄野について、「交《かた》野《の》に隠居して、出仕の意志がなかった」と見えることなどをあげることができる。

　なお隠居が致仕を意味することについては、『日本国語大辞典』二版にも、「官を辞し、世間での立場を退き、また家督を譲って世の中から遠ざかって暮らすこと。また、その人」と見えるところである。ただし、ここで留意しておかなければならないのは、『日本国語大辞典』二版では、「官を辞する」「家督を譲る」の二つの意味があわせ用いられているが、このように致仕に生前相続が伴うようになったのは、一般に室町初期以降とみなされていること、しかも『鎌倉遺文』の中には、この通説をさらにさかのぼらせる可能性をもつ文書が収められていることである。たとえば、乾元二年（一三〇三）五月二十五日三条実盛《さねもり》置文（『鎌』二一五四二号）――急に「隠居」を思いたった実盛が、以前の若狭国須恵野村に加えて田村も侍《じ》従局《じゅうのつぼね》に進めるという内容――、嘉暦四年（一三二九）三月日関東下知状写《うつし》（『鎌』三〇五五二号）――信濃国の在地領主らに対する諏訪上社御《み》射山《さやま》・五月会頭役《とうやく》の勤仕負担を書きあげたもの――が、それである。なかでも後者の「三番五月会分」中に、「平賀次郎入道女子高橋七郎左衛門尉女子隠居四郎六郎知行分」と見えることなどは、「中世における大小の領主ないし庶民中の有力家では、所領ないし家産・家業の一部を後嗣に相続させたり、非後嗣に分与したりするほか、一部を『隠居分』として保持し、かつ後継者に対し長く後見人としての権力をも保つことがあった」（『国史大辞典』）場合の早い事例を示唆するものではあるまいか。

　中世における生前相続の問題に関して、いま一点、紹介しておきたいのが、「御家人*が老・病により、所領所職を子孫に譲り、暇をたまわって遁世することは普通の法だが、老年に至らず、病気でもないのに、許可することなく出家して、なお所領を知行するものについては、所領を召しあげる」とした、仁治二年（一二四一）十一月十七日関東評《ひょう》定《じょう》事書（『鎌』五九六五号）である。ここに見える遁世・出家と隠居との関係について、嘉禄元年（一二二五）から弘安七年（一二八四）に至る、鎌倉幕府の執権・連署・評定衆・引付衆をつとめた人々の名前と簡単な略伝を記した『関東評定衆伝』が、遁世と出家を明確に区別していること――出家後も同書に名を連ねているものは多いが、遁世の場合、以後、その名は見えない――などを考慮しつつ、今後とも検討を進めていく必要があろう。なお、隠居といえば、民俗学では、「家族内に複数の生活単位（世帯）を含む複世帯制」（小学館『日本歴史大事典』）としてとらえられているが、こうした側面についても、『鎌倉遺文』から、どこまで言及できるか、今後の課題である。

（樋口州男）

【参考文献】

中田薫『法制史論集』第1巻（岩波書店、一九七〇年）、樋口州男『中世の史実と伝承』（東京堂出版、一九九一年）、佐藤進一・網野善彦・笠松宏至『日本中世史を見直す』（悠思社、一九九四年）

依怙

えこ

『日本国語大辞典』では、①頼ること、頼るべきもの、頼りにするもの、②一方にかたよってひいきすること、えこひいき、③自分の利益、私利、わがままと語義が整理されており、①の意味から転じて②・③の意味でも用いられるようになったとする。『日本仏教語辞典』（平凡社）では、「依怙」の原語としてサンスクリッド語の「最後の頼り」(parāyaṇa パラーヤナ）をあげる。

『平安遺文』・『鎌倉遺文』を通覧すると、「当寺（東寺）を修復せられ候とも、寺僧之依怙失《うしな》い了《おわんぬ》、その詮《せん》無き歟《か》」（『鎌』六一三号）とあるように、「頼りにする」「利益・利潤」から転じて、「あてにしている収入」という意で使用され、とくに寺院関連史料で多くみられる。「衆僧住持《じゅうじ》之依怙」（『鎌』一〇二号）、「凡《およ》そ寺家は庄家の祈禱を致し、庄家は寺家の依怙と為す」（『鎌』六二二号）等とあるように、社寺や寺僧等の生計をたてる為に必要な収入を指す場合が多い。③の例では、「ひとしくこの庄園をわかちて、をのをのその依怙をともにせむ」（『鎌』三一六八号）のように寺院以外の場合でも使われる。

①の用例としては、「界内の病人、依怙無きは、次第に看病し、勧誘教化《きょうけ》、静かに終焉せしむ」（『鎌』四三三八号）等があげられよう。②「ひいきをする」の用例としては、神護寺領播磨国福井荘における地頭非法を裁定した六波羅下知状案（『鎌』四五六三号）で、井料田《いりょうでん》（灌漑施設の利用料に宛てる田）について公文《くもん》側が「公文之沙汰」と主張するのに対して、地頭側が「地頭之依怙に非《あら》ず」と反論している例などがあげられる。総じて、『鎌倉遺文』では、どの例でも宗教的話題で使用されることが多い。

現代語の「依怙贔屓《ひいき》」の「贔屓」は「大いに力を入れること」が本来の意味であり、力を入れる対象を自分の気に入るものに限定して使用されたことから転じて、特定の者に肩入れすることを指すようになった。

（錦　昭江）

会釈

えしゃく

現代語では「軽く頭を下げて一礼すること」の意味で使われるが、本来の語義は多彩である。『日本国語大辞典』によれば、会釈は仏語の「和会《わえ》通釈」の略で、「一見矛盾しているように思われる異義、異説の相違点を掘り下げ、その根本にある、矛盾しない真実の意味を明らかにすること」が本来の意味とされる。「えさく」とも読み、「会通《えつう》」ともいう。転じて、①納得できるような解釈を加えること、②斟酌《しんしゃく》すること、一方的でなく、多方面に気を配ること、思いやり、③やむを得ない事情を説明すること、④儀礼にかなった挨拶、口上を述べること、⑤好意を示す態度、愛想、愛敬等の意味で用いられる。

『鎌倉遺文』の用例で、語源の仏語に近いものでは、元久元年（一二〇四）源空《げんくう》（法然房）起請文《きしょうもん》のなかに、「一事《いちじ》一《いち》言虚言《ごんきょげん》をもちて会釈をまうけば、毎日七万遍の念仏むなしく其利《そのり》をうしなひ、三途《さんず》に堕落して…」（『鎌』一四八九号）とあるのが、その例といえよう。①の例では、寛喜二年（一二三〇）藤原家光請文《うけぶみ》案にある「新儀式の文に就《つ》き、会釈の詞を加うると雖《いえど》も……」（『鎌』三九四一号）とあり「解釈」とほぼ同義で使用される。『鎌倉遺文』全体としては、②や③にあてはまる用例が多い。すなわち、文治五年（一一八九）大府宣（『鎌』三八三号）で、損亡《そんもう》の場合の「立用《りゅうよう》田事」については、国衙と薩摩国新田宮とで「互いに会釈を施《ほどこ》し、計《はからい》沙汰《ざた》せしむべし」とあり、双方互いに斟酌してという意味で用いられている。また、宝治二年（一二四八）杵築《きづき》大社造営遷宮旧記注進（『鎌』七〇一七号）のなかで、「末代之例、庶民之愚、その会釈を忘れ、恣《ほしいまま》に訴訟を好む」も同様であり、「会釈を忘れ」は思いやりがない、遠慮がないという意味で使用される。弘安三年（一二八〇）山城雲林院《うりんいん》所司等訴状（『鎌』一三八九八号）で、雲林院在家人源三郎男住宅が帽子を用いて顔を隠した者どもに襲撃された直後の事件として、「彼等件輩《くだんのともがら》に見合い、子細を尋ぬるの処《ところ》、会釈不分明《ふぶんみょう》、左右《そう》なく太刀を抜き、奔《はし》り懸《かか》る」という出来事があったことが書かれている。「会釈不分明」は儀礼にかなった応対もなくいきなり抜刀したということで④の意味の用例といえよう。以上のように、『鎌倉遺文』における会釈の用例は、本来の意味に近い例は少数であるが、①〜④の例それぞれに散見され、本義から現代語に近い④⑤の語義への移行段階であったと推定される。

（錦　昭江）

烏帽子

えぼし

烏帽子は男性が頭にかぶる物で、平安時代以降貴族社会では略式のときや家に居るときに用い、武士や庶民も烏帽子をかぶるようになった。位が五位以上は「立烏帽子」、六位以下は上半分を折り返した「風折《かざおり》烏帽子」をかぶった。平安末期頃から武士は、立烏帽子を幾度も折った「侍烏帽子」を用いた。

男子の成人式である元服では、公家は冠を、武士は烏帽子を頭に戴いた。『大漢和辞典』によれば、元服の元は首、服は冠を着けることを意味する。頭に冠や烏帽子を加える人のことを加冠《かかん》、元服する者を冠者《かんじゃ》といい、烏帽子の場合は、加冠の人を「烏帽子親」、冠者のことを「烏帽子子」と称した。烏帽子子がみえる史料としては、嘉応元年（一一六九）十月十八日に阿保行宗が烏帽子子である阿保守真に田地荒野を永代譲与した譲状†（『平』三五一七号）がもっとも早い史料である。

冠者・烏帽子子は、有力者を加冠・烏帽子親にして仮親とし、将来を託した。『吾妻鏡』によれば、源頼朝は小山《おやま》政光《まさみつ》と八田《はった》宗綱《むねつな》娘の子に自ら烏帽子を授けて元服させ、宗朝と名づけている。また、曾我兄弟の弟筥王《はこおう》は、北条時政を烏帽子親として元服し、曾我五郎時致《ときむね》と号した。烏帽子親は自分の名から一字を取った名を烏帽子子に与える慣習があった。なお、真名本『曾我物語』（十四世紀頃成立）では、筥王は北条五郎時宗と号しており、烏帽子子は烏帽子親の苗字を名乗ることもあった。

烏帽子子は、親族につらなる縁者のなかに含まれた。鎌倉幕府『追加法』第七十二条では、訴訟のときに幕府奉行人が評定《ひょうじょう》の座から退座すべき親族の最後に、烏帽子子を挙げている（**【用例1】**）。近衛家領丹波国宮田荘雑掌《ざっしょう》中状では、中沢直基の烏帽子親斎藤基任《もととう》が六波羅探題の評定衆であり、直基が退座分にあたる烏帽子親基任を証人にし、縁者の評定衆を証人にするのはおかしいと訴えている（『鎌』二五六七三号）。烏帽子子・烏帽子親は、伊賀国黒田荘の悪党*の縁者のなかにもみえる（**【用例2】**）。烏帽子親・烏帽子子は縁者に含まれ、親族に近い存在であった。

【用例】

（1） 評定《ひょうじょう》の時退座すべき分限《ぶんげん》の事

祖父母　父母　養父母　子孫　養子孫　兄弟　姉妹　聟*〈姉・妹・孫聟これに同じ〉　舅　相舅　伯叔父　甥姪　従父兄弟　小舅　夫〈妻訴訟の時これを退くべし〉　**烏帽子々《えぼしご》**

（『鎌』四七八二号）

（2）黒兵衛入道縁者〈亀若五郎入道弟（中略）瀧野七郎烏帽子子〉／清高入道縁者〈彦太郎嫡子童名王一、越前国大野郡牛原地頭家人柘殖次郎左衛門入道烏帽子親（後略）〉（『鎌』二九八七八号）

（菅原正子）

【参考文献】

尾形裕康「成年礼の史的考察―表示様式を中心とせる―」（『日本学士院紀要』八―三、一九五〇年）、二木謙一『中世武家の作法』（吉川弘文館、一九九九年）、鈴木国弘『日本中世の私戦世界と親族』（吉川弘文館、二〇〇三年）

億劫　おっこう・おっくう（現）

現代語の「おっくう」という読みは、「おっこう」が変化したもの。

『日本国語大辞典』によれば、「劫」は仏語でひじょうに長い時間を指し、億劫は、「劫」の一億倍という意から、そもそも「おくこう」と読み、きわめて長い時間や数え切れないほどの長さをさす。また、想像不能なほど長時間を指すことから、「たやすくすることがむずかしいこと」の意でも用いられる。さらに、この意から転じて、「煩わしくて気がすすまない、気乗りがしない」という意でも用いられるようになった。『鎌倉遺文』では、本義である「はてしなく長い時間」に近い用例として「無量億劫にもあひかたき三宝」（『鎌』一〇九九号）や「人ありて八十億劫の間、無量の宝を尽くして仏を供養し奉らん」（『鎌』一二五九七号）のように使用され、主として仏教に関連する史料に使用されることが多い。『鎌倉遺文』では、現代語のような、「面倒で気乗りがしない」という意味での用例はみられない。

（錦　昭江）

勘　当

かんどう

現代語では、子供が親から縁を切られることを指すが、本来の意味は、『日本国語大辞典』によると、「勘《かんが》え当てること」から転じて、「調査し決定すること」をいう。また、「若《も》し違越あらば、勘当法の如し」（『延喜式』巻十一太政官）とあるように、「罪を勘案して刑罰を決定すること、あるいは譴責すること」も意味する。『竹取物語』でも「玉の取りがたかりし事を知り給へればなん勘当あらじ」とあり、この場合は、「勘当」は「こらしめ、叱る」という意味で用いられている。

『鎌倉遺文』では、「対捍《たいかん》致し候はば、勘当すべく候」（『鎌』四八七号）とあるように、罪を犯した者を調べ法にもとづいて処罰することを指す場合が多い。「（梶原）景時を以て、代官に補するの間、御勘当の後、其跡を以て、清重にせられ畢《おわん》ぬ」（『鎌』五三一五号）とあるように、制裁を加えることや広義に罰を蒙ることをさした。勘当する関係も、「時貞罪科あるにより、鎌倉殿より御勘当を預る日」（『鎌』一〇六四五号）のように、一般に、上位の者の不興を蒙り譴責をうけることを指し、必ずしも親子とはかぎらなかった。

勘当を免ずるためには、「懇望《こんもう》の詞《ことば》」（『鎌』五三一七号）を出したりするが許可されることは難しかった。周防国屋代荘では、僧善信から公文職《くもんしき》等を譲られた清氏が「不忠之心」を理由に勘当される。しかし、善信の死期せまった時点で、さほどの重科でもなく、最後の対面で謝罪したとの理由で、勘当が解かれている例もある（『鎌』一五四二六号）。池田新次郎行重の子息為行男が勘当となったため、国盛に諸職が譲られた（『鎌』一八九〇〇号）という用例に見られるように、現代語と同様、『鎌倉遺文』でも親子間の譴責に「勘当」が使用されている例もある。

（錦　昭江）

義絶

ぎぜつ

縁を切ること。人と人との因縁の義理を絶つこと。具体的には時代によって意味を異にした。

古代律令制では、夫婦間の縁を切ることを意味した。夫または妻が、尊属を殴打または殺害した場合、親族・兄弟を殺害した場合、妻が夫を殺害しようとした場合には、強制的に離婚しなければならなかった。

平安後期には、公家法では意味が大きく変化し、義絶は親族関係を絶つ場合（『平』三二八六号）、親子関係を絶つ場合（『平』三八二六号）などに使用されるようになった。

鎌倉時代になると、武家法は公家法の義絶の意に倣い、『御成敗式目』に、「親子義絶之起也」とあるように（『鎌』四三四〇号）、義絶の語は親子関係を法的に断絶する強制措置として使用されるようになった。具体的には、【用例1】にみられるように、子に不調（行動などが非常識なこと）の振《ふる》舞《まい》があったり、あるいは【用例2】にみられるように、親の教訓に従わないなど、親の心底にかなわない子が親子関係を断たれた。父のみならず、母も子を義絶できた（『鎌』一〇二七四号）。親から義絶された子は、一切の保護・所領相続権を失い、親は子の犯罪から生じる縁坐†から逃れることができた。そのため、義絶の有無がしばしば相論の際の争点となった。

義絶に際しては、親は義絶したことを明らかにするための証文である義絶状を作成し、申告のうえ、近隣縁者への告知が行われた（『鎌』二四三五六号）。また、義絶が虚言でないこと、あるいは義絶と称しながらひそかに親しくしていた場合は、神罰を受けることに異論がないことを誓った起請文《きしょうもん》の形式をとった義絶状も作成された（『鎌』一七四一六号）。なお、鎌倉期の義絶は、親子関係のみならず、子弟関係の義絶（『鎌』二八一六二号）や、正和四年（一三一五）四月の菅原氏連署義絶状にみられるように、氏族の中でも行われていた（『鎌』二五五〇一号）。また、中世には義絶の同義語として、「勘当」（『鎌』五三一六号）や、「不孝《ふきょう》」（『鎌』二四九六三号）の語も使われた。

近世では、親族の関係を絶つことを意味し、「久離《きゅうり》」・「勘当《かんどう》」がともに目上の者から目下の者、本家から分家に対して関係を絶つ場合に用いられたが、義絶は従兄弟間などのように、同等の親族間において使用された。しかし、近世後期には、「久離」・「勘当」と混同して用いられた。

【用例】

（1）藤原頼秀義絶状（『鎌』二八六五四号）

義絶　子息彌太郎・彌次郎・三郎男等事
右、彼等或は*博奕《ばくち》・或は条々不調事等振舞《ふるまう》の間、自科を恐れ、逐電《ちくでん》せしめ、行方《ゆくえ》をしらす」

（2）長門日置八幡大宮司源重房譲状案（『鎌』二七三一二号）

「爰《ここ》に重房の一子源十郎男之《これ》ありと雖《いえど》も、親の教訓に相《あい》叶わず、しかるに毎事不調の間、先年より親子の中、**義絶**せしめ畢《おわん》ぬ」とあり、大宮司職《しき》は*養子の左近次郎友恒に譲与された。

（堀内寛康）

【参考文献】
石井良助『日本法制史概説』（創文社、一九七六年）、石井良助『日本婚姻法史』（創文社、一九七七年）

結　界

けっかい

「結界」の語は、人気アニメのタイトルにも使われているように、今日では意外と馴染み深い語として存在している。特に「女人結界」の語はよく知られており、ここから穢《けが》れの排除というイメージを思い浮べる人も多いと思う。また中世の文献などで、有力寺院が寺域の領有を主張する際に「結界」の語を多用していることにも気付かされる。

『鎌倉遺文』で「結界」はほとんど寺院関係の史料中に登場し、仏教用語としての性格が強いと思われる。仏教用語としての「結界」の意味は律宗と密教とでニュアンスを異にしているようである。

まず律宗の場合であるが、ここでの「結界」は「教団に所属する僧尼の秩序を保持するために、ある一定の地域を区画制限する」（中村元『広説仏教語大辞典』）ことを意味する。叡尊《えいそん》が結界表白《ひょうびゃく》の中で「夫《そ》れ結界は三宝久住《くじゅう》の秘術、一味平等の要門なり」（『鎌』九五八二号）と述べているように、「結界」は特に西大寺流律宗において重要な意味を持っていた。

武蔵称名寺結界図裏書《うらがき》（『鎌』二八三三七号）に「僧のため

四方大界相《しほうだいかいそう》を唱《とな》う」として叙述された文献が、まさに律宗における「結界」儀礼のために作成された文章である。中世の寺社境内図として著名なこの称名寺結界図（重文）は、その裏面の記載から考えて、元亨三年（一三二三）二月に西大寺流律宗で行われた宗教儀礼である「結界唱相《しょうそう》」で用いられた絵図である。「唱相」とは、戒律を守る僧の共同体が、生活する境域を確定し、その境界の範囲を唱える儀礼であり、中国の道宣が著した『四分律行事鈔《しぶりつぎょうじしょう》』に詳しい次第が定められている。やはり西大寺末の鎌倉の極楽寺にも詳細な境内図が二種のこされているが、その一枚には、「元亨三年癸亥二月廿四日　羯磨師《こんまし》　極楽寺長老　忍公大徳／答法　多宝寺長老　俊海律師《りつし》／唱相　称名寺　湛睿《たんえい》」の裏書があったらしい（今日では裏打ちにより確認できず）。『鎌倉市史　社寺編』は、この裏書が称名寺図の裏書と一致することを疑問視して後世の付加と判断し、極楽寺の絵図も近世に描かれたものと推定している。しかし叡尊の高弟である忍性《にんしょう》（良観）の事績として、「結界寺院七十九所」（『本朝高僧伝』）、「寺院結界七十余境」（『鎌』二七〇三四号）が伝えられており、その忍性が開いた極楽寺に遺されたこの境内図も、元来は称名寺図と同様の「結界」儀礼のために作成された可能性が高い。現存の極楽寺図が原本でなく後世の写しであるとしても、描かれた内容は鎌倉末期の様相をかなり色濃く伝えているのではなかろうか。

このように、律宗における「結界」は、戒律を保持して修行・生活する場を確定するものであって、戒法の障害となるような部外者の来入を防ぐという意味はあったにしても、「不入《ふにゅう》」権を意味するような排他的領域支配を意味するものではない。それは交通の要衝にあって困窮者救済などの社会事業を行った極楽寺のオープンな性格を考慮しても理解されよう。また称名寺図では墓所や骨堂が朱線の外部にあって、一見すると「結界」に穢れの排除の意味が含まれていると思いたくなるのだが、これについては朱線内の建築物として「無常院」が描かれていることに留意すべきである。源信の『往生要集』中巻には経論《けいろん》を引用して「祇園精舎《ぎおんしょうじゃ》の西北の角、日の没する方角に無常院をつくり、もし病人があればその中に安置せよ。……この堂を無常と名付ける。ここに収容される者は多くいても還る者は一人か二人である」とある。これについては、「戒律を以て本宗と為す」とする大和海龍王寺の制規で、無常院に言及して「抑《そもそ》も界内の病人、依怙《えこ》無きは次第に看病し、勧誘教化《きょうけ》して静かに終焉せしむ」と述べているのが参考となろう（『鎌』四三二八号）。すなわち称名寺図中の「無常院」も瀕死の重病人を収容する施設と考えられ、これが朱線内にあることは、「結界」に死穢《しえ》の排除という意味が無かったことを示している。

さて仏教語の「結界」の第二の意味として、密教や山岳宗教において修法《しゅほう》を行う場を清め魔障《ましょう》の入りこむことを防ぐ作法としての意味がある。空海以前の古密教ですでにこの「結界」が一般的に行われていたことは、今日の東大寺修二会《しゅにえ》（お水取り）や薬師寺花会式《はなえしき》で「結界」作法が厳修《ごんしゅ》されていることからもわかる。練行衆《れんぎょうしゅう》の中の咒師《しゅし》がこの行《ぎょう》を担当し、印を結び陀羅尼《だらに》（真言）を唱えて壇の周りを巡ることで堂内を清めるというものである。修法の場を結界するという観念は、やがて修行の場としての山中の広い領域を「結界」の地と定めて清浄《しょうじょう》を保つことへとつながっていった。すなわち「結界」に、堂塔伽藍を含む一定の地を区画して排他的領有を主張する概念が含まれるようになる。領域内の殺生禁断、部外者の立ち入り禁止、山林伐採の禁止、牛馬を飼うことの禁止など、「結界」された領域内を清浄に保つための様々なタブーが制度化されていき、その延長上に「女人結界」の概念も生じてきたのであろう。

修行の場としての結界の概念が排他的な寺領支配の根拠として利用されるようになった典型的な例として、高野山の場合があげられる。弘法大師空海は晩年に『御手印縁起《ごしゅいんえんぎ》』を著したとされるが、実は全くの偽撰であり、空海没後一五〇年以上たって高野山が寺領支配を根拠づけるために作成したものらしい。これによると、高野山で修行した空海は「われ居住するとき、頻《しき》りに明神《みょうじん》の衛護《えいご》あり。即ち四至《しいし》を限りて永く三宝に献じ仰信《ぎょうしん》の情を表さん」と決意し、「件《くだん》の地、もっとも修禅に宜《よろ》し。今思えらく、上は国家の為に、下は諸修行者の為に、荒藪《こうそう》を芟《か》り夷《たいら》げて修禅の一院を建立せん」と朝廷に申請し、それを許可する太政官符が発給されたという。この『御手印縁起』では高野山の寺領が確定する根拠として、(1)「明神の衛護」（狩場明神が山を空海に譲り鎮守神となったこと）という宗祖空海の神秘体験→(2)空海による領域（四至）の確定→(3)国家による土地所有の許可、というプロセスが重視されている。『御手印縁起』は、その後、「抑《そもそ》も当山は大師坐禅の地、結界清浄の砌《みぎり》なり」（『鎌』一二三六一号）、「高野山は誠に結界の旧跡なり」（『鎌』一二三五〇号）というように、高野山を寺領として排他的に領有しうる根拠としてフルに活用されていくのである。

高野山の空海の場合と同様、摂津の勝尾寺《かつおでら》では「開成皇子御結界の石蔵《いわくら》」（『鎌』四〇八一号）、近江の葛川《かつらがわ》明王院では「相応《そうおう》和尚結界霊験《れいげん》の地」（『鎌』一四八五〇号）と主張されるように、開成《かいせい》皇子や相応《そうおう》和尚などすぐれた修行者の神秘体験と彼らの施した「結界」の修法により寺領の四至が確定されたことが強調されている。やがて多くの山岳寺院において、部外者の侵入を強く非難し拒絶する論理として、神聖な修行の場を意味する「結界之地」の語が重みを増してくるのである【用例1・2】。

以上、律宗と密教では「結界」のニュアンスが異なっていることをみてきた。前者は、僧尼が戒律に従った生活を送る場を「結界」するのであり神秘性は希薄であるが、後者は、密教修法を行うための清浄な場を現出するために神仏の冥助《めいじょ》を希求する点において宗教的神秘性を帯びてくる。ただ、比叡山の場合のようにこの二要素が複合したケースもでてこよう。大乗戒《だいじょうかい》を受けた天台僧が籠山《ろうざん》修行する場が山門の「結界」とされ、僧侶がこの領域を容易に出入りすることは禁じられている【用例3】。修行僧の生活の場を「結界」している点は律宗に近いが、一方「七重結界の山岳は花洛の北に峙《そばた》つ」（『鎌』三一四八三号）という文言は密教修行の聖地としての山岳寺院を彷彿《ほうふつ》とさせる。

このように、「結界」は史料読解の上で宗教史的背景にも留意しておきたい用語の一つといえよう。

【用例】

(1) 近江国葛川《かつらがわ》常住僧解《げ》（『平』二七四八号）

近年以来、隣境の山木切り尽《つ》すの後、十方の杣人《そまびと》ら四至《しいし》内に闖入《ちんにゅう》し、**結界**の地を怖れず、ややもすれば行者《ぎょうじゃ》を蔑《ないがしろ》にし、霊験《れいげん》の砌《みぎり》を侵黷《しんとく》すること、偏《ひとえ》に私領の如し。

(2) 『吾妻鏡』治承四年十月十八日条

今日、伊豆《いず》山専当《さんせんどう》、衆徒《しゅと》の状を捧げて*路次《ろじ》に馳《は》せ参《さん》ず。兵革《へいかく》の間、軍兵《ぐんぴょう》等、当山**結界**の地を以て往反路となすの間、*狼藉《ろうぜき》、断絶すべからざるか。これを如何《いかん》せんと云々。

(3) 天台座主《ざす》良源起請《きしょう》（『平』三〇三号）

一　籠山《ろうざん》僧をして内界の地の際《きわ》を出さしむべからざる事

東ヲ限ル悲田、南ヲ限ル般若寺、西ヲ限ル水飲、北ヲ限ル楞厳院、此ノ外ニ出ヅベカラズ。

右、同前式に云く、凡《およ》そ得業生《とくごうしょう》、大戒《たいかい》を受け竟《おわ》らば一十二年山門を出ず、修学を勤めしめよ。…言う所の山門は、これ**結界**の内の際なり。しかるに近代或は大原を越え、或は小野に向い、東西南北、出入り往来忌憚《きたん》無きの輩《ともがら》、往々にしてありと聞く。…自今以後《じこんいご》、殊に禁制《きんぜい》を立て、もし慣常《かんじょう》に内界を出ずる者あらば将《まさ》に以て擯出《ひんしゅつ》すべし。

（石附敏幸）

【参考文献】

荒木良仙『仏教制度叢書第四巻　寺域の研究』（森江書店、一九三一年）、上山春平『空海』（朝日新聞社、一九八一年）、黒田日出男「称名寺絵図のアポリアと解決」（『金沢文庫研究』三〇七・三〇八号、二〇〇一年）

榊

さかき

『日本国語大辞典』には「(栄える木の意)①常緑樹の総称。特に神事に用いる樹をさす場合が多い。②ツバキ科の常緑小高木。(中略)神社の境内などに多く植えられる。(後略)」とあって、神事にかかわる常緑樹とされている。

『鎌倉遺文』においても、潔斎《けっさい》をする際に必要な神木であり(『鎌』六一四号)、「御聖体《ごしょうたい》」(『鎌』一〇〇九号)ともされた神聖な樹木としてみえている。このため、その取扱いには十分な配慮が必要とされたことは当然であって、春日神《じ》人《にん》に命じて焼き払った場所に榊を立てさせた興福寺衆徒《しゅと》は、穢所《えしょ》である焼亡の地に神木を立てたことの妥当性を追求されている(『鎌』五〇二二号)。この事例によって、榊の神聖性が中世社会において尊重されていたことが判明したわけだが、同時に榊の「利用法」も伺い知ることができる。

すなわち、なぜ春日神人が焼き払った場所に榊を立てたのか、という点に注意してそのほかの事例に注目すると、入港した舟に榊を立てることによって、神人がその舟を差し押さえたことを表明したり(『鎌』二九三七号)、あるいは、年貢の納入が滞っている田に榊を立てることで、その田への耕作権の没収を意味したこと(『鎌』一八六七一号)などを確認することができた。これらの「榊を立てる」という行為は、神人等がその土地(物)に対して、それが自らの権利・管理の権限内にあることを表明したものといえる。神人等は周知された榊の神聖性を、いわゆる当知行《とうちぎょう》を宣言するための道具として利用したのであった。しかしこの利用法に、しばしば行き過ぎた場合があったことは、先の焼亡の地に対する行為からも明白であり、後鳥羽天皇は神人等が無闇に榊を立てる行為を「濫行《らんぎょう》」として誡めている(『鎌』五二二三号)。

(櫻井　彦)

酒　肴

しゅこう

現代社会では文字通り「酒と肴。また、その馳走。」(『日国』)のことであって、『鎌倉遺文』でも同様に「使に酒肴を与え、饗応《きょうおう》せしめ畢《おわん》ぬ」(『鎌』一二〇六号)のように用いられている。しかし酒肴の実態については、まさに「酒一瓶子《へいじ》・肴一種」(『鎌』一八五八号)と、酒と肴の場合もあれば、「菓子八種・肴四種」(『鎌』五七三一号)のように、酒を含まず菓子と肴などの場合もあった。そしてそれは、主に祭礼や行事の奉仕者に対する褒美・報酬として、あるいは相手を接待・饗応するために準備される場合が多かった。つまり中世社会における酒肴とは、具体的な「酒と肴」を意味することばというよりも、報酬・饗応のために準備された飲食物をさすことばとして特徴的とすべきであろうか。

とくに官人・公人が下向する際には、食料を携帯せず、目的地において飲食することが慣例とされたので(『鎌』一二〇六号)、受け入れ側は常に官人等の下向に備えておく必要があった。このため「酒肴料田《りょうでん》」(『鎌』補三五三号)のように、酒肴を用意するための田が特別に確保される場合もあった。また飲食物そのものではなく、「酒肴料」(『鎌』九六〇号)として米を提供する事例は早くから見られ、次第に銭も酒肴の対象となっていった(『鎌』一八一三八号)。

具体的に酒肴がどのような場面で準備されたかといえば、「収納の時、酒肴を*沙汰せしむるの条、百姓等其の煩《わずら》いあり」(『鎌』一五〇四四号)とみえ、なぜ収納の時に準備されたのかという点については、「免除を蒙《こうむ》らんが為、酒肴等を備うるの時、之《これ》を叙用《じょよう》せしめ、寛宥《かんゆう》の儀あるべからず」(『鎌』一九四二五号)とされていることによって明らかである。中世社会における、酒肴の主な目的が報酬・饗応にあったことを踏まえれば、年貢収納に際して手心を加えてもらうために酒肴が用意されるようになり、いわゆる賄賂としての性格を帯びて、百姓達の負担となっていったことは必然的であったといえる。室町時代における「酒肴料」が、「荘園領主が、武家側の守護・守護代やその使に対して支出した運動費をさす」(『国史大辞典』)ようになっていく萌《ほう》芽《が》を確認することができるだろう。

(櫻井　彦)

世俗

せぞく

日本の中世寺院社会において、一見何の変哲もない仏教用語に特殊な意味が付与されている場合がある。この「世俗」も、一般的には「(寺院外の)俗世間」の意味が基本であり、「世俗の道理」(『鎌』三二〇二号・五〇八四二号)、「世俗の喧囂《けんごう》を遁《のが》るると雖《いえど》も」(『鎌』八五八四号)というように、これらは今日我々が「世俗的」という場合とほとんど同じ意味で使用されていると考えてよい。ところが『鎌倉遺文』には、このような一般的な語意を想定すると到底理解できない史料がいくつか収められている。結論から言うと、寺院社会における「世俗」の特殊な意味とは、「法会《ほうえ》に際して、それを勤仕《ごんし》する僧侶がとる食事、あるいはそれを用意する役割を担《にな》った人や田畠」である。この「世俗」の用法は、権門寺院の法会次第やその関連の諸記録において意外と頻繁に目にする語であるが、多くの国語辞典や仏教語辞典では触れられておらず、辛うじて『時代別国語辞典　室町時代編』の「僧が定時以外にとる食事。非時」、『日本国語大辞典』(二版)の「寺院の法会や仏事などで、職衆に下される布施・饗膳の称」との指摘がある程度である。

例えば【用例1】では、大和国窪荘《くぼのしょう》の諸負担の中に東大寺手向山《たむけやま》八幡宮での法華十講に際しての「世俗」と「布《ふ》施物《せもつ》」が含まれているのであるが、ここで「布施物」と並列されている「世俗」の語が、僧侶へ給される何らかの物資であることは確かであり、それは以下列記されている汁や菜・酒・菓子などの食事であることが容易に理解できよう。なお「人別銭参《(三)》連、承仕《じょうじ》布施一連、都合三貫百文、世俗十一前」の記載から、この法会を勤仕する僧侶は十人、承仕(雑務を執り行う下級の僧侶)が一人の計十一人であると想定される(布施物の銭の合計は、一〇〇文×三連×一〇人+一〇〇文×一連×一人=三貫百文)。よって「世俗十一前」は「用意する食事が十一人前」という程度の意味であることがわかる。読経《どきょう》など法会で中心的な役割を果たす講衆の僧たちと、雑役に従う僧では、布施物(いわゆる給金〈サラリー〉)に差が設定されているが、出される食事は同じものだったのであろう。

【用例2】では、きちんと調理された食事(「熟食《じゅくじき》」)が出されないことが非難され、もし未調理の現物など(「生《しょう》料《りょう》」)が支給されたら東大寺倶舎《くしゃ》三十講を直ちに中止することを決議している。「たかが食事、されど食事」、法会における「世俗」の大切さに驚かされる。

このように、「東大寺世親講世俗」(『鎌』五〇〇四号・五一一一号）、「（興福寺）大供《たいぐ》世俗」（『鎌』一五七四六号）など、法会と関連して「世俗」の語が使用されている場合は、法会に勤仕する僧侶に出される食事を指している可能性が高いのである。加うるに、この用法は東大寺や興福寺といった南都寺院で特徴的に行われているようにも思われる。

このような「世俗」の特殊な語義が生まれた理由は判然としない。一般に僧侶のとる食事は正午前に一回と定められており、それ以降は非時《ひじ》と称して飲食を禁じられていた。法会の際の特別な食事が、元来僧侶のとる食事とは別枠の「世俗」の食事だという意味で使用されたものだろうか。

また、法会ごとに食事の備進が特定の荘園に割り当てられていたこととも関係があるかもしれない。【用例1】は荘民が寺院に提出した文書であり、そこに汁や菜などの「世俗」の内容が記されているのは、荘園側が単に原料や費用を納入するだけではなく、食器なども含め、調理された食事を備進することが義務付けられていたと考えるべきではないか。【用例2】も「雑掌《ざつしょう》之対捍《たいかん》」「庄家《しょうけ》之損亡」が「熟食」が調進されない理由とされていることから、調理された食事を備進する主体は荘園の側にあったと考えられる。

ところで、仏教語としての「世俗」のほぼ同義語として「世間《せけん》」の語がある。実際、大和西大寺光明真言勤行《こうみょうしんごんごんぎょう》式目（『鎌』九一五七号）では「この外、道場の荘厳《しょうごん》等法会の作法は、綱維《こうい》の奉行たるべし。朝粥・中食《ちゅうじき》等世間の料理は、知事*の沙汰たるべし」というように「世間料理」の語も存在しているのである。これに関して、寺院内で財産を譲渡する際に「右、～に世間出世を悉く～に譲与せしむる所なり」（『鎌』一三四三四号）と表記する場合が見られることに注目したい。「出世」と「世間」は寺院の財産を大きく二分する概念であり、具体的には「本尊聖教《しょうぎょう》は出世の命脈なり、悉《ことごと》く以てこれを附属す。所領田園は世間の財産なり、多く以てこれを譲与す」（『鎌』三一四四三号）とあるように、「出世」は教学や宗教儀礼に直接関わる仏像・仏具・聖教類、「世間」は寺院の経営基盤たる所領を指していると考えられる。これによって荘園から納入される諸物資が「世間」「世俗」とよばれ、やがて荘園の備進する法会のための食事に「世俗」の語が使用される可能性が生じたとの説も成り立ちえよう。

いずれにしろ、「世俗」が食事を意味するようになる十分な説明はまだ不明といわざるをえない。日本の中世史研究は荘園社会の在地の構造を究明することに多くの努力が払われてきたが、荘園が領主に収める諸物資がどのように消費されたのかという観点には余り関心が向けられてこなかった。寺領と寺院社会の関係を総体的に考察していく過程で、ここで取り上げた「世俗」の特異な語法の成立事情もより明確化されていくであろう。

【用例】

（1）大和窪荘百姓（？）請文《うけぶみ》（『鎌』一〇六九五号）

一　八幡宮において毎年参月中に法花十講を勤行《ごんぎょう》すべき事

世俗并《ならび》に布施物は、或は飯本器白一、汁参、菜参種、合せて三種、酒捌升（八）、菓子、布施物、人別銭参連、承仕《じょうじ》布施一連、都合三貫百文、**世俗**十一前、

（2）東大寺倶舎《くしゃ》三十講衆起請文（『鎌』一一二三九号）

しかるに近年或は雑掌《ざっしょう》の対捍《たいかん》と称し、或は庄家の損亡《そんぼう》と号し、**世俗**等熟食《じゅくじき》を調進せず、ややもすれば生料《しょうりょう》を引かしむるの間、一旦の非例を積習し†向後《きょうこう》の傍例となすに擬うの条、講経の陵怠《りょうたい》、*不便《ふびん》の次第なり。自今以後《じこんいご》、生料に於ては一切停止《ちょうじ》すべし。この上難治の子細を称し、生料を引かしむるの時は、其の日より講経を打ち止むべきなり。

（石附敏幸）

馳走

ちそう

『日本国語大辞典』によれば、馳走の本来の語義は、字句の通り「走り廻ること、馬を駆って走らせること」である。『今昔物語集』でも「手ヲ以テ自ラ手ヲツカミテ、音《こえ》ヲ挙《あげ》テホエ叫《さけび》テ東西ニ馳走ス」とあり、東西に疾駆することを指している。転じて、「用意のために走りまわる」という意から、「世話をすること、面倒をみること」の意味でも使用されるようになり、さらに、「心をこめたおもてなし」「食事等を饗応すること」も指し、やがて、「接待のためのりっぱでおいしい料理」も「ご馳走」と表現するようになっていった。

『鎌倉遺文』では、走り廻るの語義で使用される例が多い。すなわち、「東西南北に馳走す」（『鎌』一四四九一号）、「東西に馳走」（『鎌』一八七三三号・一八七三四号）、「耆《き》年壮年各《おのおの》東西之馳走を致す」（『鎌』二一七四七号）、「令馳走東西（東西に馳走せしむ）」（『鎌』三一一三〇号）とあるように、まさしく東奔西走に疾駆する状況を指している。なお、天福元年（一二三三）正月十七日付の北条泰時書状には、「近年在京の武士共《ども》」の心得の一つとして「一月に二三度斗《ばかり》は、我

と馳走をしつけらるべし」(『鎌』四四九六号)があげられている。これは、「馳走」本来の意味である「馬を駆って走らせること」を意味している。

建保五年(一二一七)宗清願文案のうち「一　別当職《べっとうしき》可次第転任事」の項では別当職補任を競望するがあまり「賄賂《わいろ》之営《いとなみ》に追従《ついしょう》し、計略に馳走するの苦、身命を宛《あ》て費《ついや》し、神慮を顧《かえり》みる無し」(『鎌』石清水文書　二二八七号)という行為が非難されているが、この場合の馳走は接待・饗応の意で使用されている。但し、具体的に馳走が料理等を指す用例は、まだ鎌倉期にはみられない。

(錦　昭江)

土用

どよう

「土用」といえば、現代では、夏の鰻を連想するが、本来、「土用」は四季にそれぞれにある。陰陽五行《おんようごぎょう》説により一年の四季を木・火・土・金・水の五行にあてはめた場合、土に相当する七十二日を四季に分散させ、立春・立夏・立秋・立冬の前の期間十八日を「土用」とした。この期間は、土気のはたらきが最も活発になると意識されており、土をつかさどる土府《どふ》神や土公《どく》神を憚り、土を犯すことは忌むべきとされ、葬送や土木工事など避けられた。

『平安遺文』でも、保延三年(一一三七)宇治郷北岡地の相論の際、伊勢神宮から派遣された検非違使《けびいし》の検注報告に「土用之間、糺定《ただしさだめ》あたわず」(『平』二三七六号)とあり、土用期間の検注が忌避されている。『鎌倉遺文』でも同様に、「簗瀬《やなせ》検注の事、土用以前尤《もっと》も遂行すべきの由《よし》、度々《たびたび》申す」(『鎌』一二二六号)のように、土用に入る前に検注が遂行されるよう指示されている。また、海中堺の脇牓示《わきぼうじ》を打つ時期も、「鈴江土用之間これを打たず」(『鎌』一四八一号)とあり、土用期間を避けていることが確認される。さらに、「柱六七本、いまだ着岸仕《つかまつ》らず候へども、土用以前に礎居える計《ばかり》と存じ候」（『鎌』二六一九五号）や、「山をハ石きり（切）ニ、土用以前ニきりはて候やうに」（『鎌』二九三二七号）と記されていることからも、この期間、建築や石加工等の土木工事も行わないことが一般的であった。

『鎌倉遺文』では、「土用丸」「土用女」等男女に限らず、人名として使われる用例が多い。なお、年間で最も暑い夏の土用に、餅（土用餅）や鰻、ニンニクを食する習慣は、近世にはじまったといわれる。土用の最終日が季節の分かれ目であり節分という。

（錦　昭江）

【参考文献】

山本隆志『荘園制の展開と地域社会』（刀水書房、一九九四年）、『暦の事典』（東京堂出版、二〇〇六年）

墓

はか

中世の墓制を考えるとき、遺体をそのまま遺棄することが広く行われていたという凄惨《せいさん》なイメージが強い。しかし、死体遺棄は庶民階層が経済的困窮のためやむを得ず行うことであって、中世人一般が身近な人の死に無関心で、死者に対する供養を軽視していたわけでは決してない。また死体を遺棄するからといって墓を営まなかったと判断するのも早計である。中世の葬礼と墓制を史料的に詳細に検討した水藤真は、葬送と墓制は別のものであり、また死体遺棄が広範に行われたにしても、古代・中世の葬送・墓制の基本が死体遺棄・無墓であったわけではなく、死者の菩提《ぼだい》を弔い墓を営むこと、墓参を継続することは貴族層以外の諸階層にもかなり広く行われていたと指摘する。

中世における墓所の重要性は、史料上では、僧侶の社会での墓所に対する扱い方をみることによってよく理解することができる。僧侶の中には、弟子への遺言として自分の葬送と墓所についての細かい指示をしている場合がある。自分の墓所が遺された弟子らにとって信仰の拠り所となることを想定しての遺言と考えられる。すでに平安中期の天台座主《ざす》良源遺告《ゆいこう》（『平』三〇五号）において「一　葬送事」として自分の葬儀について細かな指示がなされているが、さらに慈円《じえん》譲状案（『鎌』二七九二号）でも冒頭で「一　葬事」「一　没後追善仏事」「一　著服事」「一　触穢《しょくえ》人事」「一　忌日以下事、追福之際等事」と葬礼・造墓・追善供養などの細かな指示を与えている。興味深いのは、「葬所の地を以て墓所と定むと云々、この条は然《しか》るべからず」と、慈円が、葬送地と墓所が別であるのを強調していることである。無論、そのような注意を喚起していることは、逆に、葬送の地をそのまま墓所とするケースも多く存在していたことをも意味している。

以下、『鎌倉遺文』中の史料から、いわゆる鎌倉新仏教の祖師たちの墓所について概観してみる。

「源空《げんくう》を以て先達《せんだつ》となし、門弟ら剰《あまつさ》え彼《か》の墓所を点じて御廟《ごびょう》と称し、帰敬《ききょう》をなすこと奇怪《きかい》の至り」（『鎌』三六二八号）と指摘されるように、浄土宗の開祖法然（源空）の墓所はその教団にとっての信仰上の聖地であった。それが故に、嘉禄《かろく》の法難において、敵対する比叡山が浄土宗側に打撃を与えるべく起こした実力行使は、法然の墳墓の破壊だったのである（『鎌』三六七五号）。なお、浄土真宗本願寺が親鸞墓所の寺院化したものであることは周知の事実であり、法然の墓所と類似したケースと考えられよう。

日蓮は、その書簡の中で、批判的・否定的な言辞として多用する「はかなし」を「無墓」と表記しているが（『鎌』二一九〇五・二二七六八・二三〇二六各号など）、これはただの当て字ではなく、墓の無い状態の悲惨さという意味を踏まえた表記と考えるべきであろう。その日蓮も「いづくにても死に候とも、はか《（墓）》をばみのぶのさわ《（身延沢）》にせさせ候べく候」と自分の墓所を身延山に営むことを遺言し（『鎌』一四六九八号）、その墓所に安置する仏像・経典と六人の弟子による「香華《こうげ》当番」などを遺言している（『鎌』一四七二二号）。なお、「日蓮が末世の弟子等も在在所所にありて此経を弘通《ぐつう》せん者、必ず先《ま》ず身延沢に参詣すべし。…我門弟等　志《こころざし》あらんもの、先ず日蓮が墓所にまいり、報恩道をつとめて、各々弘通すべし」（『鎌』一四七〇一号）とある「日蓮遺文」は明確な偽書であるが、身延山の墓所を信仰の拠り所としていた日蓮教団の雰囲気の一端を伝えるものと考えるのは可能かもしれない。

さらに京都大徳寺開山の妙超《みょうちょう》宗峰《しゅうほう》が、寺院敷地の一角にあった「御先祖の墳墓」（赤松氏の墓）の手厚い供養を弟子等に命じているのも【用例1】、今日的な観点からみれば公私混同のようにみえるが、信仰の拠り所としての祖師の墓所に準じたものと考えられよう。

このように、浄土・法華・禅などいわゆる鎌倉新仏教の立場にあっても祖師たちの墓所を神聖視することは旧仏教の立場とかわりはなかった。近代人によってその思想的進歩性が強調される鎌倉新仏教だが、教団の歴史の現実としては旧態依然たる墓所崇拝の要素が極めて強かったのである。

右、寺院社会における墓所崇拝の様相を垣間見たが、中世人一般の宗教観念の根底にも、墓所を神聖で不可侵なものと考える思想が厳として存在していた。そのことは当時の土地所有の観念にも大きな影響を及ぼし、墓所を営むことはその付属地に対する所有権を主張するための強力な根拠となったのである。ここにいう墓所の付属地とは、墓所そのものの周囲の敷地という場合と墓所を営むための費用を捻出する料田《りょうでん》という場合の二通りがあったと考えられる。【用例2】は「墓所眼前」という事実を強調しているから墓所の周辺の園地を意味しているようだが、【用例3】は墓所を営むための料田を意味しているようである。無論、墓所周囲の敷地が同時に墓所経営のための料田として利用されたケースはあったであろう。なお【用例3】のように、墓所を営むためという理由を明記して田地寄進がなされたのは、他からの侵害を免れるための根拠として、墓所の付属地であることを強調するのが有効であったことを示している。その墓所を営むための料田の内実を考えるのに参考となるのが【用例4】である。これによれば、先祖伝来の土地七段が紀伊国施無畏寺《せむいじ》に墓所堂田地として寄進されているが、そのうち毎日の読経《どきょう》を勤仕《ごんし》する三人の僧侶に対して二段ずつが割りあてられ、残り一段が墓所堂の損傷時の修理料にあてられている。この寄進された田地について地頭・領家の侵害を排除することは勿論、寄進者の子孫すらも手出しができない旨が主張されているのは、その強固な不可侵性・排他性を考える上で注目すべきであろう。

墓所の不可侵性の起源は古代に遡り得る。『続日本紀』慶雲三年（七〇六）三月丁巳《ていし》（十四日）条では、民業《みんぎょう》を妨げるような王臣家の山野領有を禁止し、これは山川藪沢《そうたく》に関する律令国家の土地政策として平安時代以後も受け継がれていくものだが、それによると「但し氏々の祖墓及び百姓の宅辺に樹を栽えて林と為し、並《なら》びに周り二三十許歩《ばかりのほ》は禁ずる限りにあらず」とし、墓・宅地の周辺の地を核とする小規模な土地所有が認められていたのである。すなわち、律令制下、墓所を営むことは土地所有の重要な根拠となりうるものだった。現存する古代荘園図の「大和国額田寺伽《ぬかたでらが》藍《らん》並条里《じょうり》図」には複数の墳墓の図像が描かれている。特に「船墓」に「額田部宿禰《すくね》先祖」と注記されているのは、慶雲三年詔《しょう》にいう「氏々祖墓」に相当するものと考えられ、田図上で地目としての墓所の所在を明示したものといえよう。このような「氏々祖墓」を営むための付属地が集積され、大土地所有へと発展した例も現れた。【用例5】の大和国栄山寺《えいざんじ》領や【用例6】の伊賀国玉滝杣《たまたきのそま》などがそれである。

藤原鎌足の墓所が発展したのが大和国多武峰《とうのみね》（談山神社）であるが、その組織内で重要な存在が墓守《はかもり》である。律令制下鎌足墳墓を守るため設定された徭丁《ようてい》に起源を有するとされる墓守は、聖地としての墳墓の巡検を任務とし、やがては多武峰の諸所領の検断権を行使する主体、朝廷への強訴《ごうそ》や興福寺との抗争に際しての軍事組織として発展していった。墓守は自ら所有する田地に賦課された人夫役を公然と拒否する動きを示しており（『鎌』二九一一号・二九三三号）、これも墓所付属地としての特権的性格を拡大解釈したものと考えられる。

笠松宏至は、寺社など諸権門間の紛争で起った殺人事件において、被害者側の権門が、事件現場あるいは殺害された者のゆかりの地を墓所として取得し得ることを主張したケースが存在することを指摘し、これを「墓所の法理」とよんだ。笠松は、その法理の淵源は判然とせず、宗教的理由を考慮に入れる必要があるとするが、この法理の根底に、墓所が神聖不可侵な性格を持ち、それが私的土地所有の強固な根拠となり得たという、古代以来の歴史的背景が存在していたことは間違いない。

【用例】

（1）妙超宗峰置文《おきぶみ》（『鎌』二八七四三号）

雲林院《うりんいん》辺菩提講《ぼだいこう》東塔中の北寄せ弐拾丈は寺院敷地として、預《あらかじ》め御寄附候い了《おわん》ぬ。但し此地の乾《いぬい》の角は御先祖の**墳墓**なり。侘所《たしょ》に堀り移し奉るべからざるものなり。後々の門弟相続の仁《じん》に当りては深くこの旨を守り違犯《いぼん》あるべからず。随いて**墳墓**を荘厳《しょうごん》しかの御菩提を訪《とぶら》うべきなり。

（2）僧智恵申状（『鎌』二〇〇二号）

彼《か》の薗《その》は寺僧の領として年序《ねんじょ》既に積みたり。…仍《すなわ》ち竹林房の**墓所**眼前なり。その後彼の入室の弟子講衆成覚房快禅大徳八十六年の間居住す。その**墓所**眼前なり。その後また講衆成鏡房兼禅大徳請《う》け次ぐこと四十二年。彼《か》の人死後には、また講衆快賢†香禅《けんぜん》房の所領なり。快賢大徳の**墓所**なり。また以て顕然なり。

（3）藤原某寄進状（『鎌』六八八〇号）

一宮に寄進し奉る光富名内の田の事
合せて一町者《てえり》
右、件《くだん》の田は、近宗の男、死去せしめ**墓所**となすに依《よ》り、光富名内の字《あざ》寺田を永年を限りて寄進し奉る所実《じち》なり。

（4）藤原某寄進状（『鎌』二八七五七号）

寄進し奉る　施無畏寺《せむいじ》**墓所**堂田地の事

合せて漆(七)段　者《てえり》　多村厳本上縄本者

右、田地は泰宗《やすむね》先祖相伝の地なり。然《しか》りと雖《いえど》も二親并《ならび》に法明自身等の後の菩提のために**墓所**堂に寄進し奉る所実なり。抑《そもそ》もこの田は本より地頭・領家の万雑公事《まんぞうくじ》を免ぜらるるの上は、今更に子々孫々たりと雖《いえど》も、非法違乱を致し公事課役を配《くば》り行うべからず。若《も》しこの旨《むね》に背《そむ》かば、父子敵対に於て泰宗の跡を段歩も知行すべからず。但し三僧ら各弐段を以て毎日の阿弥陀経一巻・光明真言四十九遍を勤仕《ごんし》せられ諸 聖霊《しょうりょう》を廻向《えこう》し、残る所の壱段を以ては彼の**墓所**堂破壊の時の修理造営の料田なり。もし供《ぐ》僧《そう》中に乱行不法不調のものあらば、寺中執行《とりおこな》わるべきものなり。永代の亀鏡《きけい》の為状すること件《くだん》の如し。

元亨四年甲子五月廿三日　　藤原泰宗（花押）

(5)　太政官符案（『平』四五二号）

贈太政大臣正一位藤原朝臣武智麻呂《むちまろ》公、天平九年七月廿五日薨《こう》ず。即ち**墓**を大和国宇智郡加美郷前山に点定《てんてい》し、守戸六烟《えん》・徭丁《ようてい》十二人を給い、永く**墳墓**を守らしむ。随いて則ち国郡共に田三町六段を割《さ》きて、其《そ》の功稲百八十束を弁《べん》ぜしめ充行《あてが》い、年紀《ねんき》漸《ようや》く尚《ひさ》し。

(6)　橘《たちばなのもとざね》元実伊賀国玉瀧杣施入状《せにゅうじょう》案（『平』二七一号）

右、件《くだん》の杣《そま》は、もとこれ元実等の先祖の**墓地**なり。累代《るいだい》子孫相伝え守りて領しその来ること尚《ひさ》し。年を経《ふ》るの間、樹木生い繁り、自《おのず》から杣山《そまやま》となる。

（石附敏幸）

【参考文献】

笠松宏至「『墓所』の法理」（『日本中世法史論』東大出版会、一九七九年）、網野善彦「多武峰の墓守について」（『年報中世史研究』十三号、一九八八年）、水藤真『中世の葬送・墓制——石塔を造立すること——』（吉川弘文館、一九九一年）、石附敏幸「田図と国郡図——山川藪沢の問題を中心に——」（長岡篤編著『日本古代社会と荘園図』東京堂出版、二〇〇一年）

旗を揚げる

はたをあげる

「旗を揚げる」ことは、「いくさをおこす、兵をあげること」を意味し（『日国』）、現代でも、人の集まりが新しくことをおこすときによく使う表現である。

旗は古代から存在した。『万葉集』巻二の柿本人麻呂が壬申の乱の情景を詠んだ歌に「旗の靡《なび》きは」とあり、『日本書紀』にも散見する。しかし、天武天皇十四年（六八五）十一月丙午《へいご》に幡旗《はんき》等を私家に置くことを禁止する詔《みことのり》が出され、養老律令の軍防令《ぐんぼうりょう》でも私家の軍幡所有を禁止しており、平安時代の旗に関する史料は非常に少ない。旗が史料に出てくるようになるのは源平合戦のときで、源氏の白旗、平家の赤旗のことは『吾妻鏡』『平家物語』にみえる。『吾妻鏡』文治五年（一一八九）七月二十六日条によれば、源頼朝の旗は無文の白旗であった。

「旗を揚げる」という言葉が『鎌倉遺文』にみえるのは、【用例1】の建暦三年（一二一三）に興福寺衆徒《しゅと》が近江に発向するための条々事書《ことがき》で使われているのが初出である。足利高氏（尊氏）が元弘三年（一三三三）に丹波国篠村《しのむら》で挙兵したときは、源氏の「白旗を楊木《やなぎ》の本に立て」ており（『鎌』三二二〇号）、「旗を立てる」も旗を揚げることを意味した。また、戦争に限らず、日蓮の書状に「妙法五字の旗を指上て」（『鎌』一二二七五号）とあり、「妙法蓮華経」の字を書いた旗を掲げることにも使われた。

鎌倉〜室町時代の旗の形態は流旗《ながしばた》で、手長旗・長旗ともいい、長い布の先を竿《さお》に付けて風に流した。布の縦・横二辺を竿に固定した幟《のぼり》は乳付《ちつき》旗といい、戦国時代に多く登場するようになる。流旗は『蒙古襲来絵詞』に描かれており、一隊に一流であった。この旗は一家の惣領*が所持した。仁治二年（一二四一）の坂上氏女と弟明胤の相論†は、父明定の遺した鎌倉の浜地と旗・鎧の所有をめぐる訴訟で、氏女は「父の遺物」である旗・鎧のうち、旗については嫡子*明胤の所有を素直に認めている（『鎌』五九六六号）。正安三年（一三〇一）十二月二十日の阿法（志賀泰朝）譲状では、末子袈裟鶴丸《けさつるまる》（貞泰）に対し、合戦等では惣領貞朝と別の旗を掲げることを禁じており【用例2】、一家の旗は惣領が揚げるものであった。この惣領の旗は、鎌倉後期に代々継がれる重代旗として一家の宝となり、嫡子が相伝した（『鎌』二五一三九号・二八六一一号）。鎌倉中期に「父の遺物」であった旗は、鎌倉後期には代々継がれる永続的な「家」の象徴になった。

実際に合戦場で旗を掲げたのは、「旗差《はたさし》（旗指）」と呼ばれた兵士*である。『蒙古襲来絵詞』には、馬を射殺されてもなお旗を持って走る旗差三郎二郎資安の姿が描かれている。旗差は、旗を死守するため自らの命は危険にさらされた。元弘の乱のときの合戦手負注文《ておいちゅうもん》†や軍忠状には、旗差の負傷についての記述がみえる（【用例3】）。

天皇など最高権力者の御旗を揚げることは、その権力者の意思に基いて挙兵したことを周囲に示し、自分の挙兵を正当化して兵を集める重要な手段であった。御旗を揚げることについては、元弘三年五月に守良《もりよし》親王の令旨《りょうじ》を下された近江の観音寺衆徒《しゅと》が、御旗が揚げられた近江の番場《ばんば》宿に馳せ参じ、六波羅探題の北条一族滅亡に助力した【用例4】が早い史料である。南北朝時代には、味方の出陣を「御旗を揚げる」として正当化し、敵方の挙兵を単に「旗を揚げる」とした表現方法がみられる。

【用例】

(1) 峯に登るの後、**旗を揚げ**貝を吹き、火を懸くべし、但し堂塔を焼くべからず（『鎌』二〇五一号）

(2) 公家・関東御公事番役以下合戦の事、惣領の手に付くべし、別の**旗**あるべからず（『鎌』二〇九三〇号）

(3) **旗差**《はたさし》仲平三男〈右膝節一所、同外股二箇所、同内股一箇所、左足頸射徹骨、已上五箇所、「浅」〉（『鎌』三二〇八〇号）

(4) 同九日凶徒を誅罰《ちゅうばつ》せんがため**御幡を挙げ**らるるの剋《きざみ》、（中略）武勇の若輩は、馬場に馳せ向かい、戦功を致すの条…（後略）（『鎌』三二一三六号）

（菅原正子）

【参考文献】

高橋賢一『旗指物』（人物往来社、一九六五年）、菅原正子『中世の武家と公家の「家」』（吉川弘文館、二〇〇七年）

引出物

ひきでもの

招待した来客に主人から贈る物品のことで、馬を庭に引き出して贈ったことが名の由来である。『宇治拾遺物語』巻七の六には、藤原顕忠（時平の子）の大饗《たいきょう》がみすぼらしかったかわりに、引出物の黒栗毛の馬がすばらしかったという話がみえる。また、源顕兼編『古事談』巻一には、白河院が伯父の藤原実季の家に方違《かたたがえ》として行幸したときに、引出物に役優婆塞《えんのうばそく》の独鈷《とっこ》を進上された説話がある。引出物にはこのほかに剣・砂金もあり（『鎌』三〇九一七号）、また日蓮の引出物には法門の書付《かきつけ》があった（一四二二七号）。

『鎌倉遺文』には、代官・地頭・使者などが引出物と称して物品を百姓などから不当に徴収して問題となった例がいくつもみえる。周防国多仁荘《たにのしょう》では、代官の使者が三日厨《みっかくりや》の引出物と称して六丈の布三つを責め取った上に、まだ少ないと言って清酒を取っていったという（三五八〇号）。荘官などが吉方《きっぽう》・方違と称して妻子・従者を率いて百姓宅に押し入り、引出物を徴収することもあった（『鎌』一〇八三九号）。

鎌倉幕府は、訴訟のときに被告人に†問状《といじょう》などを遣わす使者に対しては、寛元二年（一二四四）十月九日に出した『追加法』第二二三条で、「かの使者又事を左右に寄せ、或は酒飲と号し、□引出物と称し、人の煩《わずら》いを成すべからず」とし、「なかんずく、使者一人を用い、引出物を止むべきことは、関東御教書を下さるるところなり」とあり（『鎌』六三八三号）、引出物の停止を促している。

（菅原正子）

【参考文献】
磯水絵「藤原実季の引出物のこと——『古事談』巻一、七十八話より——」（『二松学舎大学人文論叢』四四、一九九〇年）

未来

みらい

現代語では、現在のあとに来る時期すなわち将来を指し、一般に、「未来の○○」というと明るいイメージがあるが、仏語では、前世・現世・来世の三世の一つであり、死後の世界を指す。

『鎌倉遺文』では、「未来際《みらいざい》」として、未来のはて、すなわち永久にと同義で使用され、「尽未来際《じんみらいざい》」「限未来際（未来際を限る）」と記されることが多い。「云当時、云未来（当時と云い、未来と云い）」（『鎌』一七四六七号）とあるように、未来は、当時と対極にある語と意識されていたようである。「未来永々の券契に備えんため」（『鎌』四三五六号）のように、契約の内容について、永遠に誓うという意味で用いられることが多い。一般には仏教関連や寺院関連の史料によくみられる。

一期《いちご》領主（一代限りの領主）の次期に所領を継承する者を「未来領主」とも呼称する。中臣能親・同則氏問注記（『鎌』一八三七〇号）では、文永年間（一二六四～七五）の頃、祖母一期知行の後、実則を「未来領主」としたが、未だ所領を継承されないことが訴えられている。また、山城国淀魚市荘雑掌《ざっしょう》厳永と豊田師光子息代官盛綱との相論†で、豊田側から元久元年（一二〇四）二月十日付の北条時政吹挙状が提出されたが、同年は二月二十日をもって建久四年から元久元年に改元となっており、「九箇日以前前載未来年号」であると糾弾されている。菅浦荘絵図関連史料とされる紀業《なり》弘《ひろ》注進状案（『鎌』二二三一一号）は「乾元元年八月　日」と年月日が記されるが、乾元改元は正安四年（一三〇二）十一月二十一日であるところから、瀬田勝哉はこの文書を「未来年号」であるとし、何らかの作為が文書作成上あったと指摘し、荘園絵図研究史上でも注目された。

（錦　昭江）

【参考文献】

瀬田勝哉「菅浦絵図考」（『武蔵大学人文学会雑誌』七―二、一九七五年）

無縁

むえん

「無縁」の語義として、①あることがらに対して、その生起や消滅に何のかかわりもないこと、②対象に対して区別がなく、すべて平等であること、③仏縁のないこと、④縁者のないこと、⑤寺で、檀家や信徒を持たないこと、⑥資縁をもたないこと、⑦関係のないこと、といったものがあげられる（『日国』）。

「縁」という語の我が国への受け入れ・定着を国語学的に検討した松下貞三は、仏語としての「縁」の語義に実に二十四種をあげている。まさしく多義語の性格をもつ語であるといえるが、そのなかで「無縁」に関係するものとしては、(イ)「ゆかり・つながりがない」を意味する用法とその変化のなかで(ロ)「助け・よるべがない」をあげているほか、(ハ)「条件とすることのない」、(ニ)「知ることのない」、(ホ)「対象がない」などをあげる。

ところで室町・戦国期のことばを多く収録している『日《にっ》葡《ぽ》辞書』には「無縁」の語義について、(a)「頼るべきもののないこと、または、「孤児の境遇」、(b)「無料で、あるいは、代価なしで」とし、「無縁所」については「所領もなければ檀徒などもない、孤立無援の寺、あるいは、礼拝所」をあげる。『日葡《にっぽ》辞書』をみるかぎりにおいては、前掲の⑤・⑥や(ロ)が室町・戦国期の「無縁」・「無縁所」の語義として通用していたことになる。

そして、その戦国期の「無縁所」像を考察した松井輝昭は、『日葡辞書』のいう「孤立無援の寺」は関係史料にみいだせないとしながらも、「無縁所」の経営基盤が、主として所領ではなく、勧進《かんじん》や諸人の志納金・祠堂《しどう》米銭などの金融収入に依存する根の浅い、狭隘《きょうあい》なものであったため、戦乱の頻発・拡大による賦課強化のなか、「無縁所」への棟別銭《むなべちせん》や普請人足《ふしんにんそく》などをはじめとする諸役が免許され、寺家の維持・保護がはかられたのが一般的であったとした。

では『平安遺文』・『鎌倉遺文』では「無縁」・「無縁所」はどのような意味・文脈で使用されているのであろうか。

もっとも用例数の多いのが、「無縁貧道」（『平』二四四一・二七四八・三四五二、『鎌』二二八七・三一六八・一三五三〇・一五二八一・二五七九九・二七九四〇各号）、「無縁孤独」（『平』三二四六号・『鎌』五六二五号・二一三一六号）、「無縁無怙《むこ》」（『鎌』二四一三・六二四四・二三三八〇・二七〇三四・二八九六三・三一七六四・補遺四五二各号）、「無縁非人」（『鎌』六二七四号）、「無縁之非人」（『鎌』六四四三号）などに象徴される「助け・よるべがない」（前掲語義の(ロ)）という意味・用法で、それゆえ「無縁」であるために不本意にも行動上不利益な制約を受けるという文脈で用いられている事例であった。その点では『日葡辞書』に示されていた語義は少なくとも中世前期にさかのぼりうるといえる。

そしてその延長線上の用例として、「助け・よるべのない」、つまり資縁がなく経済的に困窮している「無縁」・「無縁所」であるがゆえに田畠等の寄進による救済措置が施されるという事例も多い（例えば『鎌』六三二一号などをはじめ、前掲の「無縁貧道」以下の用例のなかにもそのような文脈で使用されるものを含んでいる）。

さらに第三に、「無縁」であるために仏による救済を受けられないという文脈での用法（前掲語義の③、(イ)にあたる）もまた少なくない（『鎌』一四六二一・五五九八・六八二二各号など）。

以上の点については、すでにかつて植田信広が、網野善彦の提起したいわゆる無縁論に対する批判的検討をするなかで、『鎌倉遺文』を中心とした史料から検出した「無縁」の用例により指摘していたことである（ただ、氏の検討は『鎌倉遺文』二十三巻までであったが、それ以降の『鎌倉遺文』の用例を検討したところ、ほぼ同様な傾向が確認された）。

網野は、「無縁」という語は世俗権力と縁が切れている、つまり世俗権力の私的隷属下にはない状態（すなわち「無主」）を示すことばで、中世後期において同様の意味内容を有する「公界《くがい》」・「楽《らく》」とともに日本中世における私的支配を拒否する自由と平和の思想・主張の中核をなす概念のひとつであるとした。このような「無縁」の場や人は、原始以来の無主・無所有の原思想（原無縁）から発し、「有主」・「有縁」の世俗権力の拡大強化によって衰退させられるなか、聖なるものとして宗教的色彩を伴いつつ、中世後期には自覚的存在となっていった。例えばそれは、殺害刃傷などの重科を犯した人でもそこに走り入れば罪科を追及されない駆込寺《かけこみでら》・アジールとしての機能をもつ寺院を「無縁所」と呼んだ用法に端的に示されるとした。

しかしながら上記のように、『鎌倉遺文』から検出された「無縁」・「無縁所」の用例にみられた経済的困窮や資縁を求める「無縁」・「無縁所」からは、世俗権力の私的隷属を拒否する積極的自由をそこに認めることはとうていできない。

ただここで改めて考えなければならないのは、さきに『鎌倉遺文』から検出された「無縁」の用例にみられた第三の例、つまり「無縁」であるために仏の救済を受けられないという用法についてである。例えば、その多くは「有《う》縁《えん》無縁皆成仏道」（『鎌』五五九八号）のような文脈であらわれている。確かに「無縁」の語そのものの意味は先掲の通りであるが、むしろこの文脈では「有縁無縁の差別なく、平等に仏道に成ずる」という趣旨であることはいうまでもない。『平安遺文』に「有縁無縁無差平等」（題跋編二三三七号）とあるのはそうした理解でよいことを示す、端的な徴証である。とするならば、この場合の「無縁」とはむしろ仏道本来の理念である「無縁之大悲」（『鎌』一〇四〇四・二一九二一・二九六一五各号）における理念に通底するものと考えられる（前掲の語義の②、(ハ)の用例にあたる。そして、あるいは『日葡辞書』の(b)の語義の用例とも連関するとも考えられる（『時代別国語大辞典　室町時代編』参照）。『鎌倉遺文』はとりわけ鎌倉後期に、この第三の用例が増加する。もとより願文などが多いという残存史料による偶然なのかどうか、それ自体の別の検討が必要ではある）。こうした仏道本来の精神・理念への回帰・受容の状況を背景として、例えば、西大寺叡尊《えいぞん》が「有縁」を厭い、「無縁」を好むことが「僧法久住之方便《ほうべん》」（『関東往還記』弘長二年〈一二六二〉七月二十六日条）と語ったことは世俗権力の保護・援助に頼らない「無縁」を仏道の理想とする姿勢を示している。さらには、仏陀を所有主体とする「仏物」を「仏物」本来の姿へ復帰させることをめざした公家徳政令発布のなか、例えば肥前河上山を「無縁之仏地」とし、「有縁之沙汰」*を停止し、「無縁所」としたが、その河上山衆徒《しゅと》に対して†国衙から「無縁所之地」として他の違乱あるべからずとの安堵*が付与されたのも、「無縁之仏地」が「一向之仏地」と同じ意味で用いられ、仏陀のみの支配下にあるとされたからこそ、「無縁」を根拠に世俗権力の干渉を排除しえたのであった（『鎌』四六八五号・四八一七号。同様の「無縁」であるゆえ世俗権力の干渉を排除しえた事例として、『鎌』三二〇五号などがあることは前掲の植田が指摘している）。そしてまた、あえて「無縁僧」を招きすえることで別所（本寺から離れた修業僧の修業の場所・道場）が建立されたこと（『平』三六五〇号）、同じく道場を建立し、「無縁僧侶」を招きすえ、清浄の丹《たん》誠《せい》を抽《ぬき》んぜしめたこと（まごころをこめて熱心に物事をすること。ここでは長寿を祈らせたこと）（『鎌』七七七三号）、これに関連して「無縁聖人」（『平』一〇〇八号）や「无（無）縁浄侶」（『鎌』補遺一〇二六号）、「无縁のひしり（聖）」（『鎌』一三〇六号）等の用例も含め、これらを上記のように、資縁がなく、経済的困窮にある「無縁」であるゆえに不本意にも行動上不利益な制約を受けるという否定的文脈で用いられた用例とすることはできないのはもちろん、網野のいう「聖なるものとして宗教的色彩を伴」った「無縁」、「無縁所」の用例との連関を考えさせるものといえる。

網野によれば、積極的に世俗の縁を切り、「有縁」であることを拒否する「無縁」の用法は、近世以降、もっぱら貧・賤に結びつけて用いられるようになり、わずかに縁切《えんきり》寺《でら》や悪所（遊里などをいう）などに逼塞させられていくという。

そうした点の検証も含め、「無縁」ということばや概念と宗教との関係に関する原始古代以降の体系的かつ系統的究明は、歴史的諸段階の、とりわけ中世社会の固有の位相を考えるうえで依然として重要な課題だといえよう。

（小野塚充巨）

【参考文献】

松下貞三「縁という語の受け入れ」（同志社大学人文科学研究所『人文科学』六号、一九七四年）、網野善彦『増補　無縁・公界・楽―日本中世の自由と平和―』（平凡社、一九八七年、初版は一九七八年）、松井輝昭「戦国時代の無縁所について」（『広島県史研究』六号、一九八一年）、植田信広「中世前期の「無縁」について―日本における「自由と保護」の問題によせて―」（『国家学会雑誌』第九六巻第三・四号、一九八三年）

門跡

もんぜき

今日、皇族や摂関家など貴種の出身の僧侶が代々住持《じゅうじ》を務める寺院を指すが、そのような寺格を指す語として定着するのは室町時代以後のことであり、平安・鎌倉時代の「門跡」の意味は、師資相承《ししそうしょう》（師から弟子へ口づたえで仏法が伝えられていくこと）される法流《ほうりゅう》、及びその相承がなされる僧侶の居住空間としての院家《いんげ》、そして院家を人格的に代表する院主であった。

「門跡」の原義を考えるのに参考となるのが、天台座主《てんだいざす》の良源が「顕密法文《けんみつほうもん》」（聖教類）を紛失しないよう戒めた際に「凡《およ》そ師跡《しせき》はただこれ法門なりと言う」と述べていることである（『平』三〇五号）。すなわち「門跡」の「門」は「法門」であり「跡」は「師跡」（師から弟子へ継承されるもの）を意味していると考えられ、「門跡」の元来の意味は、師から弟子へと相承される仏教の教学的な法流を意味していた。東大寺の密教が東寺と醍醐寺のいずれの流派に属するかが論じられた際に「門跡は東寺一流、弘法《こうぼう》の門跡なり。…東寺は則ち東大寺の門跡なり。醍醐いかでか他門を称すべきや」（『鎌』二五七〇六号）とあり、ここでも「門跡」は純粋に法流という意味で使われている。そして【用例1】のように、師から弟子に受継がれる具体的な品目として「本尊・聖教《しょうぎょう》・道具・雑物《ぞうもつ》・寺院・諸国所在庄領・山上洛中の房舎等」があげられ、信仰や教学に関わる物品に加えて、居住する寺院やその所領も継承される対象となっている。これによって「門跡」が建築物としての院家あるいは院家の支配者としての院主・住持の地位を指す場合も生じてくるのである。

『鎌倉遺文』中の「門跡」の用法を概観して気付くことは、多くの場合に「門跡相承」「門跡相伝」という熟語として使用されていることである。例えば【用例2】にいう「門跡相承」は、寺院の住持の継承方式を指していると考えられ、具体的には【用例1】のように、入室の弟子として長年にわたって師の指導もとで修行を積んだ僧侶が、師から院主の地位を受け継ぐという方式を意味していると考えられる。このことは、寺院社会において「門跡相承」によらない別の原理に基づいた継承の方式もあったことを示している。

『三箇《さんか》御願料所等指事《ごがんりょうしょとうしじ》』(内閣文庫蔵大乗院文書)所収の「一切経検校次第《いっさいきょうけんぎょうしだい》」は、春日社東塔検校職《しき》について、隆禅から範玄に至る十八代は「遷代《せんだい》の職にして相伝の職にあらず」と述べており、「遷代之職」と「相伝之職」の区分が存在していたことを示している。ここにいう「相伝之職」というのが「門跡相承」と同義語と考えられる。さらに【用例3】では、光明峯寺《こうみょうぶじ》の住持について「門跡相承」が否定され器量*の人を簡定《かんてい》(厳正に審査して選び定めること)すべきことが示されている。室町初期に記された『興福寺軌式』(内閣文庫蔵大乗院文書)には、興福寺別当の地位を「貴種・凡人《ぼんじん》を論ぜず器用に依って恩補《おんぶ》せらるる所なり」とするのに対し、大乗院・一乗院の門主を「累代《るいだい》別相伝の師跡なり」と説明する。すなわち興福寺別当は「遷代之職」であり、大乗院・一乗院の門主は「相伝之職」(門跡相承の職)なのである。そうすると【用例2】も、掲げられている五寺院の住持は「相伝之職」(門跡相承の職)であって、本寺(東大寺)が寺院内の人材から選任する「遷代之職」ではないという意味になろう。

このように中世の寺院社会では「遷代之職」(開かれた人材の中から能力などを勘案して選任され、一定期間後に交替)と「相伝之職」(入室の弟子にのみ継承し、ほぼ終身)の区別は極めて重要であった。この二つの原理が激突することもあった。後鳥羽院は寺院勢力の掌握という観点から権門寺院への皇子の入室を積極的に推進し、「新院・当今《とうきん》、又二宮・三宮ノ御子《みこ》ナト云テ、数シラスヲサナキ宮々、法師々々ニト、師共ノモトヘアテカハルメリ」(『愚管抄』)という状況となった。このことがやがて「将軍親王アリ　諸門跡宮アリ」（『鎌』八四六二号）というように「門跡」の語と貴種のイメージが結びついていく一つの要因となったと考えられるのだが、このような皇族など貴種による「門跡」化の動きを、衆議《しゅうぎ》（多人数で評議すること）という平等原理を重んずる寺院内の大衆《だいしゅ》（衆徒《しゅと》、いわゆる僧兵たち）がすんなり許容したわけではなかった。承元四年（一二一〇）、南都の大衆勢力は後鳥羽院の朝廷に強訴《ごうそ》して、南都七大寺の別当の地位を師から弟子に譲ることを停止する宣旨†を引き出すことに成功した。南都の諸大寺の別当職が「門跡」化することを防いだのである。

このように、鎌倉期の「門跡」の語義には、教学的な法門・法流という原義的意味に加えて、院主職などの地位を師弟間で排他的に継承していく、その相伝の方式としての意味が含まれていたことは確かであるが、皇族や摂関家などの貴種と結びついた寺格を意味する語としてはまだ成熟していなかったと考えるべきであろう。

【用例】

（1）後鳥羽天皇宣旨（『鎌』九一一号）

…謹んで案内†《あない》を検ずるに、師資相承《ししそうしょう》の寺院并《ならび》に聖教《しょうぎょう》等、弟子に譲り賜《たま》うは、法水の流例《りゅうれい》、釈門《しゃくもん》の恒規《こうき》なり。爰《ここ》に件《くだん》の承円《じょうえん》、生年九歳より、一室に同宿せしむる以降、昭穆《しょうぼく》の義違《たが》ひ無く、晨昏《しんこん》の礼怠《おこた》らず。これによりて梨本《なしもと》一乗房等**門跡**、本尊・聖教・道具・雑物《ぞうもつ》・寺院・諸国所在庄領・山上洛中の房舎《ぼうしゃ》等、城興寺・宣陽房・堀河壇所を除くの外《ほか》、状に注《ちゅう》し、右、譲与する所なり。

（2）東大寺領諸荘田数所当等注進状（『鎌』二一〇七号）

永隆寺大和国　新薬師寺同　崇敬寺同　財良寺　安楽寺伊勢国　件の五箇寺、往古《おうこ》の末寺たりと雖《いえど》も各**門跡**相承、本寺は進止†《しんじ》能《あた》わざるなり。

（3）九条道家惣処分状（『鎌』七二五〇号）

光明峯寺《こうみょうぶじ》…右、当寺は小僧の終老《しゅうろう》の地たるべきなり。…仍ち門弟中の器量《きりょう》の仁《じん》に附属《ふしょく》せしむべし。本寺の検校《けんぎょう》・長老たりと雖《いえど》も、相混《あいこん》ずべからず。…努々《ゆめゆめ》、懈怠†《けたい》せしむべからず。必ず**門跡**相承せしむべからず。只、器量の仁を以て吹挙*《すいきょ》せしむべし。専《もっぱ》ら家の長者に申して簡定*《かんてい》すべきなり。

（石附敏幸）

【参考文献】

永村真「『門跡』と門跡」（大隅和雄編『中世の仏教と社会』吉川弘文館、二〇〇〇年）、石附敏幸「承元四年の信円と雅縁」（『尭栄文庫研究紀要』六号、二〇〇五年）

湯屋

ゆや

鎌倉期の「湯屋《ゆや》」・「温室《うんじつ》」とは、今日的には風呂のことを指す。しかし、現在のような風呂としての使用は、南北朝期以降となる。また、温室を現代の植物の寒さから保護する施設として「おんしつ」と読むのは、明治以降のことである。このようにいわゆる「湯屋」・「温室」に関しては、言葉そのものの意味が変遷している。

鎌倉期における湯屋とは、「斎戒沐浴と休憩を兼ねた寺院の建物」（『日国』）をいう。斎戒《さいかい》とは飲食や行動を慎んで、心身を清めることで、沐浴《もくよく》とは髪・からだを洗い清めることである。また、温室とは、「寺院で行《ぎょう》として湯をわかし、僧に湯を浴させること」（『日国』初版）である。要するに、湯屋・温室は寺院に限られ、宗教的な色彩が濃い施設である。近世には風呂という用語が一般的になるとすると、湯屋・温室は古代から中世にかけての寺院に限定され、行《ぎょう》の場であり清めの場であることとなる。このような古代・中世寺院の湯屋・温室の具体像としては、山城醍醐寺僧杲海《こうかい》から賢海への†譲状に「湯屋一宇　三間三面　板葺」（『鎌』二一五号）、または大和栄山寺の別当実経の†置文に「三間二面の湯屋、船釜等を構え置く」（『平』一三九七号）と見えるのが、平均的な姿であろう。なお、一間とは柱と柱の間である。

水を沸かす釜は、高野山の大湯屋の例では、鉄千二百六十六斤を使い、三十六日をかけて製造している。その掛かった物質と費用は、米二十一石四斗余、銭五貫文、被物《かぶりもの》二重布八十八端、それに馬十六匹、上紙十帖、筵《むしろ》十一枚、綿等である。人数は、「惣大工」一人、「列大工」十人、「多々羅《たらら》屋（ふいご）十宇（軒）」各一人で十人である。（『鎌』六七八六号）。また、湯屋の修理について、山城禅定寺の修理の場合は、番匠（大工）は四十人、用途は五貫文かかり、脇籠（釜）は本のものが破損したので、今度は二貫八百文で購入し、この中、五百文分を下取りさせている。工事は十二月三日に「釿始《ちょうなはじめ》」、同十二日に造り終っているので、十日間かかっている（『鎌』二三八〇六号）。

湯屋に関して、寄進行為も少なくない。その折、仏教的営為が表明ないし要請されている。一日分の湯屋の費用を寄進する文書の例として、東大寺の僧賢珍が永詮に水田を譲与した際、「滅罪生前《めつざいしょうぜん》・往生極楽のために」、東大寺の大湯屋の湯を「壱日、毎年不退勤仕《ごんし》せられるべき」（『鎌』三六三号）と記している。釜を寄進する場合もあり、例えば東大寺僧房瑜が「一切衆生化度《いっさいしゅじょうけど》利生《りしょう》のために」、「釜一口」

を「施入」し、「沐浴」する人に毎時「宝篋印陀羅尼《ほうきょういんだらに》七反《へん》・光明真言《こうみょうしんごん》百反」「勤行」（『鎌』一六九九一号）することを強請している。

湯屋では、宗教礼儀に則《のっと》った役割である沐浴・潔斎《けっさい》（湯〈水〉浴みなどして身を清めること）として僧侶が湯を浴びる行為の他に、僧侶集団の集会《しゅうえ》・蜂起の場として議決や決起決意がなされている。紀伊高野山での大集会では「大集会の催される毎月十日・廿日・廿八日の三ケ日中、大湯屋の湯を沸かされるべき」（『鎌』一三四二九号）と記されている。

平安・鎌倉期寺院の湯屋に関する史料で、未だ熟知されていないものに大和内山《うちやま》永久寺の史料がある。なお、内山永久寺は興福寺大乗院の有力末寺である。史料によれば、同寺の「温室」は、承安三年（一一七二）に「造作」され、その十一月朔日に始めて沸かされ、続いて二・三日間沸かされている（東京国立博物館蔵「内山永久寺置文」東京国立博物館編『内山永久寺の歴史と美術』東京美術、一九九四年）。この永久寺における湯屋の史料を特徴づけているのは、各条目に湯屋・温室に加えて湯柴（後掲）・沐湯の項目がある上に、鎌倉期のまとまった「温室条々」（従来は室町期が初見）が存する。それは、弘安五年（一二八二）に†起請文として制定されている。この「温室条々」は、五条目からなり、僧集団の厳格な身分秩序と寺院の本来関係（南都特有の本寺興福寺との関係）を如実に顕現している。最も興味をひくのは、第一条目であり、とりわけ「大刀・腰刀を帯し并《ならび》に異色の衣装を着す」が、注目される。「異色の衣装」とは、「湯帷子《ゆかたびら》」（入浴の時または入浴後に着用する麻の単衣《ひとえ》『日国』）以外かそれの派手なものであろうか。これから、この湯室が蒸し風呂式であることが自ら判明する。「大刀」云々には驚かされるが、永久寺には元暦元年（一一八四）の山僧連署の「条々起請文」の第一条に、「湯屋入堂には要（腰）刀を指すべからざる事」（「内山永久寺置文」）とあるのをはじめ、同様のことが、ここかしこで規定されている。温室に「入堂」することが、安全ではなかったことを示しているのであろうか。翻って、これほど頻繁に大刀・腰刀等を携帯しての温室入堂を禁止するということは、一面から見ると、如何なる階層の寺僧および下部《しもべ》が利用しているか不詳ながら、日常的にそれらを差していることを、いみじくも教示してくれるのである。なお、この条が、寺外の者における規定であることが若干奇異に感ぜられる。いわゆる客僧《きゃくそう》であろうか、それとも俗人への施湯《せゆ》であろうか。

このように見てくると、中世前半期の湯屋・温室は、時の権門体制の一翼を担う寺院において必須の建造物であったことが浮かび上ってくる。そして、湯屋・温室という用語は、流れとしては近世には風呂に変わると見て差支えあるまい。とすると、湯屋・温室の存在は中世寺院の特質の一面を内包していると考えられるのである。

（河野昭昌）

【参考文献】

武田勝蔵『風呂と湯の話』（塙書房、一九六七年）、国立歴史民俗博物館編『中世寺院の姿とくらし―密教・禅僧・湯屋』（国立歴史民俗博物館振興会、二〇〇二年）、高橋一樹「中世寺院のくらしを支えるしくみ―東大寺の湯屋料田を素材として―」（『中世寺院の姿とくらし―密教・禅僧・湯屋』山川出版社、二〇〇四年）、河野昭昌「梗概・内山永久寺と興福寺大乗院との位相」（『國學院大學日本文化研究所紀要』八九輯、二〇〇二年）。

コラム《仏教行事のことば》

『鎌倉遺文』には法会《ほうえ》に関連する史料も多数含まれている。しかし、仏教儀式に馴染《なじ》みの薄い現代人にとって、その内容を理解するのは難しい。可能ならば法会に参列して、儀礼のナマの雰囲気《ふんいき》に触れて、諸史料を理解できればと思う。この点で、東大寺のお水取り（三月一日〜十四日）と薬師寺の花会《はなえ》式《しき》（三月三十日〜四月五日）は、現代人が伝統ある仏教儀礼に接し得るものとして最適であろう。いずれも、奈良に春の訪れを告げる行事として観光客も多く訪れる著名なものである。関連の解説書も多く出され、ビデオ・CDなども市販されている。場合によっては劇場でコンサート形式で上演されることもある。お水取りや花会式は、正式には「修二会《しゅにえ》」とか「悔過《けか》法要」と呼ばれるものである。修正会《しゅしょうえ》・修二会とは、毎年の正月・二月に、旧年に犯した罪悪を本尊に懺悔《ざんげ》し、新年の国家の安泰や国民の繁栄を祈願する行事で、古代に創始されたものである。その後の仏教の諸法会のみならず民間信仰などにも強い影響を与えた。お水取りと花会式に触れることで、机上の知識にすぎなかった法会の用語の意味がビビッドに理解できる場合があるかも知れない。以下、そのいくつかを紹介したいと思う。

練行衆（れんぎょうしゅう）　東大寺や薬師寺の修二会の行《ぎょう》をとりおこなう僧侶の集団を練行衆という。今日の人数は、お水取りが十一人、花会式が十人である。「仏聖二口、練行衆廿六口、外司二口」（『鎌』二〇三〇八号）というように、鎌倉時代に「練行衆」なる語が存在していたことは確かであるが、さらに東大寺二月堂の練行衆は古代から記録を書き継いでいたらしい。『二月堂修中練行衆日記』と称されるもので、練行衆のメンバーの名前とその年に身近に起こった事件を記している。火災による焼損《しょうそん》のひどいものやすでに欠失してしまった部分も多いが、平安末期から近世にかけての記録が残っており、貴重な歴史史料といえよう。例えば、平家軍の攻撃で南都が焼失した治承四年（一一八〇）の事件については「官軍勝ちに乗じて処々《ところどころ》の村邑《そんゆう》郷里を放火し、悉《ことごと》く以て焼失す。然る間、順風俄《にわか》に来り、猛火遠く飛んで、東大・興福の諸堂・塔廊《とうろう》、更《さら》に残る所無し。金銅遮那《しゃな》已《すで》に灰燼《かいじん》と成る」と記述する。まさにこの事件に身近に接した者の証言であり、『平家物語』の記載を裏付ける第一次史料として注目すべきであろう。練行衆は、修二会の遂行という目的のために結成されたいわばプロジェクト・チームであり、役割分担や先輩・後輩の区別はあるものの、それぞれは平等な立場で参加している。今日、お水取りの準備期間である別火坊《べっかぼう》の精進《しょうじん》生活が開始される日に、二月堂下の湯屋で「試《こころ》みの湯」なる儀式が行われる。練行衆が、これからの厳しい行にとりくむ決意をお互い確認し合うものである。いわば練行衆の団結式である。これは中世寺院社会で衆僧の重要な決議が湯屋で行われていた名残りなのである（本書「湯屋」の項目を参照のこと）。

壇供（だんぐ）　仏教儀礼において本尊の周囲や堂内を仏具や供物《くもつ》で飾ることを「荘厳《しょうごん》」というが、その重要なものの一つにこの壇供がある。これは須弥壇《しゅみだん》に備える餅《もち》のことで、形状は今日の鏡餅と同じだが、備える数量が多く、お水取りや花会式では一千個もの餅がうずたかく積み上げられる。これらは行が終わった後に、練行衆はじめ関係者に縁起物《えんぎもの》として分与される。「東金堂修正壇供餅料田」（『鎌』七三五九号）、「正月御修正壇供餅百枚」（『鎌』五一四九五号）など、中世寺院の修正会などでは餅のお備え物は重要なものだった。『鎌倉遺文』に収録されないような中世荘園の宮座《みやざ》関係の史料にも「壇供」の語は頻出し、今日正月に餅をお供えする習俗が、修正会・修二会などの仏教儀礼に起源をもっていた可能性もある。なお「だんぐ」の語が今日の「団子《だんご》」の語源となったと考えられる。また「薬師堂修正壇供、花餅五百枚」（『鎌』六〇一五号）とあり、「花餅」というのがよくわからないが、餅を花びらのかたちに造形したものだろうか。そうすると正月の民俗で木の枝に餅を飾って花に見立てることなどにも通ずるとも考えられる。これに関して、本尊への供物として餅と並んで大切なものが造花である。薬師寺の修二会は、薬師三尊が十種類もの造花で美しく飾られることから「花会式」と呼ばれるのであるが、お水取りでも練行衆によって椿《つばき》や南《なん》天《てん》の造花がつくられ、内陣の荘厳や散華《さんげ》の行道《ぎょうどう》に用いられる。仁和寺《にんなじ》文書に「壇造花五本、荘厳造花二脚」（『鎌』一八二四号）とあったり石清水《いわしみず》文書に「造花十二瓶」（『鎌』三五一四号）とあるなど、中世寺院一般で造花は荘厳具として必需品であった。「造花田三反」（『鎌』一七七六二号）と、造花を入手するための費用を捻出《ねんしゅつ》する田も存在していた。さらに南都興福寺では「東西金堂の修正・二月の造花、過差《かさ》の事…造花の事、自ずから本寺の煩《わずら》いに及ぶ。一向停止《ちょうじ》すべし」（『鎌』五〇八七六号）と、造花がハデになり、その費用の負担がままならないほどであったらしい。やはり「花餅」は「造花に見立てた餅」の意味と考えるべきであろう。

宝号（ほうごう）　本尊の名号に「南無《なむ》」を冠《かんむり》して唱え、絶対帰依《きえ》の意を表して礼拝《らいはい》すること。例えば阿弥陀如来に対する帰依を意味する宝号が「南無阿弥陀仏」であり、いわゆる念仏となる。しかし何も念仏は阿弥陀信仰の専売特許ではなく、他の諸仏に対してもそれぞれ宝号がある。『鎌倉遺文』には「釈迦宝号人別五百返人数事」（『鎌』八二四六号）というように、唐招提寺礼堂《らいどう》の釈迦如来像の造立《ぞうりゅう》に結縁《けちえん》した民衆が釈迦念仏を唱えていたことを示す胎内《たいない》文書群が収録されている。この釈迦念仏は鎌倉時代はじめに貞慶《じょうけい》によって創始されたとされ、今日でも唐招提寺では毎年十月に勤修《ごんしゅ》されている。この場合「南無《なむ》釈迦牟尼仏《しゃかむにぶつ》」という宝号になる。修正会・修二会などの悔過法要で、本尊の宝号を一心不乱に唱える行が「称名悔過《しょうみょうけか》」である。練行衆は、精神が高揚するなか、宝号を簡略化して唱えることになる。お水取りでは観音菩薩に対する宝号が「南無観《なむかん》」の連呼となり、花会式では薬師如来に対する宝号が「南無薬《なむや》」の絶叫となる。

三十二相（さんじゅうにそう）「仏には三十二相そなはり給、一々の相、皆百福荘厳也」（『鎌』一一一七三号）とあるように、三十二相は仏（如来）の身体的特徴のことで、仏像で肉髻《にくげい》や白毫《びゃくごう》などとして造形されるものを指している。しかし花会式などの法会にいう「三十二相」は声明《しょうみょう》の一種であり、「烏瑟《うしつ》膩沙《にしゃ》無見相《むけんそう》、髪毛右《ほつもうう》転紺青相《てんこんじょうそう》、面輪端正満月相《めんりんたんじょうまんがつそう》、眉間白毫《みけんびゃくごう》右旋相《うせんそう》…」と朗々と本尊の姿を賛美していくものである。『鎌倉遺文』所収の史料でも、「礼仏頌《しょう》之後、三十二相、五師誦之、奏楽」（『鎌』六四一〇号）、「元亨三年二月廿六日金剛心院修正壇供餅下行《げぎょう》日記…呪願《しゅがん》・唄《ばい》・讃《さん》・散花《さんげ》・三十二相頭各十枚」（『鎌』二八三四二号）などは声明の「三十二相」を指している。

諷誦（ふじゅ）　花会式では、特定の願主《がんしゅ》から依頼された願を本尊に申し上げるための諷誦文《ふじゅもん》が読み上げられる場面がある。『鎌倉遺文』にはこの諷誦文が多数収載されており、だいたいが「敬白／請諷誦事／三宝衆僧御布施（品目・数量）／右…（願の内容）…諷誦所請如件／（日付・願主名）」という形式である（『鎌』一九五一〇号など）。ふだん文字面《づら》でしか諷誦文をみていない我々にとって、法会の場で実際に諷誦文が読み上げられるのを聞くことは貴重な体験といえよう。花会式では「敬《うやま》って白《もう》す、請《こ》う諷誦文の事。三宝衆僧《さんぼうしゅうそう》の御布施《おんふせ》、一裹《いっか》。右《みぎ》、聖朝安穏《せいちょうあんのん》…乃至《ないし》法界平等利益《ほうかいびょうどうりやく》、よって諷誦を誦《じゅ》するところ件《くだん》の如《ごと》し。平成〇〇年修《しゅ》二第二日。大僧正《だいそうじょう》〇〇」というように節《ふし》をつけて読み上げられる。

差定（さじょう）　花会式の一連の作法の中で翌年の役割分担を発表する差定の儀が行われる。「薬師寺金堂／差定《さしさだ》む明年修二月色々　預《あずかり》の事／一《ひとつ》　正《しょう》荘厳頭《しょうごんとう》　大僧正暎胤《えいいん》／一　夜荘厳頭《やしょうごんとう》　十市庄《といちのしょう》・水原庄《みずはらのしょう》／一　御湯頭《おゆとう》　九条郷《くじょうのごう》・五条郷《ごじょうのごう》／右、例によって差定《さしさだ》むる所件《ところくだん》の如《ごと》し。／平成〇〇年修二《しゅに》第五日…」というように読み上げられるのであるが、割り当てというのも個人の僧侶と薬師寺の荘園の場合があるようである。無論、これはかなり形式的なもので、例えば「九条郷」はかつて薬師寺の荘園だったが、現在の大和郡山市九条町は完全な住宅街で、修二会における湯屋の準備をする領地であろうはずがない。しかし実質的意味を失ってもなおこういった儀式を続け、毎年の割り当てをそのつど発表して寺院社会内の負担の平等を図っていこうとする共同体精神が生き続けていることに注目すべきであろう。さて「差定」の語は『鎌倉遺文』に散見し、「右、例によって次第の行事、差定するところ件の如し」(『鎌』五〇二九八号)など花会式と文言の類似するものも含まれ、「行事官を差定し」(『鎌』三三三〇〇号)、「明年の使いを差定し」(『鎌』六四一〇号)、「五方の頭《とう》人《にん》を差定するの内」(『鎌』六八九四号)、「問注を遂《と》げんがため、奉行人《ぶぎょうにん》を差定するのところ」(『鎌』七五一九号)など、「差定」は特定の行事のための責任者を任命する際の用語と考えられる。すなわち正式の官職の任命ではなく、行事の準備・遂行の間だけ任命される臨時の役職を任命するのが「差定」であった。

香水(こうずい) 本尊に備える水のことであるが、これを密教的な呪力によって清浄で法力を持つ聖水とする作法が行われる。これを香水加持《かじ》という。いうまでもなく、東大寺修二会は、一連の行事の中で、深夜二月堂下の若狭井《わかさい》から水を汲んで本尊に供える次第があることから、俗に「お水取り」と称されているのであるが、香水が内陣に納められると、練行衆が牛玉杖《ごおうづえ》を持ち鈴を鳴らしながら壇のまわりを行道《ぎょうどう》して加持が行われる。薬師寺の花会式でも、呪師が五大龍王《りゅうおう》を勧《かん》請《じょう》して香水陀羅尼《だらに》を誦《じゅ》して加持する。『鎌倉遺文』には、東寺で正月に行われる御斎会《ごさいえ》関係の史料が多く収載されているが、「十四日晩頭《ばんとう》、御斎会に参る。子の剋参内《こくさんだい》す、閑院《かんいん》、加持香水・御論議常の如し」(『鎌』五〇一七五号)というように、結願《けちがん》の日の正月十四日には御所で香水加持と内論議が行われた。「抑《そもそも》も今年南都訴訟に依り御斎会延引《えんいん》す。内論議無しと雖《いえど》も加持香水に於ては相違あるべからざるの由《よし》、仰《おお》せ下さるるの間、参勤《さんきん》す」(『鎌』一八九六六号)というように、論議が中止されても香水加持は厳修されたようであり、玉体安穏《あんのん》の仏教的呪力として重視されていたようである。

呪師(しゅし) 練行衆の中で密教を司《つかさど》る呪師にとって最も重要な役割は、四天王や諸神を勧請して、真言を唱えたり印を結びながら壇の周囲を廻って領域内を清浄・神聖化する結界《けっかい》を行うことである(本書「結界」の項目を参照のこと)。この作法を「呪師走《しゅしばし》り」と称し、花会式では法螺《ほら》貝や鐘・太鼓が鳴り響くなか、帽子をかぶった呪師が刀を振りかざして内陣を疾走する。鎌倉時代の石清水八幡宮でも「次に法呪師走り、…法呪師の時、宝螺《ほら》を吹く」(『鎌』六四一〇号)というように、似たような作法が行われていたようである。呪師走りは仏教儀礼の中で最も神秘的で劇的な雰囲気をかもしだすものである。「呪師猿楽《さるがく》」(『鎌』六四一〇号)の語も見られ、呪師の作法は後の能楽の成立とも関わるものと考えられている。

牛玉(ごおう) 悔過《けか》作法の行が終わると、練行衆は額《ひたい》に牛玉宝印を捺《お》してもらう。また練行衆は行の合間に紙に牛玉宝印を捺してお札《ふだ》を刷る作業を行うが、これは悔過作法の結願の日に頒布《はんぷ》される護符《ごふ》として珍重された。花会式では行が終わると鬼追いが行われ、松明《たいまつ》を持って暴れる鬼を毘沙門天《びしゃもんてん》が追い払う儀式が行われる。今日、長谷寺《はせでら》で二月十四日の修二会結願の際に行われる鬼追いは「だだおし」と呼ばれているが、僧侶らが牛玉札《ごおうふだ》をはさんだ杖《つえ》を振りかざして壇を廻り獰猛《どうもう》な鬼を追い払うものである。牛玉札の魔障を払うという功徳《くどく》を表現した儀礼といえよう。また一月十四日の四天王寺の修正会結願の際、本堂の天井から降ってくる牛玉札を裸体の男達が奪い合う。その群衆がひしめき合う様子から「どやどや」と呼ばれている。こういった裸祭りも、本来は民衆が身を潔《けっ》斎《さい》して牛玉札を受けることから始まったのであろう。鬼追いと裸祭りという、日本各地に広く見られる冬の民俗儀礼の成立には修正会・修二会という古来の仏教行事が深く関わっているのである。なお、牛玉宝印の捺された護符が、中世において起請文《きしょうもん》の料紙として用いられることは周知の通りであって、これも牛玉に対する信仰の広まりを背景とするものであろう。

奉（ほう）「奉」とは、上位から下された命令や指示を奉《ほう》ずることであり、「確かに承《うけたまわ》りました」という意を表記したものである。例えば、興福寺の慈恩会《じおんえ》という法会を勤仕《ごんし》する僧侶の名簿が回覧されると（このような文書を「廻請《かいじょう》」という）、「出仕次第／第一竪義《りゅうぎ》／□□権大僧都「奉」　十地院権少僧都「奉」／…」というように各僧侶は自分の役割を確認すると承知しましたという意味で「奉」の字を書き込むのである。薬師寺の花会式では、悔過《けか》作法の開始に際して鐘が鳴らされる。堂司《どうつかさ》（練行衆の中で儀式の準備や堂内の荘厳を取り仕切る僧）が「堂童子《どうどうじ》、堂童子」と呼びかけ、呼ばれた堂童子（練行衆の行を手助けする俗体《ぞくたい》の者）が「奉《ほう》」と返事をし、堂司が「初《しょ》夜《や》の鐘《かね》」と指示、堂童子が鐘を叩《たた》くのである。この時に思いがけないことに気付かされる。この「奉」の語が短く発音されるため、「ハッ」と聞こえるのである。つまり一般的に家来が主人に対して返事をする際に「ハッ」というのは「奉」からきていることが理解できるのである。

（石附敏幸）

【参考文献】

堀池春峰ほか『東大寺お水取り――二月堂修二会の記録と研究――』（小学館、一九九六年）、佐藤道子『悔過会と芸能』（法蔵館、二〇〇〇年）

コラム《古文書用語の読み方と意味》その2

明申（あきらめもうす） 弁明・糺明すること。「致明沙汰（あきらめさたをいたす）」は、訴訟の際、自分の立場が正当であることを弁明証言すること、又は実否を取り調べ報告することをいう。

不可勝計（あげてかぞうべからず・しょうけいすべからず） 多くて数えきれないこと。

不能（あたわず） 不可能であること。「能（あたう）」の否定形。

充行（あておこなう） 「宛行」とも書く。「あてがう」とも読む。上級者が下級者に所領・所職などを給与すること。語義は「割り当てて事を行わせる」という意。給与を承認した文書を「充行状（あておこないじょう・あてがいじょう）」といった。

跡（あと） 土地の所有者が没した後の所領・所職。跡職《あとしき》の略。「某跡」のように故人の名に付けて記した場合は、相続者の意味。また、手本とすべき先例や故実を指す場合もある。

案内（あない） 文書に記されている事実を指す。過去に作成した文書を後日参考とする場合、「謹検案内（つつしんであないをけんずるに）」というように用いる。古文書では通例「案内（あんない）」の撥音を表記せずに「あない」と書くが、「あんない」と記す『鎌倉遺文』掲載の平仮名文書もある。鎌倉期は、撥音「ん」の表記がいまだ定着していないため、文書では「あない」「あんない」両様に記載される。

剰（あまつさえ） さらに、そのうえに。そればかりでなく、という意味で用いられる。古文書では、「あまりさえ」の発音が変化した「あまっさえ」を文字に記載する際に「つ」をそのままに「あまつさえ」と書いたため、古文書を読む際には、これまで「あまつさえ」と慣用的に読んできた。

有難（ありがたし） なかなかありそうにないこと。珍しい。めったにないことに遭遇した際に、喜ばしい気持ちをこめて表現することが多い。

雖（いえども） であるけれども。たとい…であっても。

無謂（いわれなし） 正当な理由がないこと。

云々（うんぬん） 「しかじか」とも読む。文末にあって、「…という話である」「…ということである」と、そこまでが伝聞であること、あるいは人が話した内容の引用であることを示す。

畢（おわんぬ） 読みは同じで「了」「訖」「皁」とも書く。「おわりぬ」の撥音便。動詞の連用形につき、「…してしまった」、動作が完了したことをあらわす。

刻（きざみ） 時、砌《みぎり》。

向後（きょうこう） 「こうご」「きょうごう」とも読む。今後、これから後のこと。

如件（くだんのごとし）　「くだん」は「件（くだり）」の撥音便。前に述べたとおりであるという意。下文《くだしぶみ》等の書止《かきとめ》の定型句。

支申（ささえもうす）　反論する。立証する。

閣（さしおく）　そのままにしておくこと。後回しにする。除外する。

去（さんぬる）　「去りぬる」の撥音便。「いんぬる」とも読む。年月日や事件等の名の前につけて使用される。

加之（しかのみならず）　そのうえに、なお。そればかりでなく。

然者（しからば）　それならば。そうであるならば。

左右無し（そうなし）　あれこれ考えるまでもなく。言うまでもない。理由がない。

者（てえり）　文末にある場合、「といへり」（と言えり）の略で「というわけである」の意でつかわれる。引用文の最後に付けることによって、引用文であることを示す。さらに文が続く場合は接続語として用いられ、「てえれば」と読み、「されば」「よって」「というわけで」を意味する。

者（は・ば）　係助詞の場合は、「は」と読み、提示を示す。とくに著しい取り立てを必要とする提示には、「至…者（いたりては）」や「於…者（おいては）」が用いられる。また、接続助詞として仮定条件を示す場合は、「ば」と読む。「如…者（…ごとくば・ごとくんば）」、「為事実者（ことじちたらば）」というように用いる。

Ⅳ章　くらし

この章では中世社会のさまざまな生業や、流通経済に関わる用語、衣食に関連する用語を集めています。

「網場」「畑」「下地」「田代」はいずれも生産の場を指す用語です。人々は、どのような場を生活基盤としていたのでしょうか？

また、鎌倉時代を通じて流通経済が急速に発達します。「市場」「鵞眼《ががん》」「切符」「憑支《たのもし》」「問丸」「土倉」「和市」は、どれもそうした活発な経済行為から生まれた言葉です。

衣食の分野では、「小袖」「茶」「鮨」を解説してみました。現代の衣食と比較してみましょう。

コラムでは、古文書に見られるさまざまな物の数え方（数詞）を紹介するとともに、第Ⅱ・第Ⅲ章に引き続いて、古文書特有の用語を解説しています。

網　場

あみば・あば

興味深いことに、インターネット上で「網場」の語を検索すると、まず挙がってくるのが「あば」と読む土木関係の用語である。これは、ダム湖で堤体《ていたい》（ダムの本体）付近に寄ってくる流木やゴミを止めるための、連ねた浮きから垂らした網の意味である。一方、『日本国語大辞典』では「魚や鳥を捕えるために網を仕掛ける所」の説明が真っ先にあがっており、ダム湖に張られる「網場」については触れられていない。同じ名詞でありながら、現代語の関心がどこにあるか、あるいは薄れているかを如実に示す言葉の一つといってもいいかもしれない。

「網場」の語は鎌倉時代から史料中に見える。この場合の「網場」は、「あみば」と読み（一部「あば」とも言った）、漁業用の網を張ったり入れたりする場所を意味した。同じ読みで「網庭」と表記する場合もあり、また「あど」と読んで「網戸」と書いたり、「網地《あみち》」（「あち」とも）ということもあった。

鎌倉時代には、網を使った漁法は漁業の中心をなし、史料上にもさまざまな名称の網が散見される。規模を示す「大網」、網の設置状態や操作法を示す「立網」「引網」、網の使用時間帯を示す「夜網」、対象魚種を冠した「飛魚網」「鰒《はまち》網」「鰤《ぶり》網」「志美《しび》（＝マグロ）網」などがそれである。

鎌倉時代になってこうした網関係の用語が多く出現するのには、理由がある。この時期は網漁業を中心とする漁業自体の大幅な進展の時期であったのである。網はどこに入れても漁獲があがるというものではない。魚影が濃く、または回遊路にあたって魚が多く獲れる場所は限られている。そうした漁場が次々に発見・開拓され、また漁業技術が発展していくとともに、優良漁場の奪い合いが発生し、多くの紛争が起きた。こうした背景のもとに、網をめぐるさまざまな語彙が増加していったのが鎌倉時代だったのである。

網場での漁業権は、「かまたのあは（蒲田の網場）」（『鎌』一〇四五九号）として†譲状に載せられたり、「網場三箇所」のように†和与《わよ》状に書かれたりしている（『鎌』二二五一〇号）。漁業をめぐる権利を保証されるためには、支配者に対してそれなりの負担をする必要もある。史料上では、それらは「網場年貢」（『鎌』二四九八八号）、「鰒網地御菜《はまちあみちごさい》」（『鎌』二二七〇〇号）のように呼ばれることもあった。網漁業の先進地の一つであった若狭湾沿海で、「ふくらきあち」（ハマチ網場）を年替わりに交代で利用する複雑なルールが生み出されたのも鎌倉時代のことであった（『鎌』三〇一三二号）。

（白水　智）

市場

いちば

「市庭」・「市」ともいう。市の語源は諸説あり、明確ではない。市場は基本的には物品などを交換・売買する場だが、多様な活動が行われた場でもある。古代では『古事記』『万葉集』などに様々な市が見られ、そこでは歌垣《かがい》も行われていた。奈良時代以降、平城京・平安京に東西市が設けられ、市司《いちつかさ》によって管理されていた。また、†国衙《こくが》の近くには国衙市（国市）が設けられ、正税《しょうぜい》を国の特産物に交換して、朝廷に上納する交易《きょうえき》雑物などを確保する場となっていた。荘園公領制下でも定められた年貢・*公事が確保できない場合は、市場での物々交換（交易）によって必要品を入手し上納していた。鎌倉時代以降に普及した代銭納を可能にしたのも市場の存在であり、支配階級や民衆にとって自給できない物を確保する場として重要であった。市での売買価格を*和市《わし》と呼び、和市の季節や地方による差を利用して、利潤を得ることが行われていて、年貢を銭に交換するレートをめぐって†相論が絶えなかった。

市が立てられる場所は河原や荒野などの境界領域が多かった（『鎌』二〇四四七号など）。市を立てることを「市立《いちたて》」と言うが、「無主荒野」に市立が行われたこともあり（『鎌』八七七五号）、市場は*無縁・無主の場であった。市立は開発行為とも認識され、荒廃した土地の再興にも農料†下行《げぎょう》と共に市立が行われた事例もあり（『吾妻鏡』文治五年十一月八日条）、市立は農業遂行と一体のものであった。市立の際には市神《いちがみ》（市杵島姫命《いちきしまひめのみこと》・夷《えびす》・愛宕《あたご》など）が勧請《かんじょう》され、市を言祝《ことほ》ぐ市場祭文《さいもん》が山伏や宗教者により読まれた。一方、市場は京・鎌倉のような都市、寺社門前にも立てられ、京では三条・四条・七条に市があった。平安後期、空也は京の市に住んで布教を行い、市聖《いちのひじり》と呼ばれた。一遍は空也の遺跡である七条の東市跡に、踊屋を建てて踊り念仏を行って、そこを市屋と称し、他に京の京極《きょうごく》や近江国関寺の門前でも踊り念仏を行うなど、市場は宗教活動が行われ、熱狂を喚起する場でもあった（『一遍聖絵』）。京極の踊屋の周囲には店舗が見え、鎌倉時代の京では常設店舗が発展していたことがわかる。

鎌倉時代には地方の市は四日市場・六日市場のように呼ばれることがあり（『鎌』二二八三四号・三〇〇六一号など）、月に三日開かれる三斎市《さんさいいち》が出現した。『一遍聖絵』では賑わいを見せる備前福岡市と、閑散としていて乞食・犬・鳥の住処となっている信濃伴野《ともの》市が描かれていて、市の日とそれ以外の日の市場が全く異なる空間であったことを物語る。

とは言え、市場には「在家《ざいけ》」と呼ばれる常住の家が存在し、「在家」の支払う税が領主の収入源として重要視されていた（『鎌』三〇六一六号）。市場に賦課される税は「市津《いちしん》料」とも呼ばれたが、大山崎油神人《あぶらじにん》や燈炉供御人《とうろくごにん》（鋳物師《いもじ》）は朝廷から免除特権を獲得し、市場での自由な活動を保証された。弘安四年（一二八一）には河手《かわて》・津泊市津料・沽酒《こしゅ》・押買《おしがい》が禁止されたが（『鎌』一五二〇六号など）、これは弘安徳政*の一環をなし、「市場の平和令」とも呼ぶべきものであった。市場法は室町時代以降多く見られるようになるが、喧嘩・押買・迎買《むかえがい》・市場税の禁止が主な内容で、市場の平穏を保つ目的で発布された。これは戦国時代の楽市《らくいち》の前提をなすものである。本来、市で売買を行うには市棚《いちだな》や座の権利が必要であり、座の加入者による独占権が行使されていたが、楽市はその原則を崩したものである。市棚は絵巻物に見える京の店舗の棚の上に商品が置かれている風景が象徴するように、本来は商品を置く棚を意味し、実質的には常設店舗での売買権を意味していた。一方、座とは元々は文字通り市場で座って売買を行うことができる権利を意味し、現在でも朝市などで座って売買をしているのはその名残りである。

京には淀魚市など品目を限定した卸売市場が発達していた。淀魚市は干物・塩合物《しおあいもの》といった魚や塩を扱う市場で、主として瀬戸内地方から来る商品を独占的に仕入れ、それを小売商人に売り渡す機能を持っていた。また、京の三条・七条にあった米場は四府駕輿丁《しふかよちょう》座の米座が管理し、京に運ばれる米は強制的にこの米場に付けられていた。また、堀川には材木市場があり、材木商人が集住するなど、京には専門的な市場も成立していた。鎌倉にも材木座や米町・魚町があり、品目を限った市場が存在していた。

三斎市は室町時代以降に六斎市《ろくさいいち》に発展し、月に六日開かれるようになった。戦国時代には六斎市の分布密度が濃くなり、近隣では毎日どこかで市が開かれるようになっていた。しかし、近世初期には城下町に交換機能が集中され、旧来の六斎市は消滅した所が多いが、縁日などにその名残りがある。その一方で新たに六斎市が開かれた場合もある。「歳市《としのいち》（年市）」と呼ばれる年一回の市もあり、現在では「酉《とり》の市」がその系譜を引いている。

（盛本昌広）

【参考文献】

脇田晴子『日本中世商業発達史の研究』（御茶の水書房、一九六九年）、網野善彦『日本中世都市の世界』（筑摩書房、一九九六年）。

田舎　いなか

都会から離れた土地。『日本国語大辞典』によれば、中古では、平安京の外部すべてを指したとされるが、『平安遺文』では、大和国の市を「田舎市」（三七五三号・三七八八号）といい、さらに『鎌倉遺文』では、「叡山・園城《おんじょう》・高《こう》野《や》・京中・田舎」（一二六二〇号）のように、重要地以外をすべて田舎と称し、広義に使用されていた。また、北条義時書状に、扇二十本受領したことについて「田舎ニハ□(難)得之物候」（『鎌』二六二三号）と記し、京近郊であっても中枢部をはずれる場合や、地方の主要都市でもある鎌倉も、京と比して田舎と意識していることがわかる。転じて、和泉国荒野沙汰人の選定について、「田舎沙汰に*器量たる者を尋ね取り…」（『鎌』一六二七号）と記すなど、荘園領主が支配している現地の荘園のことを田舎ともいった。また、都に見られない慣習・風俗が田舎の習《ならい》として、「従者の*聟においては、召仕う者也」（『鎌』六三一七号）をあげている。『日葡《にっぽ》辞書』では一般に五畿内以外の地を指すと記され、現代語ではさらに「素朴・野卑」等の意味でも使用される。

（錦　昭江）

鵝眼　ががん

銭のこと。銭は円形の中に四角い穴が空いており、鳥の目に似ているため、中国で呼ばれていた。日本では「鳥《ちょう》目《もく》」ともいう。

【用例1】にみられるように、銭を寺社へ寄付する際や祈禱料として納める際に、「鵝眼」と記されることが多い。「鳥目」も日蓮聖人遺文（『鎌』一〇八三一号、一三〇二六号）にみられ、寄付する側だけではなく、寺社側も使用する。また、【用例2】のように、裁許《さいきょ》などによる和解金や賠償の支払いにも用いられた。だが、『明月記』嘉禄二年（一二二六）十月六日条に、「去 比《さんぬるころ》雨降、夜竊盗《せっとう》通具卿之*土倉を穿《うが》つ、収置所の雑物を取る、鵝眼三百貫、沙金一壺、濃州桑糸六十足、鋤鍬云々」とあるように、一般的な銭の意味で用いられた。

中国渡来銭が多く流通するようになると、使用例は増えたようで、『後鑑《のちかがみ》』応永三十年（一四二三）四月の奥州津軽の安藤陸奥守が、新将軍足利義量《よしかず》に献上したものの書き上げに「馬二十匹・鳥五千羽・鵞眼二万匹・海虎皮三十枚・昆布五百把」とあることが、奥州や蝦夷地への銭貨流通を示す史料としてよく知られている。

室町期には様々な銭の異称が登場し、室町中期の辞書である『下学集《かがくしゅう》』などには、鵝眼、鳥目と並んで「孔方兄《こうほうひん》」「青蚨《せいふ》」「青銅《せいどう》」「阿堵《あと》」などが銭の異名としてあげられている。同様に『塵添壒嚢抄《じんてんあいのうしょう》』には「銭ヲ鳥目、鵝眼ト云ハ何ノ謂《いわれ》ゾ」と銭の異称のいわれを記しており、渡来銭を形態によって呼び分けていたとも考えられているが不詳。

【用例】

（1）宗性奉加状（『鎌』一〇四五五号）

敬奉加す、（興福寺）東金堂御塔修造用途《しゅうぞうようと》事、合**鵝眼**壱千文者《てえり》、右奉加結縁《けちえん》　志《こころざし》　は…（後略）

（2）薩摩山門院地頭代（盛秋）和与状（『鎌』二三〇一六号）

和与之儀を以て、未済対捍《たいかん》の代に経替る所に、**鵞眼**拾結出され候之間、受取…（後略）

（宇佐見隆之）

【参考文献】

国立歴史民俗博物館編『お金の玉手箱』（国立歴史民俗博物館振興会、一九九七年）、鈴木公雄『出土銭貨の研究』（東京大学出版会、一九九九年）、五味文彦他『日本の中世』（放送大学教育振興会、二〇〇七年）

唐船

からぶね・とうせん

主に日中間を往来した貿易船。『日本国語大辞典』では、「からふね」（唐船）の中世の用例について、「①中国船の総称。②唐式の船、または唐風の装飾をほどこした船。③中世、中国との貿易にあたった日本船。渡唐船。」と説明する。また「とうせん」（唐船）は、主に中世の事例をあげ、「①中国の船。中国からやって来る船。からふね。もろこしぶね。②中国風の船。中国式の船型・構造をもつ船。からふね。③中世、中国との貿易にあたった日本船。からふね。」と述べる。いずれも③は、室町時代の遣明船を指している。『鎌倉遺文』をみると、中国（南宋・元）に渡航する船、中国から帰国する船いずれも「唐船」と呼んでいる。また一九七五年、大韓民国全羅南道新安《しんあん》郡の道徳島沖の海底で発見された新安沈没船から、東シナ海を横行する船は、中国式のジャンク船であったことが想定される。「とうせん」②にある「中国式の船型・構造をもつ船」が、日中間を往来する貿易船であり、それが「唐船」の実像であった。

このような唐船は、主に明州《めいしゅう》（慶元、のちの寧波《ニンポー》）と博多の間を往来した。博多への航路の途上、南九州の諸港や奄美諸島などに入港している。十二世紀末、源頼朝は、近衛家領島津荘の「唐船着岸物」を、大宰府役人らが押しとったのを咎め、元の如く荘家に返付すべきことを鎮西《ちんぜい》奉行天《あま》野《の》遠景《とおかげ》に命じている（『鎌』二三六号）。「唐船着岸物」は、来航した貿易船に課税したものとみられる。森克己は、鎌倉幕府は、大宰府の管理権、すなわち朝廷の公的貿易権を否定し、荘園内の自由貿易を肯定したものと評価している。対馬にも唐船が来航している。弘安十年（一二八七）、対馬守源光経*は、対馬守護（大宰少弐の兼任）の武藤（少弐）*経資《つねすけ》らが押領した唐船着岸時の前分を国宰・守護相半に沙汰すべきの宣下を求めている（『鎌』一六二八九号）。前分は、入港税と解される。

こうした唐船に対して、鎌倉幕府が統制を加えている。建長六年（一二五四）、「唐船」の員数を五艘に限り、それ以外の唐船は破却すべきことを命じた（『鎌』七七三九号）。文永元年（一二六四）には、「御分唐船」の派遣停止を大宰府に命じている（『鎌』九〇八八号）。建長六年の唐船は御分唐船をさし、「御分唐船」は幕府の御用貿易船の意と解される。この法令は、民間の貿易船を制限するものであり、宋商人の貿易活動を制限し、幕府が直接貿易に関与しようとしたものだとみられている。

北条氏一族の貿易を知る事例に、五島列島付近の海域で難破した唐船がある。永仁六年（一二九八）、得宗《とくそう》北条貞時ら一門の有力者の「御物」を積んで、元を目指した「藤太郎入道忍恵唐船」が、五島列島の海俣島（若松島）付近で難破した。周辺の住人が難破船の積荷を運んだため、鎌倉幕府は特使を派遣して調査した。調査により作成された積荷のリストをみると、砂金・円金《まとめかね》・細絹・水銀樽・金胴・腹当・大刀・刺刀・茶垸・半挿たらい・鈴箱・宿直《とのい》物・茶入物台・蒔絵の硯箱・真珠などがあがっている（『鎌』一九六九二一・一九七二二・一九七二三・一九七二四・一九七七〇各号）。

十四世紀前半、寺社の修造費用を獲得するために寺社造営料唐船が派遣された。徳治元年（一三〇六）に称名寺《しょうみょうじ》船が帰国した。六波羅探題金沢貞顕《さだあき》は、称名寺の釼阿《けんな》に対し、唐船が無事帰国したことを祝い、俊如御房が乗船して鎌倉へ下向したことを告げている（『鎌』二三五〇四号）。正中二年（一三二五）、恵雲が、筑前国の中村栄永に対し、建長寺造営料唐船の警固を命じている（『鎌』二九一五五号）。嘉暦元年（一三二六）、薩摩国守護代酒匂本性は、造勝長寿院ならびに建長寺唐船の勝載物《しょうさいぶつ》（船に積載した荷物）を京都に運送する兵士役を勤めることを、比志島《ひしじま》仏念の代に命じている（『鎌』二九五九九号）。元徳元年（一三二九）、金沢貞顕は、関東大仏造営料唐船が、明春に渡宋すると述べている（『鎌』三〇七九〇号）。

寺社造営料唐船の実像を知る資料が、先の新安沈没船である。船は、長さ約二十八メートル、最大幅九・三メートルで、およそ二百トンである。中央と前方にマストを備え、船底に竜骨をもつV字型の船で、中国のジャンクの特徴を備えている。積載されていた遺物は、総数約二万二千点にのぼる。約二万点が陶磁器であり、ほとんどが中国陶磁器、とりわけ龍泉窯《りゅうせんよう》で焼かれた青磁が多いが、高麗陶磁器も七点含まれる。八百万枚以上の銅銭（二十八トン）や、紫檀《したん》木・金属製品・木簡・金属原料や、胡椒・香木などの植物遺体も含まれている。木簡から、この船は、京都の東福寺の修造費用を獲得するために派遣された船と考えられている。村井章介は、寺社造営料唐船を「東シナ海を往来する商船が、幕府のお墨つきを得て掲げた看板」であると定義する。

（関　周一）

【参考文献】
森克己『日宋貿易の研究』（国立書院、一九四八年、新訂版は国書刊行会、一九七五年）、佐伯弘次『日本の中世9 モンゴル襲来の衝撃』（中央公論新社、二〇〇三年）、村井章介『東アジアのなかの日本文化』（放送大学教育振興会、二〇〇五年）

切符

きりふ・きっぷ（現）

「きっぷ」とも読む。古文書の様式の一つ、租税などを割り当てる文書。納める数量を記載する。年貢納入の証拠ともなる。その利用法からやがて為替手形のことを称するようにもなった。

文書形式上、切符と考えられるものは、朝廷、幕府、その他の大寺院など、国家・権門の出納機関が所管の倉や所領にあてて米や銭の支払いを命じた支払い命令書のことであり、奈良時代には既に存在している。しかし、「切符」の語が確認されるのは遅く、『平安遺文』でも文書の記載に表れるのは、保安三年（一一二二）の「国司切符」という記載に下る（『平』一七一九号）。

この切符が手形として機能したのは、ちょうど金属貨幣の空白期である十世紀末から十二世紀と考えられており、切下文《きりくだしぶみ》、国符《こくふ》、国下文《くにくだしぶみ》、庁宣《ちょうせん》、そして返抄《へんしょう》などの文書が、切符の類としてその役割を担った。これらの文書は、文書に記載される命を受ける人ではなく、請求者に渡されることにより、機能したといわれる。

ただ、切符の機能のためには下向などの手間がかかるため、中国銭の普及により十三世紀に入ると手形的役割は終わりを告げ、所管の所領や蔵などに米や銭の支出を命ずる支払い命令書として残ることになる。

【用例1】は田尻荘からの造内裏《ぞうだいり》用途《ようと》を切符で渡した例である。ただ、田の数が減っており、切符通りの徴収が行えるか難しいと記されている。【用例2】は国司が庁宣をもらい本国に下すことが記されており、別の部分には「国司切符」の語も見えており、切符の利用法の一端を知ることが出来る。また、【用例3】では、切符が請取と同様に管理されながらも区別されていることを示している。

この切符は、室町幕府が*土倉への支払い指図書として用い、十六世紀後半には問屋商人への支払い指図書として利用されており（『言継《ときつぐ》卿記』など）、近世の振手《ふりて》形《がた》へと変化することを桜井英治は指摘している。但し、請取状から発生する為替、割符などの手形との区別が明らかでない用例もあり、一層の検討が必要である。

【用例】

（1）　宮内大輔某書状（『鎌』二六〇七号）

造内裏用途田尻庄**切符**一枚、謹んで以て預け給い候いおわんぬ、早く下知すべく候、田数においては、多く以て減り候いおわんぬ、**切符**の如くは済まし難く候也

（2）　太政官符（『鎌』八四九八号）

所所済物使《さいもつし》到来之時、庁宣《ちょうせん》を給い本国に下り遣わし、**切符**庄園所当の官物は承前《しょうぜん》の例《れい》なり

（3）　丹波大山荘文書目録（『鎌』二三三一〇号）

一、一通伊勢造営用途**切符**、請取の中に之《これ》を収《おさ》む

（宇佐見隆之）

【参考文献】

勝山清次『中世年貢制成立史の研究』（塙書房、一九九五年）、桜井英治「日本中世の貨幣と信用について」（『歴史学研究』七〇三号、一九九七年）、桜井英治・中西聡編『新体系日本史一二　流通経済史』（山川出版社、二〇〇二年）

小袖

こそで

大袖・広袖に比して、袖下を丸く縫い小さくした衣服を指す。平安期には下着として着用し、男性の場合は、衵《あこめ》・下襲《したがさね》・袍《ほう》を、女性の場合表着《うわぎ》等をその上に着た。しだいに、衵《あこめ》や袿《うちぎ》等を簡略化し、上衣のみを羽織るようになっていった。

小袖は、重ねて着るようになり、小袖二重（『鎌』一二九二五号）、小袖一重（『鎌』二三四六〇号）とあるのは、この重ね小袖のことである。その他、小袖三領（『鎌』五二六号）、小袖一具（『鎌』四二四〇号）、小袖壱両（『鎌』五六〇五号）、小袖七貫（『鎌』一四二二四号）とあるように、領・具・両・貫という単位で数えられる。また、布小袖（『鎌』一〇二四五号）、平絹小袖（『鎌』一一四二〇号）、小袖綾（『鎌』八六二八号・一二四二〇号）のように、素材によってさまざまな種類があった。なかには、厚綿小袖（『鎌』一二一三一号）のように、綿入れの小袖もあり、綿は「小袖之綿は、古きはこれを濯《そそ》ぎ、或は、これを蒸す」（『鎌』二六五五三号）とあるように再利用された。

絹製の小袖は貴重品であり、「豊後国田染《たしぶ》庄永正名内長野くり林二」が「小袖ひと□（重）三反」（『鎌』三二七六号）、「紀伊国政所《まんどころ》下方市原之前島」の荒野が銭一貫四百文と「小袖一領・綾絹一領」（『鎌』三七七三号）で売買されている例から、小袖は貨幣の代替物としても使用されたことがわかる。また、「質馬身代」として「小袖米已下雑物」等が奪い取られる（『鎌』八四二一号）例からも、しばしば米とともに強奪の対象ともなった。貴重品だけに、過差《かさ》（ぜいたく）禁止の対象ともなり、「†凡下《ぼんげ》の輩《ともがら》の小袖は、三領已上《いじょう》着すべからず、重《かさね》調ずるにおいては、上下を論ぜず、二領已上一切之《これ》を停止《ちょうじ》す」（『鎌』五二六号）や「三重已上の小袖、男女を謂わず、上下を論ぜず、着用得ず」（『鎌』一九二二号）のように、小袖の重着は厳しく制限された。また、厚手の高級絹織物を素材とした織物小袖も禁止の対象となった（『鎌』四二四〇号・八九七七号）。室町期以降、重小袖の最上衣を打掛《うちかけ》としたり、小袖そのものが上着として着流しとするようになっていった。なお、足利家重代の鎧を「小袖」と号する例も知られる（『梅松論』、『太平記』巻二七御所囲事）。

（錦　昭江）

在地

ざいち

現地ないし現地にいることを意味する言葉。『大漢和辞典』にはこの語は収載されていないが、古代〜中世初期の法制関係の用語には中国の口語から入ったものも少なくないので、中国語に由来する可能性もある（現代中国語でも「在地産業」のような用例がある）。

「在地」という語は『平安遺文』などの検索によれば平安中期、十世紀に初めて出現した。本来、「在地」とは「在地国司」（『平』三〇五号）、「在地郡司」（『平』三五七号など）、「在地国郡」・「在地刀禰《とね》」のように、†検断沙汰《けんだんざた》や土地の権利移動など、なんらかの事案が起こったときに、その事案の発生した現地を、上の立場から呼称するのに使われた言葉であった。すなわち、例えば「在地郡司」とは「その事案が起こった現地を、管轄する郡司」という意味である。

しかし、十二世紀前後にいたって、「在地随近《ずいきん》」「随近在地」「在地近隣」「在地近辺」などの用語が文書に散見するようになる。これは、上の立場から、現地を指すのではなく、それぞれの事案の関係者の立場から、自分たちの居住地付近に日常的に形成されている社会関係を指した言葉で、やがて単に「在地」の語のみで、そのような地域的な近所付合いとその秩序を意味する用例も現れることになった。

残存している文書との比率でいえば、「在地」という語の出現頻度は平安時代よりも鎌倉時代のほうがはるかに低いが、鎌倉時代には、この語は地域社会の諸階層の間で、はるかに親密な言葉として定着した。

そのひとつは、建仁元年（一二〇一）に東大寺の使者が大和国上吐田荘《かみはんだ》（奈良県平群町《へぐり》）の現地に東大寺花厳会饗《けごんえきょう》料米《りょうまい》を徴収するために下向して、「近隣之小屋」に乱入し、馬などを押収したため、「在地人等」が声を上げて制止したという事件（『鎌』一二〇五号）が初見の在地人である。正応三年（一二九〇）近江神田社鐘銘《しょうめい》（『鎌』一七四七〇号）に見える「願主在地人等」は、近江国滋賀郡真野荘《まの》（滋賀県大津市）の現地の諸階層が自らを在地人と称した事例である。在地人は京都や奈良のような都市内部でも見られ、地方の村落には限るものではない（【用例1】）。『鎌倉遺文』には収載されていないが、文永八年（一二七一）山城国高神社造営流記《ぞうえいるき》には山城国綴喜郡《つづきぐん》多賀郷（京都府井手町）の郷民を上層の「殿原《とのばら》」と下層の「在地人」に区分している。

また、『鎌倉遺文』の†売券《ばいけん》・紛失状・†譲状《ゆずりじょう》・処分状には土地の相伝・領掌の事実を確認して「在地明白」あるいは

「†在地顕然《けんぜん》」と記している事例が六十例ほど見受けられる。この「在地明白」の在地も十二世紀から引き継がれた「地域的な近所付合いとその秩序」の意味で、売券などの作成者が使用したものであって、「在地明白」を『日本国語大辞典』が「公的な機関・役所による承認や保証とは別に、現地の共同体の慣習法上はっきりとしていること」と解説しているのは正当である。

　これと関連して現れる特徴的な言葉に、事例は少ないが、「御在地《おんざいち》」がある。弘安八年（一二八五）神子・観音女田地去状案《さりじょう》（『鎌』一五七〇七号）に「貞宗死去時、件《くだん》田地ニ、薬師丸請料上へまいらせ候事、御在地明白也」と見える【用例2】。ここでは「在地」はすでに土地売買の主体となるような、自立的な一種の村落組織の機関を意味していると考えるほかはなく、だからこそ敬称をつけて呼ばれているのであろう。

　『日本国語大辞典』では在地・在地人に「（みやこに対して）いなかの地」「地方に居住する人」という語義を与えているけれども、『平安遺文』『鎌倉遺文』の用例に徴する限りは、この語が都に対する、〈田舎・地方なるもの一般〉を指している明らかな事例は見当たらない。

【用例】

（1） 奈良押上郷《おしあげ》（奈良市）の鶴熊三郎が息子を*義絶した†起請文《きしょうもん》（『鎌』二七一七八号）に「兼又《かねてまた》押上**在地人**等同申候、スヘテ《すべて》此**在地**ニ入スエ候トコロヲ、不見不知候」として、二十余人の在地人らが署判している。

（2） このほか、正和四年（一三一五）清延畠地売券（『鎌』二五四三二号）には「いま、要用あるによって、直銭《じきせん》壱貫文充《あて》、永代を限り、**御在地**に売渡すことすでにおわんぬ」とあって、清延という人物が和泉国坂本郷（大阪府和泉市）の畠地を「御在地」に売却している。

（田村憲美）

【参考文献】

田村憲美『在地論の射程』（校倉書房、二〇〇一年）、高橋慎一朗「鎌倉期の都市京都における「在地人」」（『日本史研究』四八一、二〇〇二年）、梅村喬『日本古代社会経済史論考』（塙書房、二〇〇六年）、渡辺滋「『令集解』の語彙・語法に関する一考察」（『古代学研究所紀要』三、二〇〇六年）

下地

したぢ

越智長次畠地売券（『鎌』二二五三〇号）では、「したち」という。『日本国語大辞典』二版には、①壁土を塗るための基礎、②物事をなす基礎、③中世において年貢・雑税など、領主の収益の対象となる荘園・所領をいう、田畑だけでなく山林、塩浜などをふくめたもの、④生まれつきの性質、などがある。ここで対象になるのは③の意味である。『日本史大事典』（平凡社）には、「公領や荘園において、所当（年貢）や公事*（夫役・雑公事）などの剰余労働（または剰余生産物）を上分†《じょうぶん》というのに対し、これらを生み出す土地（田畠などの耕地や山野未開地）をいう。十三世紀以降では、さらにすすんで土地とそこで生産活動に従事する人間との結びつきそのものを指すに至る」「律令制下では、土地よりも人身に課す庸・調・雑揺《ぞうよう》以下の課役の比重が大きかったが、十世紀以後、荘園制が形成され、土地そのものが貴族社寺などの主要な財産となると、上分に対して下地の比重が高くなった。したがって荘園制下では「下地の知行」（土地そのものの支配）と「上分の知行」（年貢・公事の収取）との二つの知行が、同一の所領に対して重層的に存在しえた。前者を下級所有（地頭職、名主職）とすれば、後者を上級所有（本家・領家職、加地子職）とみなしうる。しかし実際には、年貢所当のみならず課役も耕地と農民以下を統一的に把握する方向に向かい、そのために、本家、領家、地頭、預《あずかり》所《どころ》などの荘園の各級の領主らは「厳重之百姓」を土地に召し付け、勧農（農民の耕作地保有の固定や、それに基づく経営安定化）政策を行い、彼らの間での相互の下地の進止権、つまり領主的土地所有権をめぐる争いは激化する」とある。

『鎌倉遺文』には、「したぢ《（下地）》といい、しようとう《（所当）》といい」（『鎌』七七三六号）、「云下地、云分米《ぶんまい》」（『鎌』八四八七号）、「地頭は下地を進止†《しんし》し、年貢といい、社役といい、先例に任せ、沙汰すべし」（『鎌』一五六一七号）、「地頭職*《しき》・下地ともに、売り渡したてまつる」（『鎌』二二五三〇号）、「もし片《かた》子《こ》（加地子）といい、下地といい」（『鎌』一八九四七号）、とあるように、「所当」や「年貢」、地頭職得分等に対応する語である。

関連して「下地進止」という語が、『鎌倉遺文』に多く散見する。「進止」とは、荘園や公領の土地そのものに対する支配権を云う。「名田畠の下地にいたりては、往古より本所†これを進止するは勿論也」（『鎌』六九一四号）、「所当ならびに下地においては、本所進退たるべき也」（『鎌』一六三九九号）とあるように、下地進止権は本来中央の本家や領家（荘園領主＝本所）の所持するものであった。本家・領家が定期的に土地を検注し、荘民を編成組織して勧農を行い、豊凶に応じて年貢・課役を決定するなどが下地支配の内容である。この下地進止権をめぐって、十三世紀以降、地頭と荘園領主（その代理人である預所・雑掌）との対立のなかで、「下地中分」「下地相分」が行われ、地頭は下地進止権を獲得した。この中分は、「下地以下和与中分」（『鎌』二八八九六号）とあるように、「和与中分」のなかの一つである。しかし、和与（和解）がなっても、実際の分割をめぐって難航することが多く、「下地中分之帳」（『鎌』二〇三三一号）・「下地相分帳」（『鎌』二二九九五号）が作成された。「和与中分」の初見は、正嘉二年（一二五八）十一月の伯耆国東郷荘絵図裏書（『鎌』八三一七号）である。

ところで室町期では『大徳寺文書』のなかの「如意庵領近江国禅興庵文書」に至徳三年（一三八六）四月九日下司《げす》宗安後家売券と同年月日下司宗安後家寄進状の二通がある（『大日本古文書』大徳寺文書一二—三〇一四・三〇一五）。同じ田地を前者の事書では、「私領田地放券文事」とあり、本文では「件土田元者」とある。さらに同一田地を後者では、「禅興庵下地」とある。下司宗安後家は、「本所当米壱斗」つきで能米八石で禅興庵に売却した。この場合、「土田」を『日本国語大辞典』の「①収穫ができなくなった田」と解釈するより、「②作稲のない田」と理解する方が妥当である。

『日本国語大辞典』（土田）の①は、文明二年（一四七〇）六月日近江国菅浦惣庄前田作得分定書《さだめがき》（菅浦文書）「旱水《かんすい》によんて土田之時者、七斗の内徳あるべからず候」からの理解である。大石直正は、「土田」を「作付けしていない、つまり地上に何もない、土だけの状態になっている田」と理解されている（『荘園入門』）。鈴木哲雄は、土田を状態ではなく権利を含むものとされる。

下地が年貢所当に対する田地の権利を指す語義にしたがえば、土田は、「つちたにても。け（毛＝作毛）にても」（『鎌』補一九七七号）とあるように、作毛に対する権利を指す田地と云うことができる。

（松井吉昭）

【参考文献】

網野善彦他編『講座日本荘園史―荘園入門』（吉川弘文館、一九八九年）、鈴木哲雄『日本中世の開発と百姓』（岩田書院、二〇〇一年）

出挙

すいこ

古代・中世に稲や財物・銭を貸し付け、利息を取って回収すること。「出」は貸し出し、「挙」は利息付きの貸し出しを意味する。一般的には水田耕作が始まる春に貸し出し、収穫後の秋に返却することになっていた。古代の出挙には国が主体となり行う「公出挙《くすいこ》」と当事者間の契約で行う「私出挙《しすいこ》」があり、出挙内容により稲粟出挙と銭財（財物）出挙に分けられる。公出挙は国が春夏二度、穎稲《えいとう》を貸し出し、秋に利息を付けて返済させるものである。穎稲とは籾《もみ》が付いたままの稲穂を指し、種籾には穎稲が適するので、出挙も穎稲で行われた。穎稲は一束＝十把の単位で計量されるが、中世史料で出挙の利率が五把利《わり》の如く表現されたのは穎稲の単位に由来している。

律令雑令《ぞうりょう》の規定によれば、稲粟出挙の利息は公出挙は一年で半倍、私出挙は一倍を過ぎることを禁止し、また複利も禁止された。一方、財物出挙の利息は六十日で元本の八分の一、四八十日で一倍を過ぎないとされた。公出挙の利息は三割になったこともあるが、五割が基本であり、この利率が基本的には中世にも踏襲された。鎌倉時代に出された公家新制には出挙の利息に関する規定があり、たとえば後鳥羽天皇宣旨《せんじ》では銭貨出挙の利息は弘仁格《きゃく》に基づき、六十日で元本の八分の一、四八十日で一倍を過ぎないとされたが（『鎌』七〇五号）、これは律令雑令の規定と同じである。この新制を受けて、鎌倉幕府もしばしば出挙の利息に関する法令を発している。

出挙を受ける際には借状（借書）が作成される。中世では借状は十二月から三月にかけて作成され、秋に「五把利」の利息を加えて返済し、返済がない場合は田畠・屋敷・人などの質物を流すという文言が記されていた。利息に関しては、六割のものもあり、備後国大田荘では地頭が「種子料」の納入を強制したため、他荘から「八把利之出挙」を取って支払ったことがあり（『鎌』四五三四号）、緊急時には足元を見られ高利の出挙が行われることも多かったと見られる。「五把利」の利息とは春から秋までの半年の利息なので、一年では一倍となり、それゆえ一倍を越える利息が禁止されていた。

出挙は本来的には勧農目的で行われたもので、春に種籾が貸与され、秋に収穫が行われた後に返却するものであった。中世には春に「種子農料」を百姓に下行《げぎょう》するのが領主の義務とされていた。出挙は純粋には種籾（穎稲）を指すが、「種子農料」は種籾と稲作耕作に必要な労働力や食料の両方を指す。出挙や「種子農料」の下行は百姓の生活維持、領主側においては年貢確保のため必須のものであった。災害・飢饉時にあっては特に出挙の必要性は高く、寛喜（一二二九〜三二）の飢饉の際には、北条泰時は伊豆・駿河の富有者に出挙米を出すことを命じている（『吾妻鏡』寛喜三年三月十九日条）。また、貞永元年（一二三二）には伊豆国仁科荘の荘民が飢饉により餓死したので、出挙三十石を下行し、返済がなければ「御沙汰」として返却するとしている（『吾妻鏡』貞永元年三月九日条）。「御沙汰」とは北条氏の*沙汰による返却を意味すると思われるので、出挙の下行《げぎょう》者は別であり、出挙の下行は必ずしも領主ではなく、代官・在地の寺社・小領主・富有な百姓によっても行われていた。春日社でも「社庫」に境内地居住の有徳輩《うとくのともがら》が出挙米を貸すことが行われており（『鎌』一一四八一号）、有徳の人々の資金が春日社の蔵に納められ、出挙米として運用されていた。天福元年（一二三三）には大風（寛喜二年に発生）以前の出挙は一倍を停止し、五把利を一倍とするという法令が出された。大風（台風）の被害により収穫がなく、出挙に頼らざるを得なかったため、*緊急措置として利息の軽減が行われた。これらはまさに徳政であり、出挙と有徳・富有・徳政は密接な関連があった。

　出挙は寺社が貸すことも多く、その米は神物・仏物として神聖視されたが、その反面返済がない時には神罰・仏罰が下るという恐怖心が生じ、強制力が働いた。熊野・日吉《ひえ》神人《じにん》により盛んに貸し出された熊野・日吉†上分《じょうぶん》米も出挙の一種であり、寺社に納められた米が出挙として運用されたものである。蒙古襲来時に活躍した竹崎季長が自領の鎮守である海東神社に附属する御宮修理田の年貢を出挙として運用し、神宮寺を修造するように定めているのもその一例である（『鎌』二八六九一号）。

　鎌倉中期以降は「利銭《りぜに》出挙」という言葉が史料に頻出するようになる。これは本来的な意味での出挙ではなく、利子獲得が目的で高利貸資本が貸した金であり、貧富の差を生む結果をもたらした。すでに平安後期から京の商人が地方の人々に金を貸し、多くの利潤を獲得していて、債務者の中には逃亡したり、妻子を売るケースもあり、問題視されていたが（『本朝続文粋《ほんちょうぞくもんずい》』）、これも実質的には「利銭出挙」のことであろう。建長七年（一二五五）に出された鎌倉幕府の法令には、「挙銭《きょせん》」が近年「無尽銭《むじんせん》」と呼ばれるようになり、質を入れないと借用を許さないとある（『鎌』七八九二号）。挙銭とは銭の出挙を意味するが、これは農業用ではなく単なる貸金である。永仁の徳政令では「利銭出挙」に関する訴訟を受け付けないことが定められていて、*御家人が「利銭出挙」を借りていたことが問題となっていた。このように「利銭出挙」は出挙の理念の喪失を意味するが、種子農料や種籾の下行は近世にも行われ、百姓の再生産を支える政策として継続した。

（盛本昌広）

【参考文献】
小田雄三「古代・中世の出挙」『日本の社会史　第4巻　負担と贈与』（岩波書店、一九八六年）。

鮨

すし

今や日本食の代表ともなった鮨であるが、その起源は相当古くに遡《さかのぼ》る。現代では、握り鮨、押し鮨、散らし鮨、五目鮨など多様な鮨があるが、古代には魚介類を塩で漬け込み、乳酸発酵させて、その魚介そのものを食べる保存食品として始まった。膨大に発掘された木簡にも、鮎《あゆ》・鯛《たい》・鰯《いわし》・鰹《かつお》・鮒《ふな》・貽貝《いがい》・鰒《はまち》などを材料としたさまざまな鮨が見え、古くから貢納品にもされる海辺・水辺の特産品だったことが知られる。

平安時代に記された『延喜式』を見ると、調《ちょう》や中男作物《ちゅうなんさくもつ》（十七〜二十才の男子に課された税）など諸国からの貢納品中に鮨が多く出てくる。鮎や鮒・鮭《さけ》・鰯、貽貝や鰒《あわび》（鰒の字は若狭ではハマチと訓ずるが、一般的にはアワビと読むことが多い。フグと読む場合もある）などの魚貝類のほか、紀伊・筑前・豊前・豊後からは鹿鮨・猪《いのしし》鮨のような獣肉の鮨も納められていたことがわかる。まさに生の魚貝類・獣肉の保存食としての役割をもっていたのである。そしてそれらは新嘗《にいなめ》祭《さい》や釈奠《せきてん》などの行事、大原野祭・春日祭その他の祭礼などに際して、参列した貴族・官人らに振る舞われている。

鎌倉時代の古文書にも鮨に関する記載は見られるが、意外にも点数は少なく、二十点に届かない。ただ興味深いのは、その大半が貢納品としての記載であること、またハレの祭礼や行事に用いられている場合のあることである。「当浦に限らず、和布《わかめ》・塩・鮨桶等をもって年貢の代物《だいもつ》とするは先例だ」と主張されているように（『鎌』二六七七五号）、海辺のムラからの貢納には魚加工品としての鮨が桶の単位で用いられているし、大臣任用の饗宴用に大量の鮨鮎が用いられた例（『鎌』一七八六号）もある。鎌倉時代には、鮨に利用された魚として確認できるのは圧倒的に鮎が多いが、海辺からの貢納の場合には、鯛なども材料になったらしい（『福井県史資料編8』・八〇七頁）。そこにも「せちれうのすしたい五こん（節料鮨鯛五喉）」とあるように、この鯛は節料すなわち何らかの節会《せちえ》を催す際のものであったことがわかる。鮨はハレの日と結びつく性質が強かったのである。

その後、鮨は室町時代以降急速に変質し、また多様化していく。発酵の材料に過ぎなかった鮨飯を食するようになり、さらに酢を混ぜた飯を用いるようになったのは大きな質的変化といえる。そして酢飯を土台とした握り・散らし・押しなどの形式を生み出す。もう一つの質的変化が、鮨の日常食化である。保存食として始まり、ハレの性格を帯びてきた鮨は、現代に至る過程で全く違った食に転化してきたといっても過言ではあるまい。

（白水　智）

関所

せきしょ

道路や水路に設けられた検問・徴税の施設。『日本国語大辞典』では、「交通の要所や国境に設けて、通行人や通過物を検査し、また、脱出や他からの侵入に備えた所」と定義している。令制下の関所や、江戸幕府による関所は、軍事警察上の必要から設置された。中世の関所にも、戦国大名が領国の国境に設けた関のように、軍事的・警察的機能をもつものがあるが、経済的な目的のために設置されたものが多いことに特徴がある。

中世の関所においては、関所を通行する人々や貨物から、通行税である関料（関銭）を徴収した。桜井英治は、元来、関で徴収されるものは初穂《はつほ》（初尾）であり、†上分《じょうぶん》として神仏に捧げられるべき性格をもち、関とは、山や海という特殊な領域に入り込んだ一般の人々から捧げ物をとることから始まったとする。

『鎌倉遺文』においては、瀬戸内海航路や淀川の関が頻出している。瀬戸内海航路では、兵庫（北関）・室泊《むろとまり》・尼崎（摂津国）、福泊《ふくのとまり》（播磨国）、島戸関・赤間関《あかまがせき》（長門国）、淀川では、渡辺・神崎（摂津国）、淀（山城国）などがある。その他、日吉新関や吉野川関所がみえる他、和賀江《わかえ》（相模国）・神崎（下総国）などにも関がおかれた。

経済的関所の初見は淀津であり、弘長元年（一二六一）に上洛船一艘別に銭貨十文（艘別銭）を金剛山内外院寺社造営費にあてている（『鎌』八七一八号）。兵庫関では、弘安九年（一二八六）以降、「兵庫島一艘別銭」として艘別銭《そうべつせん》の徴収を行っている（『鎌』二三八五五号）。延慶元年（一三〇八）、伏見上皇は、摂津国兵庫経島《きょうしま》の升米《しょうまい》を東大寺八幡宮に永代寄付した。島の修固《しゅうこ》（補修）は、東大寺の*沙汰となり、①西国往反の船は、上船は石別《こくべつ》升米、下船は置石《おきいし》を、先例に任せて沙汰すること、②雑船は、傍例に任せ、沙汰することが定められた（『鎌』二三四九四号）。正和四年（一三一五）、東大寺は、三箇所目銭《めぜに》半分が塔婆《とうば》修造料所として当寺に寄附されていたが、商人らの濫訴《らんそ》により是非なく打止められたことを訴えている（『鎌』二五六二六号）。三箇所は、兵庫・一洲・渡辺である。古代において港湾などの修築は、律令国家が修理料を負担することを原則としていたが、財源不足から†国衙などにその管理がゆだねらるようになった。そのため、升米・置石・艘別銭・目銭などの名目で、通行する船舶から関料を徴収して、これを修理料とするようになったものである。正応二年（一二八九）、伏見天皇は、性海に、神社仏寺・権門勢家を問わず、室泊・尼崎・渡部

(渡辺)三関において、一所において十年を限り石別一升米を取り、下向船ごとに置石を上げさせ、魚住島《うおすみ》全島の舟泊を築かせている(『鎌』一七二五四号)。

　また、西大寺系の律僧らは勧進《かんじん》僧として、関を立てて関料を徴収し、寺社の修造・港湾の修理・架橋等を行った。播磨国福泊島の修築のための艘別津料が、得宗《とくそう》御内人《みうちびと》安東《あんどう》蓮聖《れんしょう》の援助により、久米田寺《くめだでら》行円上人を勧進聖《ひじり》として設けられた(『鎌』一六六八二号)。

　鎌倉時代後期には、津・湊に対する支配権をもつ地頭などが関を設けて津料、河手と称して通行税を徴収し、新関が乱立するようになった(『鎌』一一九三〇号など)。そのため鎌倉幕府は、度々法令を発して取り締まっている。幕府は、文永十一年(一二七四)の文永蒙古合戦後、蒙古の再襲への備えや、高麗への侵攻準備のため(高麗侵攻は実行されなかった)、その障害となる関所の撤廃を必要とした。文永十二年(一二七五)、西国新関河手停止令を発し、弘安七年(一二八四)には、弘安四年にいったんは認めた旧来の徴収権をも合わせて関での徴収権を全面的に禁止している。さらに幕府は、正安二年(一三〇〇)または翌年に、文永以後新関停止令を発している。ただし西大寺系の律僧については、新関停止令以後も関を立てることを許された。

　関には、「淀関守」(『鎌』四四三〇号)のような関守《せきもり》、「和賀江関所沙汰人」(『鎌』二二九八六号)のような沙汰人、「淀関米雑掌職《ざっしょうしき》」(『鎌』二三三六七号)、「福泊関雑掌」(『鎌』二九八九三号・三一八三六号)、「福泊関務雑掌」(『鎌』三〇一六四号)、「兵庫関雑掌」(『鎌』三〇三五三・三〇三五四・三〇三五六各号)のような雑掌が関務を担当した。

　また、灯爐《とうろ》御作手《さくて》鋳物師《いもじ》らの諸国往来や交易売買に対し、「諸市津関渡山河率分津料」の煩《わずらい》を免ずるという特権を認めた将軍家政所《まんどころ》下文《くだしぶみ》や蔵人所《くろうどどころ》牒《ちょう》の案文《あんもん》が、数多く残されている(『鎌』一九四二・一九四三・二〇二九・二〇六三・二〇六四各号など)。

(関　周一)

【参考文献】

相田二郎『中世の関所』(畝傍書房、一九四三年)、新城常三『中世水運史の研究』(塙書房、一九九四年)、網野善彦『悪党と海賊』(法政大学出版局、一九九五年)、桜井英治『日本中世の経済構造』(岩波書店、一九九六年)、宇佐見隆之『日本中世の流通と商業』(吉川弘文館、一九九九年)、錦昭江『刀禰と中世村落』(校倉書房、二〇〇二年)

田代

たしろ

「てんたい」（『鎌』八三九〇号・二二八五〇号）、「たしろ」（『鎌』二五五五六号）ともいう。『日本国語大辞典』（第二版）によれば、田代は「田地、田となっている土地、また田にするための土地」とあり、平安時代には開発の対象とされていた地目であった。吉田晶の研究によれば、『平安遺文』における史料の残存状況から、「田代」は全国的にみられる地目であるが、特に畿内周辺に主として分布しており、条里地割の一つの地目ということができる。平安時代の田代は、前記のような共通性をもっているが、さらに大別して三つの類型に分けられる。一つはA型で、既墾・未開を問わず、耕地として利用されていない開発予定地の総称である。二つはB型で、十一、十二世紀に多く見られ、「田」のなかの地目として「見作《げんさく》三町一段三十歩・荒田八町・田代三十町」（『平』一六七〇号）とある。この記載からすれば、「田代」は、耕地化のための人力が全く加えられていない荒田と区別される水田予定地であるが、耕地化されなかった土地であり、条里地割内の水田予定地ということができる。第三のC型は、そのなかに見作田や荒田を含む田地一般の総称である。田代は、平安期を通して開発の進行に対応する地目であり、そして鋤鍬などの人力による開発の最も可能な土地であった。

『鎌倉遺文』にも「無主荒野田代」（『鎌』五九号）「荒野田代」（『鎌』一一八三号）との記載がみられ、荒野と同意味の言葉として使用されている。荒野との差違は、「地頭所開発之荒野三町」について、地頭が「往古《おうこ》之田代」（文永六年〈一二六九〉十二月十二日関東裁許状、瀬野精一郎編『増訂鎌倉幕府裁許状集　上』補五〇）と称している点である。大石直正は、田代は同じ開発予定地でも、すでにある程度の労働が加えられて、荒野の開発権に優先する所有権が認められているところと指摘する。

「かの荘の田代に地あり、いまだ開発に及ばずと云々」（『鎌』一七一五号）、「件《くだん》の治田は、本より田代として開発隔別の地」（『鎌』一八〇七号）、「麓を開発せしめ、田代となる事」（『鎌』一〇五一九号）とあるように、水田開発予定地であるが、最も開発可能なところである。鎌倉中・後期には、C型田代＝田地そのものを指すことが一般的なものとなった。

陸奥国骨寺《ほねでら》村絵図と近江国比良荘絵図の二枚の荘園絵図に、「田代」の記載が見られるが（西岡虎之助編『日本荘園絵図集成』東京堂出版）、いずれも開発予定地を示しているといえる。

（松井吉昭）

【参考文献】

吉田晶「平安期の開発に関する二・三の問題」（『史林』第四八巻第六号、一九六五年）、網野善彦他編『講座日本荘園史1　荘園入門』吉川弘文館、一九八九年

憑支

たのもし

金銭の融通・取得を目的として行われた慣行。親と呼ばれる発起人が、衆・講と呼ばれる組織を結成し、その構成者が一定の期日ごとに掛金を支払い、籤《くじ》を取って、当たった者があらかじめ定められていた金額を取り、全員が取得するまで続ける。親が一回目に掛金を取るのが一般的である。受取金は全回同じ場合と後になるほど額があがるものがある。中世史料には「憑支」とあるが、近世には「頼母子」と書かれるようになり、「無尽《むじん》」とも呼ばれ、戦後まで行われていた。現在の金融機関である相互銀行や信用組合はこの系譜を引いている。

憑支の初見史料は『日本国語大辞典』では、『異本紫明抄』（一二五二～六七成立）の「武蔵国いるまの郡みよしのの里の人狩するとては、たのもしをして狩也」の用例を挙げているが、この「たのもし」の意味は明確ではない（狩の手伝を頼むという意味カ）。『鎌倉遺文』での初見は建治元年（一二七五）十二月の紀伊国猿川・真国・神野荘の荘官請文で、当荘狼藉*の一つとして「憑支と号して、百姓銭を乞取る事」が挙げられている（『鎌』一二一八四号）。その後も高

野山領荘園の荘官請文にほぼ同様の文言が見え（『鎌』一七六八三号など）、高野山は繰り返し、これを禁止していた。憑支には主催者たる親がいて、最初に銭を取得するのが一般的であり、この場合も荘官が親となり、荘内の百姓を参加させて、最初に銭を取得したと思われる。これらの荘官請文には「助成と称し」（『鎌』一七七二九号）、「勧進《かんじん》と号し」（『鎌』一七七二九号）ともあり、憑支の目的に助成や勧進があったことが窺える。法隆寺では延慶三年（一三一一）に惣社の造営費用捻出のため、極楽憑支と称して「寺中公私の蔵々」や人々に勧めて、百貫文を得ている（『嘉元記』）。寺社の造営費用の寄付を募ることを勧進と言うが、この場合は憑支と称して、勧進が行われている点が注目される。室町時代の奈良では盛んに勧進憑支が行われているが（『大乗院寺社雑事記』）、この慣行は鎌倉時代以来のものであり、初発段階の憑支の主要な目的は勧進であったと考えられ、荘官は勧進を理由に、百姓を憑支に参加させたのであろう。

一方、同じ高野山領では、「憑支衆」と呼ばれる僧侶を構成員とする憑支も行われ、その一人は私領の水田を質に入れ、親と思われる僧に差し出している（『鎌』二二七七八号）。この場合は同一身分間で行われる憑支であり、資金融通が目的と思われる。また、南北朝期には田代氏一族の間で「廻《めぐり》憑子」が行われており、憑支の内容を詳細に規定した契約状が作成されている（『田代文書』）。これによれば、掛金（「懸銭」）の額と籤（孔子）を取る日が定められ、籤を取った者は衆中から二人の請人を立てた上で、銭を取得することになっていた。これは取得した者がその後、掛金を支払わない事態を防止するためである。一般には、こうした事態に備えて質を用意し、掛金を支払わなければ、質入れした物が衆中（講中）や親に流れるが、この場合は一族中なので、一族相互で支払いを保証する体制を取っていたと考えられる。掛金を支払えず脱落する者は現実には多く存在し、親のもとに質とした土地が集中することもあった。

室町時代の畿内の史料には憑支が多く見え、盛んに行われたことが窺える。今堀（滋賀県八日市市）の惣掟《そうおきて》には「すすめ憑支」の取次を禁止する条項があるが、これは勧進憑支の一種と思われる。奈良では構成員以外でも参加できる一種の富くじ的な勧進憑支も行われていた。また、神明《しんめい》講《こう》・熊野講と呼ばれる講も存在し、これも憑支の一種で、籤を引き当てた者が伊勢・熊野参詣の費用を取得するものであったと考えられる。憑支は利息付のものは徳政令の対象になると規定されているが、これは憑支の掛金が貸し付けられたものを指し、当然利息が付くので徳政令の対象になったのだろう。一方、「神明講・熊野講要脚《ようきゃく》」は神物《しんもつ》として対象外とされている。

憑支と無尽が中世において同一のものであったかに関して、議論があるが、無尽の初見史料は建長七年（一二五五）八月に鎌倉幕府が出した法令であり、憑支の初見史料より早く、内容は鎌倉では質を入れないと無尽銭の借用を許さないというもので（『鎌』七八九二号）、＊土倉《どそう》など金融業者による貸し付け行為を指していた。これには「挙銭《きょせん》が近年無尽銭と呼ばれるようになった」とも記され、挙銭は＊出挙《すいこ》として貸し付けられた銭を指すので、無尽は出挙が転化したものと考えられる。応永十八年（一四一一）に下総国香取郡の人が作成した無尽銭借状では、六文子の利子と定められ、蔵本と呼ばれた土倉業者から借りたと思われるので（『香取旧案主家文書』）、やはり無尽銭と憑支は別物である。また、室町期に禅宗寺院によって貸し出されていた祠堂銭《しどうせん》が無尽銭とも呼ばれていた事例もあり、寺院も無尽銭の貸主であった。弘安二年（一二七九）に＊御家人石原氏が鎌倉住人慈心から無尽銭を借りた際に質入れした腹巻の返却が†相論になっているが、この慈心は土倉あるいは僧侶と考えられる（『鎌』一三七七三号）。無尽は憑支に比較すると中世史料には少ない。近世になり無尽と憑支が同一になった経緯は明確ではないが、憑支と無尽は資金の融通目的で行われる点では同じであり、この点から混同が始まったと考えられる。

（盛本昌広）

【参考文献】

中田薫「頼母子ノ起源」（『法制史論集』第三巻上、岩波書店、一九四三年）、三浦圭一『中世民衆生活史の研究』（思文閣出版、一九八一年）、荻野三七彦「中世の頼母子の文書㈠㈡」（『歴史手帖』九巻六・七号、一九八一年）、安田次郎「にぎわう都市寺院―奈良の新浄土寺―」（五味文彦編『都市の中世』吉川弘文館、一九九二年）、宝月圭吾『中世日本の売券と徳政』（吉川弘文館、一九九九年）、阿諏訪青美『中世庶民信仰経済の研究』（校倉書房、二〇〇四年）

茶

ちゃ

建久二年（一一九一）宋から帰国した明庵栄西《みんあんようさい》が日本へ茶の実を伝来し、最初の茶園を作ったという伝説がいまだに史実のように書かれることがあるが、同じ年の肥後国求麻郡の所領譲状写《うつし》（『鎌』五三三号）にも「茶五十斤」の記載がある。実際には餅茶《へいちゃ》・散茶《さんちゃ》を使う唐代の煎茶《せんちゃ》（煎じ茶）法が平安時代初頭までに日本に伝来していたのだった（『日本後紀』弘仁六年〈八一五〉四月二十二日・同六月三日条、『平』四三九六号など）。

博多では十一世紀後半の天目《てんもく》（型茶碗）が発掘されており、宋代に主流となった抹茶も栄西帰国の百年前から飲用されていたことが確実になった。したがって、抹茶が禅院茶礼でまず使われ、禅寺から広まったとするのも誤りである。栄西は生前に禅宗の修行を行なう専門寺院を建てることができず、栄西が将軍実朝に勧めた茶（『吾妻鏡』建保二年〈一二一四〉二月四日条）や、その著作『喫茶養生記《きっさようじょうき》』で推奨した茶の飲用も、薬用・保健用のものだった。

さて、『鎌倉遺文』の古文書で茶に言及するものは、鎌倉時代末期の金沢貞顕《さだあき》と称名寺に関わる『金沢文庫古文書』からの収録が大多数である。当時の鎌倉で茶や唐物《からもの》が流行していた（『鎌』二三五〇七号・三一〇六三号）ためだろう。もっとも、建武二年（一三三五）の『二条河原落書《らくしょ》』は闘茶が鎌倉から京都へ伝わって大流行したとするが、『鎌倉遺文』や『金沢文庫古文書』に闘茶の存在を明示する史料は見あたらない。

茶の産地としては、京都の栂尾《とがのお》茶がすでに有名になっていたが、その入手はむずかしかった（『鎌』二五四二一号）。そのほか伊賀国茶（『鎌』二七一六〇号）や、地元の称名寺茶園の茶も上質とされ、それ以外の一般的な茶は「山茶」（『鎌』二二六八四号）とよばれた。貞顕は新茶を喜んですぐに飲んでおり（『鎌』二六一二七号）、新茶を茶壺に詰めて初冬まで熟成させる習慣はまだできていない。

貞顕は称名寺に茶を挽《ひ》くようしばしば依頼しており、茶臼を持っていなかった。実は、茶臼は鎌倉時代末になっても普及しておらず、出土例もあまりない（鎌倉・極楽寺に忍性が使用したとされる「千服茶臼」があるが、構造が茶臼とは異なる近世初頭製作の穀物・豆用のもの）。一般に茶を粉末にするには平安時代と同様に薬研《やげん》が使われていたようだ。また、のちには臼で挽く抹茶用の茶は、葉脈を取り除いて小片に砕かれた碾茶《てんちゃ》にされたが、「少器物にをしいれて候つる程に、葉もくだけて」（『鎌』二六六六三号）とあり、製茶法も平安時代の散茶と同じ、葉の形のままの「葉茶」(『鎌』二九四二四号)にするものだった。つまり抹茶を作る製茶技術は前代からのそれをそのまま流用できたのである。

茶の贈答は「一裹」が単位とされていた。仮名書きでは「ひとつつみ」(『鎌』二九四二八号)とあり、そう読んだのだろう。「一合」という記載も多いが、これは容量単位ではなく「茶桶《ちゃとう》」(『鎌』二九六八〇号)など木製漆塗の蓋物に入れたものである。

茶を飲用するための用具としては、建盞《けんさん》、茶盆、茶筒(茶桶)、茶瓢(茶杓か)、茶振(茶篩か)(以上『鎌』二三五六一号)などがある。茶碗としては建盞(同形だが建窯産でない天目を含んでいた。天目という名称は南北朝以後)か青磁《せいじ》茶碗が使われた。建盞を載せる托(天目台)の記述はなく、使用を確認できない。茶を点《た》てるための茶筅《ちゃせん》は十二世紀初頭に宋で発明され、日本では弘安年間(一二七八―八八)の「ちやせん」(『鎌』一六六二二号)が初出である。

なお、「茶垸《ちゃわん》」【用例】という語は中世に施釉《せゆう》陶器の意味でも使われている。「花立二具茶垸」(『鎌』一七四二五号)のような用例は陶器(青磁花瓶)をさし、茶とは無関係なので注意されたい。

ところで、抹茶法の伝来によってそれ以前からの煎じ茶が途絶えたわけではなく、各種の薬草・薬木を合わせて煎じる「煎じ物」もすでにあった。建長八年(一二五六)の『醍醐寺文書』北斗《ほくと》御修《みず》法用途《ほうようと》注文案(『鎌』七九九七号)に「檀木・杠・乳木菉・茶ヲ煎スヘシ」とあり、檀《まゆみ》など(他の植物名は未確定)と茶を共に煎じている。それが室町時代には茶と並ぶ「煎《せん》じ物」(『七十一番職人歌合』、狂言『煎じ物』)へと発展していくのである。

【用例】
「下品《げぼん》に候と雖も、**茶**三裹《つつみ》これを進《まい》らさしめ候、**大茶垸**《おおちゃわん》にて、僧衆に進《まい》らしめ給うべく候」(『鎌』二五四二二号)。七月十六日付の金沢貞顕《さだあき》書状から、奈良・西大寺で現在でも行われている大茶盛のような茶の飲み回しを、盂蘭盆会《うらぼんえ》のあと一般の僧が行っていたことがわかる。

(神津朝夫)

【参考文献】
福島金治「鎌倉と東国の茶」(テーマ展図録『鎌倉時代の茶』、神奈川県立金沢文庫、一九九八年)、橋本素子「鎌倉時代における宋式喫茶文化の受容と展開について―顕密寺院を中心に―」(『寧楽史苑』四十六号、奈良女子大学史学会、二〇〇一年)、神津朝夫「鎌倉時代の点茶法」(『日本文化史研究』三十八号、帝塚山大学、二〇〇七年)

猪鹿栖

ちょかのすみか

荒野のこと。伊賀国黒田荘における長久二年（一〇四一）藤原実遠公験《くげん》紛失状に「かの郡往昔《おうじやく》住人死去逃亡の後、一人の住人無く数十年に及ぶ也。随って則ち荒無藪沢《そうたく》荊穀（棘）の荒野と成し、猪鹿の立庭となす也」（『平』五八八号）とあるように、この場合の荒野は、山野河海のような完全な未墾地ではなく、荒廃した結果、荒野となった土地を指す。

建久三年（一一九二）東大寺領播磨国大部荘荒野開発における重源下文《くだしぶみ》に「往年已来、常々荒野と為し、寄作の人無く、徒《いたずら》に猪鹿の栖と為す」（『鎌』六二一号）とあるように、平安期同様、荒廃地の再開発を申請する際に、荒廃ぶりを主張する語として使用される場合が多い。若狭国犬熊野荒浦でも、「当時猪鹿の栖たるに依り居住の海人無し」（『鎌』八二〇号）とあり、山野ばかりでなく、海辺地域でも同様の語が使用されており、荒廃ぶりを象徴する定型句として「荊棘《けいきやく》の地」とともに広汎に用いられていたことがわかる。また、地頭の苛政により「年来百姓逃散《ちようさん》、限りある神□□猪鹿棲《すみか》と成す」（『鎌』五六一号）とあるように、荘官や地頭の非法を糾弾する場合に被害を強調する語としても使用される。『鎌倉遺文』の用例をみると、寄進の際に再開発の必要性や地頭等の非法糾弾を強調する際、荒廃を象徴する語として「猪鹿栖」に類した語が使用される例は、十三世紀初頭以後少なくなる。

なお、猪や鹿は、当時山野を徘徊する最も一般的な動物であったため、「清浄の地　忽《たちまち》　猪鹿之血で汚《けが》す」（『鎌』二三六一号）のように、殺生禁断の対象物とされ、また「鹿食《ししくい》」として獣肉食の例等にも登場する。

（錦　昭江）

【参考文献】

黒田日出夫『日本中世開発史の研究』（校倉書房　一九八四年）

問丸

といまる

一般に「問」というが、「問」に商家や船につける「丸」がついた。中世、港町などに居住して年貢などの物資の運送、保管など中継貿易を行った業者のこと。

初見は、『長秋記』保延元年（一一三五）八月十四日条の「桂川に出て乗船す、八幡迎船桂戸居男等俄《にわか》に船を儲《もう》ける」といい、祭礼に関わる人々の移動手段としての船を提供している。語源は明らかではないが、①宋の「問官」からの転用、②中国の「邸《たい》」が転訛して「トイ」、③刀禰《とね》から「問禰→問」、④初見史料に「戸居」とあるように、戸（川や海が狭くなっているところ）に居たという意味からの四説が出されている。

平安末期の淀川流域から荘園制の進展により畿内周辺と鎌倉周辺の荘園年貢の運送の拠点である港町に広がった。【用例1】にみえるように、荘園の職《しき》の一つ「問職《といしき》」として用いられており、当初は荘園年貢の運送に関わる役名であったことが分かる。ただ、【用例1】の草部末友が複数の問を所持しているように、その役割から専業者も登場してきたことが分かる。【用例2】は荘園の職から港の業者へと変化する過程における史料の一つであり、百姓が問丸を行っていることを非難している。そして、【用例3】にあるように、荘園の職とは関わりのない、港町の商人を問丸と呼ぶようになる。京都などの都市の商人にも問丸と呼ばれるものがあるが、『庭訓往来《ていきんおうらい》』に「浦々問丸」と記され、各種の『節用集』に「舟問」と記されるように、水運に関わる業者を特にそう呼んだ。

明徳三年（一三九二）の湊船帳（『金沢文庫文書』）や文安二年（一四四五）の『兵庫北関入船納帳』に入出港する船の管理をする立場として問丸が記載されることからわかるように、問丸はやがて港での荷継ぎだけではなく、港湾税の徴収を行い、中には商品の取引を統括するほどになる。このため、港での商取引を独占するほどになったものは、楽市楽座令によって解体され、商品の卸しを行う問屋、港湾の宿泊施設小宿、海運を行う廻船問屋などに分割されることになる。なお、江戸時代になっても越前三国湊《みくにみなと》などの港町には町年寄の役職名として問丸が残る。

【用例】

(1) 草部末友譲状（『鎌』二六七〇号）

丹波国川関**御問**、（中略）小塩保**御問**、（中略）野々村御庄**御問**（中略）

右、件《くだん》の田畠并《ならび》に問職《といしき》は草部末友先祖相伝也

（2）東寺供僧《ぐそう》方評定《ひょうじょう》事書《ことがき》（『鎌』二四四七三号）

一、同（太良）庄木津**問丸**年貢抑留《よくりゅう》の事

傍例は、所々**問丸**においては、ことごとく預所《あずかりどころ》進止《しんし》たり、しかれども木津**問丸**においては百姓進止たるの由《よし》、之を申す状、はなはだ然《しか》るべからず、

（3）年預《ねんよ》五師《ごし》実専文書記録勘渡帳《かんとちょう》（『鎌』二四五三一号）

一、西大寺勝春房材木用途并びに淀**問丸**材木用途等結《けち》解状《げじょう》等一結

（宇佐見隆之）

【参考文献】

豊田武『中世の商人と交通』豊田武著作集第三巻（吉川弘文館、一九八三年）、宇佐見隆之『日本中世の流通と商業』（吉川弘文館、一九九九年）

土倉

どぞう

「どぞう」「つちくら」とも読む。本来、土や漆喰《しっくい》で塗り固められた建造物としての倉のことであるが、金融業者が質物の防火・防災のためにこのような倉を備えるようになったことから、金融業者、高利貸業者のことをさすようになった。

建築物としての使用例は奈良時代からあるが、金融業者としての初見は不明。ただ、『明月記』文暦元年（一二三四）八月五日条に記される京都での火事について、「払地焼亡、土倉員数《いんすう》を知らず、商売充満、海内《かいだい》の財貨只《ただ》その所に在り」とあり、土倉内に富が蓄えられていたことがわかるため、豊田武はこれを初見とする。だが鎌倉期は、金融業者を主に「借上《かしあげ》」と呼んでいたため、一般に「土倉」と呼ばれるようになったのは鎌倉後期で、南北朝期に一般的になったとみられる。なお、近世に入ると「質屋」が主に用いられ、金融業者を土倉とは呼ばなくなる。

土倉の業務としては、貸付のほかに保護預や預金などがあった。貸付の際には動産や不動産を担保に行うものが普通であるが、貸付の際に担保を預かる「入質《いりじち》」と、債務を

支払わない時に始めて抵当をとる「見質《みじち》」の二種類があった。

『鎌倉遺文』中では、【用例1】のように、屋地などとともに土倉が渡されている譲状†が初期から見られるが、単に建築としての土倉なのか金融業者としてなのかは判然としない。【用例2】の建治四年（一二七八）の質物を預かった業者を「土倉寄合《よりあい》衆」、あるいは「土倉衆」と称しているのが金融業者としての初見といえよう。なお、現在の貸金庫的に重要なものを預かる保護預の例も見られ、【用例3】のように荘園知行の証文を京都七条近くの春日町の「くら」に預けるという記載が見られる。「たしかなる処《ところ》」とも記されており、土倉の業務が一般的に信用される状況になっていたとも考えられる。譲状中の記載としては、元亨二年（一三二二）に至ってようやく、「土倉には方々入銭これ有り」（『鎌』二八一七四号）と土倉が金融に関わっていたことが見える。

土倉の経営には寺社が関わっていたことが知られており、鎌倉末期には石清水八幡宮の境内に米座とともに土倉が置かれていたことが分かる（『石清水八幡宮文書』）。なかでも比叡山山門の関わりは顕著であり、「山門気風の土蔵」の存在が知られる。経済の発展につれて土倉は増加し、室町幕府は明徳四年（一三九三）に酒屋土倉役をかけ幕府の財源とするとともに、保護した。

また、土倉の多い京都・奈良・鎌倉・博多などは酒の醸造でも知られており、酒屋の多くが金融業を営むことが多かったため、金融業者を酒屋とも呼んだ。土倉・酒屋は、徳政一揆の攻撃対象として『大乗院寺社雑事記』などに見られる。

【用例】

(1) 親実法師屋地売券（『鎌』三七六五号）
沽却†　私領地一所幷三間**土倉**一宇事
合一戸主 在自樋口北、自室町東 樋口面
口東西四丈二尺　奥南北拾二丈五尺五寸
右件《くだん》の地ならびに**土倉**は親実法師外祖母の手より、相伝する所の私領なり、

(2) 明法《みょうほう》博士中原明盛の勘文†《かんもん》中に「件《くだん》の調度文書等は、質物に入り流れ年尚《としひさし》、且《かつが》つ一倍後、いそぎ請け出すべきの由《よし》、催促数箇度に及ぶと雖《いえど》も、敢《あ》えて其の償《つぐない》無きを以て、ここに**土倉寄合衆***に用途を配分せしむべきの刻《きざみ》…」（後略）と質物が流れた際土倉衆で分けられる旨が記される。（『鎌』一二九七〇号）

(3) 典侍局なるものが若狭名田荘知見村を得た際に、「もんそ（文書）どもは、よる（夜）もおそろしく候ほど

に、かすかまち（春日町）に候**くら**にあづけおきて候」とある（『鎌』一七八〇二号）。なお、本文書では「くら」としか記されていないが、年未詳の『大日本古文書　大徳寺文書之一』三四三号に同様の内容が「かすが町に候**つちくら**にあずけおきて」と書き付けられ、「くら」が土倉であることが分かる。

（宇佐見隆之）

【参考文献】
豊田武『中世の商人と交通』（豊田武著作集第三巻、吉川弘文館、一九八三年）、中島圭一「中世京都における祠堂銭金融の展開」（『史学雑誌』一〇二―一二、一九九三年）、桑山浩然『室町幕府の政治と経済』（吉川弘文館、二〇〇六年）

野畠

のばたけ

薩摩山田・上別府地頭得分請取状案では「のはく」（『鎌』三一〇二一号・三一〇二三号）、しんくわう所領譲状では「のはたけ」（『鎌』二三六二八号）と読む。『日本国語大辞典』二版には、「のはた【野畑】」で立項されており、「①野と畑。野や畑。のばたけ。②江戸時代、野地田《のじた》と同様、下下《げげ》田《でん》より劣っている悪地のことをいった」とある。『日本荘園史大辞典』（吉川弘文館）には、「畠の性質を示す名称の一つ。畠には上畠と下畠、吉畠と野畠という区別があり、段別の地子が異なっていることから、右の区別は土地の能悪を示すと思われる。」「「野」は山と里の中間に位置するとも考えられる。（中略）原野と開拓地の境界線上に位置し、まだ十分な収穫をあげ得ない畠をさすものと思われる」とある。

『平安遺文』『鎌倉遺文』の史料では、すべてが「野畠」として表記されている。古代・中世においては、「野畠」として統一されていたが、近世になると、「野畑」の表記が多くなる。「畠」と「畑」の相違に着目すれば、古代・中世の「野畠」は焼畑的な耕作形態ではなく、切替畑に近い営農形態といえる。初見は、長久三年（一〇四二）十二月二十日寂楽寺宝蔵物紛失状案（『平』補一六六号）であり、平安時代後期には生産力に基づいた地目としての「野畠」が成立していた。

元亨元年（一三二一）十一月十日伊達宗綱譲状（『鎌』二七九〇〇号）には、宗綱が子息貞綱に譲り渡す耕地のなかに、田地とともに「平畠・野畠・山畠・山林等」が記載されている。平畠・野畠・山畠の違いは、それぞれの所在地による生産力と営農形態によるものであろう。平畠は屋敷周辺の平地に位置する安定した「里の畠」であり、山畠は山の斜面を伐り開くことによって一時的に耕作される不安定な「山の畠」である。野畠は、その中間に位置する緩《ゆる》やかな原野を伐り開くことによって一時的に耕作可能な畠といえるだろう。山畠については、史料中に「山畑」の表記も散見し、焼畑的な耕作形態が多かったものといえる。野畠にしても、「荒平野畠」（『鎌』一八七四五号）、「家野畠」（『鎌』二二一三四号）とあり、平畠に所在地的に近いものもあったといえるだろう。

文暦二年（一二三五）七月二十三日関東御教書に、「野畠においては、国例にまかせ地頭分たるべき也、但し本年貢にいたりては、先例を守り……」（『鎌』四八〇〇号）とあり、「国例」（律令制解体期に各国において行われた行政上の慣習法）として定着しており、本年貢を徴収することが一般的となっている。

一般的には、耕作されてのち再び野に返される、不安定且つ生産力の劣る野畠であったが、その面積が記され地子の額などが記載されている事例もあった。栽培されていた作物は、冬作物の麦、夏作物としては粟・稗・大豆・小豆・桑・麻など多彩な作物栽培されていた。

（松井吉昭）

【参考文献】

伊藤寿和「古代・中世の「野畠」に関する歴史地理学的研究」（『日本女子大学大学院文学研究科　紀要』創刊号、一九九四年）

畑

はたけ

『日本国語大辞典』で「はたけ」を引くと、「はたけ【畑・畠】」と見出しがあり、「野菜、または穀類をつくる耕地。水田に対して、水を引き入れない耕地をいう」とある。現代の日本では、教育漢字の問題もあって、「はたけ」といえばまずは「畑」と表記するのが普通で、「畠」の文字を使用するのは「畠山」などの名字や地名を書き表す場合に限られるといってよい。その意味では、「はたけ」に二つの文字があることは知っていても、そこに意味の違いがあることは知られていないのが現状であろう。

しかし黒田日出男が指摘しているように、本来、畑と畠とは大きく意味を異にしていた。現在普通に思い浮かべる「はたけ」、すなわち家の周囲などに広がり、幾年にもわたって耕作されつづけるのは、漢字で表せば「畠」となる。これに対して「畑」は、火偏がつくことでもわかるように、草木を伐《き》り払い、火入れをして耕作する焼畑を意味する。

現在はほとんど見ることができない焼畑であるが、その起源は古く、『万葉集』にも焼畑を詠んだとみられる歌がある（三二七〇番など）。平安時代中期の貴族藤原長能《ながよし》が遺《のこ》した『長能集』には、より具体的に、父の国司赴任にともなって住んでいた丹波国で見た焼畑が詠まれている。伊藤寿和によれば、歌の詞書中に見られる「畑」の文字は、焼畑を意味する用字の初見という。また、『和名類聚抄《わみょうるいじゅしょう》』などの古辞書を繙《ひもと》くと、古代においては焼畑を「やいはた」とも訓じ、「火田」「疁」などの漢字を当てていたことが知られる。

鎌倉時代に入ると、「畑」の見出される史料は格段に多くなる。地域的には、畿内周辺から九州に至る西日本に関するものが圧倒的に多いが、史料の偏在を考慮すると、それ以外の地域で焼畑が盛んでなかったとは必ずしもいえないであろう。鎌倉時代の史料中には、単に畑のつく地名のみを書き上げただけのものも多いが、中には「御狩倉山《おんかりくらやま》これを伐り取り、*下地《したじ》は焼き払い、作畑せしむ」（『鎌』一八二七〇号）、あるいは「椎尾《しのお》山畑の作麦五町余を苅り取り」（『鎌』八一三七号）、「山嶺には材木これを取り、その跡を焼き払いては大小豆等の五穀を作る」（『鎌』一〇五〇八号）などの記述によって、材木伐採後の山地利用としての焼畑のあり方や栽培作物などが具体的に知られる史料もある。有名な近江国葛川《かつらがわ》に関わる史料では、「彼の群居の浪人等、面々の活計《かっけい》として、霊木貞樹《れいぼくていじゅ》を恐れず、料材を採り、伐畑《きりはた》を構え、秘所滝山を憚《はばか》らず、巌崛《がんくつ》を掘り崩し、屋敷を構え作畠を成す」とあり、明確に畑と畠の使い分けをしている。ここからは、樹木の伐採後に行うのが焼畑であり、屋敷の近辺に作るのが常畠であることがわかる（『鎌』三〇九四二号）。

以上のように、中世においては畑と畠とは明らかに異なった実体をもつものとして区別されていた。ところが、時代とともに畑と畠が混同され、さらには畑のみが専ら用いられるようになっていく。その画期については未だ定まった説はないが、近世初期の検地においては、明らかに常畠を指して「畑」の表記を使用しており、全国的レベルで統一的に石高制が採用されつつあった時期に、共通の表記として「畑」が定着していった可能性がある。黒田日出男は、この変化について、「基本的には、中世的土地制度の崩壊と、焼畑が漸次畠地化されていくことによって生ずる混同とによるのではないか」という可能性も示唆している。

（白水　智）

【参考文献】

黒田日出男「中世の『畠』と『畑』―焼畑農業の位置を考えるために―」（同『日本中世開発史の研究』校倉書房、一九八四年）、伊藤寿和「平安・鎌倉時代の『山畑（焼畑）』に関する歴史地理学的研究」（『日本女子大学紀要　文学部』四五、一九九五年）。

比興

ひきょう

現代語の「卑怯」は、本来、「比興」の当て字といわれる。「比」と「興」は、『詩経』にいう六義《りくぎ》のうちの修辞法で、「物をたとえて本旨を述べること」、「本旨に先立ってたとえを述べること」を指す（『角川古語大辞典』）。『性霊集』序では、空海の詩を評して、「比興争ひ宣べて気質衝揚せり」とある。「物にたとえていう巧みな表現」という本来意から転じて、「おもしろく人の興を引く」という意味として用いられるようになっていった。その一方で、「道理が無い」という意の「†非拠《ひきょ》」の変化で、「不合理や不都合」、「つまらない、取るにたりない」というまったく反対の意味でも使われた。中世では、後者の意味の用例の方が多い。

『鎌倉遺文』における前者の語義の使用例では、「栃餅《とちもち》一葛を進《まい》らしめ候、比興の進物に候」（『鎌』二七一三三号）等があげられ、謝辞の中で進物を賞する語として使われることが多い。

「不都合、道理にあわない」という後者の語義例としては、「比興申状」（『鎌』一二四二〇・一四〇三二・二三六八〇・二三七一七・二三九五二・二四〇七九・二八二六七各号）、「比興之沙*汰」（『鎌』一二〇八四号）、「比興之次第」（『鎌』一二三七〇・二〇三八一・二三三七七・二三七一七・二四八九六・二八〇三八・二九九九〇・二九九九二各号）、「比興料簡《りょうけん》」（『鎌』一九一一二号）、「比興之至《いたり》」（『鎌』一九三三九号）等、さまざまなかたちで使用される。総じて、後者の語義で使用する方が一般的であった。『日葡辞書《にっぽ》』では、「卑劣、下品なこと」と記され、この期には、現代語に近い意味で用いられていたようである。元禄十一年（一六九八）成立の『和漢音釈書言字考節用集』では、「卑怯」の項で、「懦弱の義、比興の字を用いるは謬甚だし」とあり、いまだ、「比興」と「卑怯」の混在が見られるものの、「臆病」や「卑劣」の意として「卑怯」が定着している状況がうかがえる。

（錦　昭江）

不便

ふびん

『日本国語大辞典』などによれば、①都合が悪いこと、便利でない、勝手が悪いなどの意味で、「ふびん」もしくは「びんならず」とよんだと考えられ、そこから②かわいそうなこと、気の毒なこととの意味が発生したと思われる。この場合、不憫・不愍の当て字が用いられることが多くなっていく。さらに③愛憐の情を感じること、かわいいと思うことなどの意味が発生したと思われる。近代以降は①の意味では、「ふべん」の読みが一般的になり、②の意味ではもっぱら不憫・不愍の文字が使用される。

『大漢和辞典』によれば、古代中国では、春秋戦国時代に、秦《しん》が「楚《そ》を攻め便ならず」（『史記』春申君伝）とあるように、攻めたが利がなかった、（攻撃が）うまくいかなかったなど、都合が悪かったの意味で使用されている。

奈良時代、天平五年（七三三）の山背《やましろ》国愛宕《おたき》郡計帳（『寧楽遺文』上巻政治編）に、布世市麻呂の弟「布世族大嶋、年貳拾捌歳、一支不便、残疾」とあるように、病気か怪我により手か足が「不便」の状態で、「残疾」と認定されている。残疾とは、令の規定によれば、片目が見えない、両耳が聞こえない、手の指が二本ないか、もしくは足の指が三本、または手足の親指がないなどといった障害があるものをいう。残丁《ざんてい》（二十一～六十歳の男子の残疾者）は租税のうち調を正丁の半分免除され、徭役《ようえき》を全免とされている（『養老令』戸令・目盲条、賦役令・舎人史生条など）。この減免処置は、もともとは中国の儒教思想に基づく弱者への同情からと思われるが、この戸籍に記載された「不便」ということばは、あくまでも課役を減免する理由として計帳に記入されているもので、言葉自体には障害を持つ人に対する同情の意味合いは含まれていない。また天平宝字二年（七五八）三月十五日の飯万呂請暇解《しょうかげ》（『寧楽遺文』中巻宗教編下）には「伯父重病を得て立居に便ならず」とあり、病気のため立ち居（ごく簡単な日常の動作）が不便となった伯父の看病のため四日間の休暇を願い出ているなど、近親者の看護・介護や自身の病気療養のために休暇願を申請する際に使用されている場合が多い。この申請を出した人は、「不便」という言葉を、単に都合が悪い、勝手が悪いという意味で使用している。しかし、先の計帳を見た役人や、看病・介護のための休暇申請を受け取った側に、障害者や病人に対する同情が生じたことは十分に推定される。

『平安遺文』でも、不都合などの意味に使用されていることが圧倒的に多い（『平』一一八〇号など）。その一方で、安元二年（一一七六）、新御《しんみ》塔三昧《とうざんまい》らの訴えを聞いた八条院が「もっとも不便に思しめし」（非常に気の毒にお思いになり）、鳥羽御領内の熟所《じゅくしょ》（生産力が高い水田）を撰んで、一人別に各二町ずつを†給田《きゅうでん》（領主に対する年貢課役を給与された田地）に充てるよう命じており（『平』三七七五号）、②の用例も見られるようになっている。また応保二年（一一六二）、下総国香取社大禰宜大中臣真房は*嫡子惟房と次男知房に所領・所職を譲っているが、その際に、一腹の妹にも哀憐をいたすよう惟房らに命じているが、そのように申し置いたのは、彼女を「不便」に（愛憐の情を感じる、かわいいと）思う故であったとしており（『平』三二二三号）、③の用例もすでに見られる。

『鎌倉遺文』を通覧しても、【用例1】にみられるように、不便は不都合の意味に使用されている例が圧倒的に多い。しかし、【用例2】にみられるように、嘉暦四年（一三二九）七月に綾小路有頼が死去したことを知った後醍醐天皇は、その死去を返す返す「不便々々」とし、一流の衰微を歎いており、この場合のように「不都合」や「気の毒」というよりは、どちらかというと「残念な」の意味に使用しているものも多く見受けられる。このほかに【用例3】のように、金田孫二郎の子息が早世したことを聞いた金沢貞顕は、年を取ってから子どもに先立たれた親の悲しみを「不便」（気の毒）と思っており、ここでは②の不憫・不愍の意味で使用されている。【用例4】の場合は、水谷入道の息女が他界したことを聞いた金沢貞顕は、その死を歎き、かつて父であった故水谷入道が「不便」（可愛）がっていた息女であることを思い出し、ますますどのようにいってよいか分からないとし、母親の悲歎も察せられ、息女の死を悼み弔問すると約束している。この③の場合の「不便」は、主に幼少のものに対して使用することばであり、【用例5】にみえるように、元徳二年（一三三〇）に奈良興福寺大乗院*門跡を附属されていた某（尊信ヵ）は、数多くの子孫の中で、厳覚禅師は襁褓《むつき》（おしめ・おむつ）の頃より撫育《ぶいく》（大切に育てる）していることから、かわいいという思いは他の人より以上なのだとあるように、幼少より親しく接した子どもや弟子などに用いられている言葉である。

【用例】

（1）「高野山領紀伊国南部庄《みなべのしょう》の事、近日事を武士に寄せ、†本所の所勘に随わずと云々、事実たらば、はなはだ**不便**の次第なり」（『鎌』二七九六号）。

（2）「有頼卿の事、返々**不便**々々。一流の衰微、歎いて余りあり。当道の事、秘曲等留め置くの条、道の冥加《みょうが》なり」（『鎌』三〇六六五号）。

(3)「金田兵衛入道孫二郎子息、近日早世の由《よし》、承り候、老後の悲歎、**不便**に存じ候」（『鎌』三〇六七九号）。

(4)「水谷入道息女他界の事、承り候了《おわん》ぬ、歎き存じ候、故入道**不便**がり候し息女にて候と覚え候、なおなお申し計《はから》いなく候、母儀の悲歎も察せられ候、訪い申すべく候」（『鎌』三〇五八九号）。

(5)「子孫多と雖《いえど》も襁褓《むつき》の内より撫育《ぶいく》す。**不便**の思い他の人に軼《す》ぎる」（『鎌』三一〇〇五号）。

（伊東和彦）

勿体ない

もったいない

「勿体ない」は、平成十七年（二〇〇五）京都議定書関連行事のため日本に来日したケニア出身の環境保護活動家ワンガリ・マータイ氏が、自然や物に対する敬意、愛などの意志が込められている言葉として、日本語の「もったいない」に感銘をうけ、「MOTTAINAI」を世界共通語として広めようと提唱してから注目されるようになった語である。

そもそも、「勿体」は、物体すなわち「物の本来あるべき姿」を指すといわれ、「無勿体（勿体ない）」は、その意味から、「あるべきさまをはずれていて不都合である」（『日国』）という語義で、中世では使用されていた。文永六年（一二六九）美濃国茜部《あかなべ》荘では、領主東大寺との相論†で出廷を求められた地頭代伊藤行村が、出廷すれば、維摩会《ゆいまえ》用途調達が遅延するため「物体無く候」と回答している（『鎌』一〇四九六号）。この場合の「物体無く」は、「不都合となる」と解せる。また、【用例】にあるように、文永七年三月五日某書状案（『鎌』一〇五九四号）では、平野《ひらの》殿《どの》荘*納米を、百姓等が抑留する行為に対して、領主が「自由奇怪」と非難し、「返ゝ勿体無く候」と慨嘆しているのも、同様の語義であろう。他、『鎌倉遺文』にみられる「勿体無し」の事例では、平野殿荘同様、年貢等が滞っている事態（『鎌』二五二九八号）や預所《あずかりどころ》の非法によって荘園が荒廃している事態（『鎌』二五三五七号）、物事が順調に進行しない事態（『鎌』二三六一〇号）等の行為に対して用いられ、そのほとんどが「不都合」「不行届き」と解釈される。なお、「無勿体」「無物体」とも同義で使用され、『鎌倉遺文』では双方ともにほぼ同数の用例がみられる。

南北朝期になると、「勿体」は、「そのものの持つ品位・品格」という意味でも用いられるようになる。このことから転じて「勿体なし」は、南北朝期になると、「おそれ多い。身に過ぎてかたじけない」（『空華《くうげ》日工《にっく》集』）との語義が加わる。また、文明本『節用集』では、「正体が無い」こと、あるいは「正理を失う」ことであるとされる。ただし、『太平記』巻三十五北野通夜物語に語られるエピソードとして、久我《こが》内大臣が上皇の叡慮《えいりょ》に背いたことで財産を没収され茅屋《ぼうおく》（粗末な家）に住んでいるところを訪ねた北条貞時が、「（久我家の全財産が、このまま断絶してしまうのは）勿体無く（不都合だ）候」と言う場面もあり（岩波書店『日本古典文学大系』、なお古態をより残すといわれる西源院本等にこの挿話はない）、また、『日葡《にっぽ》辞書』でも、勿体ないは、「堪えがたいこと、不都合なこと」が語義であったことがうかがえる。このことから室町期～戦国期までは、鎌倉期の語義が一般的に使用されていたと考えられる。

「勿体」が、単独で使用され、「態度や有様が重々しい」という語義で使用されるのは、近世になってからで（『日国』）、ものものしくふるまう「もったいぶる」や威厳をつける「もったいを付ける」も近世以後の語である。さらに、近世以後、重要な物なのに本来の価値を無視される行為、例えば、「使えるものが捨てられたり、働けるものがその能力を発揮しない」ことを「勿体ない」と表現するようになる（『日国』）。これが現代語の「もったいない」という意味に転じていったと推測される。

【用例】 某書状案（『鎌』一〇五九四号）
平野殿庄納米の事、……当所の百姓等、雅意《がい》に任せて、秋之収納を抑留《よくりゅう》す、次年、或いは四五月、或いは七八月、或いは霜月ゝ迫、鷹之落食の如く進ぜしむるの条、自由奇怪《きっかい》の事に候、此の条しかしながら、定使無沙汰の故《ゆえ》に候、返ゝ《かえすがえす》**勿体無く**候

（錦　昭江）

流毒

りゅうどく

川に毒を流して、浮いてきた魚を獲る漁法がある。「毒流し漁」と呼ばれるものである。しかしこの漁法は、特定のエリアの水産生物資源を根こそぎ捕獲・殺傷する可能性が高く、資源利用の方法としてはよい印象を持たれない。事実、毒流し漁は古くから禁止の対象とされてきた。

たとえば弘長三年（一二六三）八月十三日の新制では、「長く流毒ならびに焼狩りを禁断すべきこと」の一条が設けられ（『鎌』八九七七号）、野に火を放って炙り出された動物を捕獲する焼狩り猟とともに、五畿七道における流毒漁法が禁止されている。本新制の中には、「先綸後符の誡むるところなり」との文言もあり、実際、文治四年（一一八八）、建久二年（一一九一）にも同内容の禁制が出されている（『鎌』三三九号・五二六号）。文治の場合は、「なかんづく流毒焼狩は典章の指すところ、その罪尤《もっと》も重し」とあり、さらに以前から禁止されていたことが知られる。

毒流しによる漁法は、実は日本のみならず世界でもその例は多く、また日本でも各地で行われてきたものである。近年は資源の回復に二、三年もかかる悪質な毒物を使った漁が行われることもあり、それこそ「根こそぎ」の濫獲が問題となっている。しかし、長く日本で行われてきた毒流し漁は、必ずしも地域資源へのダメージが甚大なものではなく、ムラの行事として正式に行われる場合すらあった。

近江葛川《かつらがわ》の明王院文書中には、鎌倉期の毒流し漁に関する具体的な史料が見られる（『鎌』八〇一四号・二二六五三号）。それによれば、この漁は「アメ流し」「アメの魚取り」とも称し、六月下旬から七月初旬にかけての時期に集団で行うものであった。また、漁獲物は人間が食べるものであるから、流す毒物には強毒性のものは使用できない。弘長三年（一二六三）、幕府の通達により肥前国武雄神社領内で「やいかり（焼狩り）ならびにくるみのかわながし（胡桃の皮流し）、はじかみながし（薑流し）、もさきをして江河の魚をとる事」が禁止されているように、使用される毒は植物性の胡桃《くるみ》や薑《はじかみ》から採られていたことが知られる（『鎌』九〇一四号）。このほかにも山椒やエゴノキなどを使った毒流し漁も行われていたようである。実や根、樹皮などの有毒成分を含む部分をつぶし、袋に入れ、川の中で揉んで毒を流すと、魚が一時的に麻痺して浮いてくる。それを獲るというのが近現代に伝わる漁法であるが、おそらく前近代においても類似の方法で行われていたものと考えられる。

このようにその毒は必ずしも持続的かつ重大な環境破壊

的なものではなかったと考えられるが、しかし焼狩りとセットで禁止されているように、繰り返し行われれば一定エリアの資源を根こそぎ絶やしてしまうことになる。近江葛川の行者《ぎょうじゃ》等は、「爰《ここ》に鱗族の膾厨に備うべくんばこれを取り、少虫の受用に叶わざるは徒《いたずら》に浮き流るるの空しき」と、目的とする魚以外の生物までも分別なく殺生する点を問題としている（『鎌』二二六五三号）。もちろんこれは文飾的な表現ではあるが、確かに毒流し漁の本質をついたものではあった。度重なる禁令は、こうした懸念もあって出されたものであったのであろう。

（白水　智）

和市

わし

中国では、支配者が歩合《ぶあい》をとって交易を調整することをいったが、日本では強制的に売買価格を決め強制した「強《ごう》市《し》」の反対語として、元々は買い手と売り手の合意によって値段を決める平和な取引のことをいった。その後、市場での売買価格や交換比率のことを示す語として使われるようになり、主としてこの意味で使われるようになった。

初見は『続日本紀』宝亀七年（七七六）七月己亥《きがい》条の「安房・上総・下総・常陸四国の船五十隻を和市し、陸奥国に置く。以て不虞《ふりょ》に備う」であると考えられるが、この場合は平和取引の意で用いられている。

【用例1】では、本来の単なる取引の意味で用いられているが、『鎌倉遺文』ではこのような使用例は少ない。

一方、【用例2】は鎌倉前期の安貞二年（一二二八）の例で、布一丈を「和市之法」によって銭三十文に換算して銭で納めると記されている。「和市之法」という語で既に交換比率の意味で用いられている。『平安遺文』一七一〇号にも「和市法に任せて勘定《かんじょう》すべし」とあり、平安期から「和市之法」あるいは「和市法」で市場価格によって換算するという意味で用いられていることがわかる。

【用例3】では大和国近内荘の領家の得分《とくぶん》米を京都の和市で銭に換算し支払う旨《むね》を記しており、「和市」だけで交換比率の意味を示している。この「京都和市」のように、「国和市」（『鎌』二三二四七号）、「洛中米穀和市」（『鎌』三二〇三三号）など地名を伴う場合や、「和市は秋時法に任すべし」（『鎌』二〇六七八号）のように、季節や時期を示す語を伴う場合も多くみられる。これらは、交換比率が場所や季節により変化するためである。

一方で、本来の和市の意味から離れて領主や荘官などが決められた和市を強制適用する場合もあり、和市の変動とともに、荘園の領主と荘官や地頭の相論、あるいは荘官と荘民の相論の原因となることも多かった。逆に商人たちはこの和市の差を利用して利益を得ている。

和市は取引が行われる際に使われる用語であるため、和市が示される場では市が開かれることがわかる。

室町期の用例も鎌倉期と同様であるが、文明本『節用集』に「和市、又糶《せり》同、売買定価義也」とあり、一般的にせり（糶）と同じく売買価格の意で用いられていることが分かる。

江戸時代に入ると、主に「相場」の意味で用いられるが、「替」の意味で使われることもみられた。

【用例】

（1）造酒司解（『鎌』五六三六号）

内蔵寮《くらりょう》・内膳司は市辺において魚鳥交易の上分《じょうぶん》を召し取り、日次《ひなみ》の供御《くご》を備《そな》え進《まいら》す（中略：左右京職、装束司の例を記す）此外《このほか》之例あげて計《かぞ》うべからず、是皆**和市**交易之課役也。

（2）関東御教書（『鎌』三七七七号）

（本来魚で納める雑事については、布に代えて納めるのが通例であるが）代布においては、多少の論有るにより、先例に任せて魚を弁《べん》ずべし、もし魚無きの時は、**和市之法**に就き布壱丈□銭三十文を募《つの》り弁ずべきの由…（後略）

（3）日吉社彼岸用途契状（『鎌』一一九〇七号）

右、件《くだん》の公用銭《こうようせん》は、毎月貫別に五十文の利分《りぶん》を加え、近内庄領家得分米を以て、京都**和市**に任せ、立用《りゅうよう》せしめ給わらるべし。

（宇佐見隆之）

【参考文献】

佐々木銀弥『中世商品流通史の研究』（法政大学出版局、一九七二年）、豊田武『中世日本の商業』豊田武著作集第二巻（吉川弘文館、一九八二年）

コラム《助数詞》

生きたスルメイカは「一杯」、スルメになると「一枚」、足だけなら「一本」。同じスルメイカが場合によって異なる単位で数えられるのは、よく知られたことである。日本語はこうしたものを数える単位（助数詞）の非常に多い言語だとされる。そして助数詞は、単に数量を表すだけでなく、対象に対する認識のしかたが表れる興味深い表現といえる。

鎌倉時代の文書にも多数の助数詞が見える。現在と異なる語としては、銭を「疋」（十文＝穴あき銭十枚）単位で数えるものなど興味深いものがあるが、あまりに分野が広いので、ここでは一例として漁業や海産物に関わるものをとりあげてみたい。

魚の数え方で現在と異なるのは、「こん」「せき」であろう。これらは鯛・飛魚・鯔《ぼら》・鮭・鱒・鯉・鮒などに使われており、現在でいう「匹」と同じ意味で用いられている。「こん」は「喉」という字、「せき」は「隻」または「尺」の字が当てられる。二つの語は同じ種類の魚について用いられる場合が多く、厳密な区別があったのかどうか、判然としない。

一方、白魚や海老、鰯、雑魚などの小魚類や螺などの貝類になると、「桶」あるいは一般的な量表示の「斗」「合」などで表されている。雑魚は「雑魚廿五喉」と表記される場合もあるが、「雑魚・海老等各一斗」のようにも書かれている。逆にここから、「廿五喉」という場合の雑魚は「いろいろな種類の魚を取り混ぜて」の意味でとくに小さいものではなかったことがうかがわれ、反対に「一斗」と表記される海老は伊勢海老のような大型のものではなかったことが想像できる。貝類は「丸蚫《あわび》三百貝」のようにそのまま「貝」が助数詞となることも多い。海月《くらげ》や海鼠《なまこ》はやはり「桶」が単位となっている。

魚介類も加工品になると、数え方が変わることがある。史料にしばしば見える鮨（現在の寿司とは異なり、塩漬けにして発酵させた保存食品）では、「鮎鮨弐桶」「鮨桶三口」のように容器単位、あるいは容器の個数で表すケースが見られる。蚫は乾燥させて細長くのしたいわゆる「のし蚫」に加工されたり、乾物にされたりするが、それぞれ「長蚫千百五十帖」「干蚫夏五連秋五連」などと見える。「帖」からは平たく加工された様子が、また「連」からは紐などで何個かがつながれていた様子をうかがうことができる。

海苔・和布《わかめ》・海松《みる》・心太《こころふと》（テングサ）などの海藻類は板状に乾燥されたことを示す「帖」で表される場合が多いが、「石」「升」「合」あるいは「桶」の単位で書かれる場合は、塩漬けなどの形で送られたのかもしれない。和布は「条」で数えているものも見られ、これは長い干し和布の状態であったことが考えられる。北海道（蝦夷）方面から運ばれてきた昆布は「五把」「十巻」とあって、束にしたり巻いて運搬していた様子が想像される。

塩はたいてい「石・斗・升」か「俵」が単位となっている。「俵」は保管・運送の荷姿がそのまま表れた書き方である。まれに「籠」（「こ」または「りゅう」）、「一駄」「六荷《か》」などの表記も見える。これも容器や運搬単位が知られる事例である。

このように助数詞の表記からは、中世、その品物がどのように加工されたか、どのような形で保管・運搬されたか、またどのような数量を単位として運ばれたかなど、さまざまな事柄を読み取ることができる。助数詞は、古文書に必ずしも説明的には記されない当時の生活や流通の一齣が垣間見える貴重な情報なのである。

（白水　智）

コラム《古文書用語の読み方と意味》その3

以前（いぜん）箇条書きで、二箇条以上の前文をうける場合に使われる。一箇条の場合は、「右」を使う。

往昔（おうじゃく）「おうせき」ともいう。昔。

雅意（がい）わがまま。自分勝手。

過差（かさ）ぜいたく。分に過ぎたこと。

寛宥（かんゆう）過ちを許す。

緩怠（かんたい）「かた」ともいう。職務を怠ること。なおざりにすること。

公験（くげん）土地の所有権を公認した文書。

供奉（ぐぶ）主人が外出する際、供をすること。供の人。

懈怠（けたい）怠ること。なまけること。

下知（げち）命令のこと。下知状の場合は、「下知如件（げちくだんのごとし）」と結ぶ。

結番（けちばん）「けつばん」ともいう。組を編成し、順番に職務につくこと。

顕然（けんぜん）「けんねん」ともいう。はっきりとしていること。明確であること。

沽却（こきゃく）売り渡すこと。

忽緒（こっしょ）「忽諸」とも書く。「こっじょ」ともいう。命令などをないがしろにすること。ゆるがせにする。

執達（しったつ）上意を通達すること。

参差（しんし）物の長さが揃わないこと。矛盾のあること。内容が食い違っていること。

進止（しんし）「しんじ」ともいう。土地などを進退領掌すること。年貢収納・処分・没収権を行使すること。現在使われている支配の意味。

糺返（ただしかえす）「きゅうへん」ともいう。理由を明らかにして、押領した所領等を返却すること。

致仕（ちし）官職を辞すること。引退。

輩（ともがら）仲間、同輩。

非拠（ひきょ）いわれのないこと。道理にかなわないこと。実力もないのに高位につくこと。

日次（ひなみ）日ごと。日柄。日常化していること。

不日（ふじつ）すぐに。ただちに。

物忩（ぶっそう）物さわがしい。あわただしい。危険なようす。

炳焉（へいえん）「掲焉（けちえん）」と同じ。あきらか。いちじるしいさま。

凡下（ぼんげ）商人など一般庶民。侍は含まれない。

V章　負担

税は、いつの時代にあっても、人々の最大の関心事の一つです。本章では、徴税に関連する用語を集めてみました。

「供給」「公事」「指図」「注文」「用途」等は、現代の用語としても使われますが、中世社会では、いずれも荘園支配や徴税に関わる用語として使用されました。どのような意味で用いられていたのでしょうか？　また、「結解《けちげ》」「筵付米《むしろつきまい》」「読合」「来納」等は、中世独自の徴税システムに関連する用語です。それぞれどのようなしくみであったのでしょうか？

中世における荘園社会のしくみは、現代ではなかなかイメージすることが難しいといわれています。コラムでは、興味深い「田」の種類を紹介するとともにこの章の本文を、皆さんにより理解していただくために、比較的難解な荘園支配に関連する用語を解説しています。

安堵

あんど

『日本国語大辞典』では、①垣の内に安んじて居ること、転じて、土地に安心して住むこと、②心の落ち着くこと、③中世、幕府や戦国大名が*御家人・家臣の所領の領有を承認すること、④以前本人またはその父祖が領有していた土地を取り戻すこと、⑤「あんどじょう（安堵状）」の略、とある。

古代には、為政者が民衆の生活を安じるという撫民の意味で使われていたが、平安末期以後社会不安が高まると、本来の所領に対する権利を承認し、人をその上に安堵させるという、所領保護の慣行として③の意義をもつようになったとされる。『平安遺文』・『鎌倉遺文』においても、平安末から鎌倉初期には、「早く諸人の煩《わずら》いを停止《ちょうじ》し、安堵せしむべき事」（『平』三九七五号）、「宗重法師は（略）志《こころざし》を鎌倉殿に運ぶの間、†下文《くだしぶみ》を賜い、†本所に安堵せしむるところなり」（『鎌』九五号）のように、人を本来あるべき安定した状態に復帰させる意味での用例が多い。

しかし次第に安堵の対象がモノへと変化して、所領領有の承認そのものも意味するようになり、鎌倉末期には、「安堵二字」は所領の安堵をさすのが「古今之法」である（『鎌』二八二九八号）といった通念の成立をみるという。この頃成立の『沙汰未練書』には、相続についての安堵（継《つぎ》目《め》安堵）の申請から発給に至る手続きが記されている。それによると、安堵の申請を受けた安堵奉行は当該国の守護もしくは申請者の一門親類等に、申請者が当該所領を当知行しているか、安堵の発給に対して異議申し立てがないか、の二点を†請文《うけぶみ》によって報告させ、もし異議申し立て人がいる場合、この案件は†引付に賦《くば》られ裁判が行われる。嘉暦四年（一三二九）五月二十三日鎮西御教書《ちんぜいみぎょうしょ》の「地頭職安堵の事、申状（略）かくの如し、早く†当知行の実否《じっぴ》といい、支え申す仁の有無といい、起請《きしょう》の詞を載せ、注し申さるべきなり」（『鎌』三〇六〇九号）は、この『沙汰未練書』を受けた事例である。さらにこうした撫民や土地に関わる意味から広がりをみせ、「朕安堵思致候ハヽ」（『鎌』二六五二八号）、「条々三条殿へ申され候て、昨日事きれ候之由、安堵せられ候へく候」（『鎌』三二一九〇号）など、②の意味でも使われるようになった。現代語では、もっぱらこの②の意味で使われる。

（伊藤瑠美）

【参考文献】

牧健二『日本封建制度成立史』（弘文堂書房、一九三五年）、笠松宏至「中世の安堵」（『日本の社会史第四巻　負担と贈与』岩波書店、一九八六年）、梅村喬「安堵」（『日本歴史』七〇四号、二〇〇七年）

供給

くごう・ぐきゅう（古）

現代語では、「きょうきゅう」と読み、需要に対する反対語として用いられ、「上から下へ」の物資の提供という語感がある。古代では、訓読みで「たてまつりもの」、音読の場合は「くごう（ぐごう）」「ぐきゅう（ぐきゅう）」と読み、「下から上への」物品の提供、すなわち役人への住人の奉仕を指した（早川庄八参考文献参照）。

八世紀からその用例は見られ、当初は、広く食料等公的物資を提供する行為を指した。平安期には、中央から地方へ派遣される使者へ食料・馬等を提供する行為をとくに指し、十一世紀前後には「供給雑事」として各公領・荘園にその負担を課す意味で用いられる。『鎌倉遺文』でも、「供給料」（『鎌』四六二号）、「供給伝馬」（『鎌』一六八九号）、「供給米」（『鎌』一三五二号）等々、さまざまな負担がみられ、「依例勤供給（例に依り供給を勤む）」（『鎌』一七〇八号）のように恒常的に課せられていたことがうかがえる。供給は、さらに転じて、中央から現地に下向した貴人あるいは貴人の使者・代官を饗応する負担を指すようになっていった。こうした饗応は唐律《とうりつ》では罪となったが、日本では刑罰の対象となかった。

供給は、荘園制下では*公事《くじ》の一種として、公的任務をもった役人・使者への食糧・馬等の提供や接待、荘園の代官の饗応や食事の世話などが課せられることとして定着していき、「厨雑事《くりやぞうじ》」ともいわれた。下向・到着直後の饗応は三日間行われるのが慣例であったので、「三日厨《みっかくりや》」とも称された。美濃国小木曾荘検注雑物日記目安注文（『鎌』三〇八五七号）では、元徳元年（一三二九）一年の同荘園に課された多彩で過重な厨雑事がうかがい知れる。すなわち、三日厨分として、白米・酒・白酒・鳥・魚二種・シル芋・味噌塩・大豆・糠・藁・薪等々である。おのおの代銭で納入されているが、本来は現物で貢納されていたのであろう。

滞在中の食事等の世話を、長日厨《ちょうじつくりや》あるいは百日房仕役《ぼうじやく》といい、寛喜三年（一二三一）新編追加（『鎌』四一一七号）では地頭方厨事について「長日厨事、一向停止《ちょうじ》すべし」等、濫用は戒められているが、現実には、効果はなかったようである。下向の際には、*引出物を必要とした。建久元年（一一九〇）備後国大田荘では、預所《あずかりどころ》下向あるいは郡司下着にあたって、預所・郡司ばかりでなく随行する下司《げす》・公《く》文《もん》・田所《たどころ》・惣追捕使《そうついぶし》ごとにも、おのおの布が課せられている（『鎌』四六二号）。永仁六年（一二九八）大和国平野殿《ひらのどの》荘雑《ざっ》掌《しょう》は、南都郡使が厨雑事使料と号して、過分の年貢を押し取る行為を訴えている（『鎌』一九八八三号）。また、丹波国大山荘雑掌は百姓が「厨雑事」をはたさないことを訴えているなど†（『鎌』二五六七一号）、厨雑事をめぐる領主側と住人側の相論は、中世を通じて絶えなかった。

（錦　昭江）

【参考文献】
早川庄八「「供給」をタテマツリモノとよむこと」（『中世に生きる律令』平凡社、一九八六年）、網野善彦『日本中世の民衆像』（岩波書店、一九八〇年）

公事

くじ

「公」はおおやけの意。『日本国語大辞典』では、①公務、朝廷の儀式。②荘園制下で、年貢以外の雑税や夫役の総称、③訴訟およびその審理、裁判の三つの意を挙げる。

『鎌倉遺文』を通覧すると、ほぼ②の用例で現れる。②は、「年貢・公事を勤仕すべし」（『鎌』二三八二四号）という用例にみられるように、年貢と対をなすもので、律令制下の租の系譜が所当年貢となったのに対し、公事は調庸・雑徭の系譜を引いたものである。本来公的な課役を意味していたことから公事と呼ばれた。荘園や公領での公事の種類は、国役《くにやく》・本家役・預所役《あずかりどころやく》・下司役《げすやく》・在家役《ざいけやく》などさまざまなものがあり、その内容も、京上夫《きょうじょうふ》（農民が年貢の運送などのために上洛する役）・兵士役《へいしやく》・佃《つくだ》の耕作などさまざまであった。さまざまな公事を一括して「万雑公事《まんぞうくじ》」（『鎌』六二一号）と呼ばれることも多い。

また、鎌倉幕府のもとでは幕府が御家人*に課した「関東御公事《みくうじ》」と呼ばれる公事があった。御家人は内裏・院御所の修造用途や社寺の修造用途など、経済的負担を中心にさまざまな課役をつとめた。関東御公事は鎌倉幕府の重要な財源となった。一般的に、御家人らの公事の負担方法は「関東御公事においては、所領の大小に随い、得分の多少に依り、嫡子*大炊助親秀惣領*として支配せしむべき也」（『鎌』三一七〇号）という事例のように、惣領が庶子に配分し、惣領が一括して納入した。なお、中世後期から近世に入ると、訴訟の意で用いられることが多くなった。

（守田逸人）

【参考文献】

富沢清人「荘園体制下における村落と農民」（同『中世荘園と検注』、吉川弘文館、一九九六年所収）

結解

けちげ

「けつげ」「けげ」ともいう。物事を勘定すること。『日《にっ》葡《ぽ》辞書』では勘定、計算。結解は名詞であるので、通常、「遂結解（結解を遂ぐ）」という形で使われる。「結解」の語義は、しばしば「収支決算」のことと理解されているが、これは必ずしも正確とはいえない。用例から考えると、米銭などについて納入する責任をもつ側が精算をすることを意味している。これを端的に表す用例が「進未《しんみ》之結解」「進未結解」という熟語で、荘園・公領に関わる年貢・官《かん》物《もつ》の納入状況（すなわち「進」か「未進」か）を検査して精算することである。「進未結解」の用例はすでに『平安遺文』に見えている（『平』六八七号、一二四二号など）。『鎌倉遺文』でも大多数の用例は、年貢・公事の納入状況に関わる精算であって、荘園領主・地頭間の相論†において年貢・公事その他の納入状況が論点である場合には、【用例1】のように未進か否かは結解の手続きを遂行して決定されるべきものとされていた。

「結解」とは精算であるので、年貢・公事に関わる場合のみではなく、借金・借米の利息についても行われたことは、【用例2】のとおりである。

結解の過程と結果を記した報告書は結解状といわれ、『平安遺文』にも『鎌倉遺文』にも実例は多く遺されている。結解に類似した中世の語に「算用《さんよう》」がある。結解（状）と算用†（状）とは同義と理解されるのが一般であろうが、佐藤進一の解説によれば「中世に入って、単に数量を計算する意味の算用という語が広く用いられるようになると、結解状を算用状と呼ぶ例が現れ、さらに室町時代に入って国衙公領制・荘園制が解体して結解＝勘定の制が衰えると、結解状はほぼ消滅した」とされ（平凡社版『日本史大辞典』「結解」の解説）、中世の深まりとともに「結解」から「算用」へと転化したとされる。

この点を『鎌倉遺文』の用例で検証してみよう。結解の用例や結解状の実例は鎌倉期を通じて数が多いが、算用の用例ないし算用状の実例はほとんど見当たらない。『鎌倉遺文』において算用状とされているものは、文書本文には「結解」「散用《さんよう》」などの用語が用いられていることが判明する。つまり、算用状の語は『鎌倉遺文』の編者の付した文書名として現れるのみである。算用の用例そのものの早い事例は正応三年（一二九〇）十二月十九日長順請文《うけぶみ》（『鎌』一七四九九号）にみえる東寺領安芸国新勅旨田《しんちょくしでん》（広島県府中町）の年貢の京都への送進をめぐって西向という人物の作成した「算用」であろう。この文書では、†端裏書《はしうらがき》で本文中の「算用」をさして「結解」とも書いている。

注意しなければならないのは、†事書《ことがき》で「†下行《げぎょう》散用事」と明記されているのにも拘らず、端裏書では「結解状」と記す文書（『鎌』七三六六号）があることである。それのみならず、事書で「結解事」としながら、事実書《じじつがき》で「右散用注進如件《くだんのごとし》」とするような文書（『鎌』八七七七号・一一五〇二号）や、「なんぞ近処《きんじょ》の結解を閣《さし》おき、院庁《いんのちょう》の散用を好むべけんや」（『鎌』一二九九二号）のような、同じ文書のなかで同一の手続きをさして「結解」とも「散用」とも表現する事例が、算用の初見よりも以前に散見される。「於公文所欲経散用（公文所《くもんじょ》において散用を経《へ》んと欲す）」の「経散用」を†見《みせ》消《けち》にして「遂結解」と訂正した案文さえあって（『鎌』一七五二九号）、十三世紀後半までには結解と散用との混同がすすんでいたことが窺われる。

算用とは異なって、散用は平安時代から普通に使用された言葉であるが、『平安遺文』の用例にも「即米銭依員散用已了《すでにおわんぬ》」（『平』二九八号）の「員《かず》に依って散用す」や、「注進伊賀国御封米《みふうまい》散用支配事」（『平』三九六五号）に散用と支配（＝分配という意味）を併用していることからも明らかなように、平安時代にはもっぱら物資や金員を配分する意であった。分配状況の報告書が散用状である。

これが結解と混同されるようになるのは、とくに「進未結解」の場合、年貢・官物などの納入元から納入先に対して納入実績を報告する際に、納入現地における必要経費あるいは輸送費用など控除分を計上するわけであるが、この手続きが散用に類似するからであろう。結解から、十三世紀半ば頃までに結解・散用の混用を経過して、十三世紀後半に算用という語に転化し、南北朝期に算用状の称が一般化するにいたったものとみられる。

【用例】

(1)　鎌倉幕府・六波羅探題・鎮西探題の発給した裁許状に「はやく**結解**を遂げ、未進あらば、究済《きゅうさい》すべき也」（『鎌』二〇七九九号）、「†返抄《へんしょう》を出帯《しゅったい》せざるの上は、かれこれ**結解**を遂げ、未進においては、究済せしむべし」（『鎌』三〇四七二号）などとあるごとくである。

(2)　「利米之**結解**」（『鎌』二三七一号）や「＊土倉《どそう》ニハ方々入銭有之、**結解**以後、何程もあるに随い取らるべき者也」（『鎌』二八一七四号）など。

（田村憲美）

【参考文献】

網野善彦他編『講座　日本荘園史1荘園入門』（吉川弘文館、

一九八九年)、佐藤泰弘『日本中世の黎明』(京都大学学術出版会、二〇〇一年)

指図

さしず

「差図」とも書く。指図というのは現在、一般的には「指図する」と動詞用法で使用され、「指示してさせること」を意味する。そのほか、指図は、現在、手形法で、「証券上の権利者が、自分に代わる者を証券上の権利者に指定する行為」、「支払を受け又は之を指図する者の名称」として用いられ、また「織物の地合図」として使用する(『日国』)。

しかし指図というのは、その言葉の現れた最初である平安時代には、永長二年(一〇九七)と考えられる九条殿造営文書(『平』補一八〇~一九一号)に「泉御所屋指図遣レ之」や、治承五年(一一八一)四月五日東大寺出納日記(『平』三九六六号・三九六七号)に、「講堂以北指図一禎」とみえるように、①建築の平面図ないし建築設計図をいい(建築指図)、また、『権記』(権大納言藤原行成の日記、現存年次九九一~一〇二六年)長保元年(九九九)八月十三日条に「左府(藤原道長)詣ニ慈徳寺一給、候ニ御共一、会日指図事奉仕」や、『殿暦』(藤原忠実の日記、現存、年次一〇九八~一一一八年)、長治元年(一一〇四)九月二十八日条に、「中宮御堂指図持来、見《み》了《おわん》ぬ、可レ申《もうすべき》事皆《みな》申了ぬ」とみえるように、②儀式や法会《ほうえ》などの鋪設、諸具の配置を示すために描いたものをいった（鋪設、諸具配置図）。①の建築指図としては天平勝宝八年（七五六）六月九日成立の東大寺境内図（正倉院蔵）が最も古い。

さらに指図は、③特定の地形を描いたものや、荘地や領有地を明示する地形図を指すようになる。建保二年（一二一四）の尚友書状に、「地形之□(指)図面ニ築地之□も被レ定候て」、「四方築垣之跡打廻天荒指図ニ書付て」とみえる（『鎌』補遺六五八号・六六〇号）のは特定地形図としての指図を示している。荘地や領有地を明示した地形図として早い例は、保延五年（一一三九）六月日の安芸国藤原成孝譲状（『平』二四一〇号）に、「杣山等見指図之」とみえる指図がそれである。

さて、鎌倉時代になると、③の指定・指示した地形図としての指図は、④境域明示の境域指図として現れる。建長元年（一二四九）の仁教譲状（『鎌』七一一二号）によれば、仁教は「地壱処」を譲与しているが、そこに「四至丈数等、見二于本券幷差図一」とある。ここにみえる「差図」は四至丈数を明示した境域地図である。

十四世紀初より平等院領山城国綴喜郡禅定寺と同国同郡最勝金剛院領曾東荘とは激しい境相論を繰返しているが、そこで、裁定の原拠となったのは、「両荘差図」であった（『鎌』二三九七・二五二八一・二五五二三・二六四九三・二六四九四・二六四九五・二六九五〇・二七〇四九・二七〇八一・二七二二二・二七五三〇・二八三〇一各号）。この相論に持ち出された指図は境域地図である。元応元年（一三一九）五月の山城国禅定寺申状案に（『鎌』二七〇四九）によれば、さし出された指図について、相論の相手である曾東荘と禅定寺領との境に違い目があった場合は、「押紙」をそのところに〝点ぜらるべし〟としている。これによっても、両者がさし出した指図が境を地図上に描いたものであったことが知られよう。ただし、「凡《およそ》指図之法、任二本証文一、為二目安図之一歟《か》」（『鎌』二七二二二号）といって、指図は、境を決める重要な決め手であるが、本証文に次ぐものとされていた。

④鎌倉時代には地頭権の伸張に伴って、旧来の領主である本所・領家との間で荘園地の中分（相分）が行われたが、その決着の過程で、中分（相分）の目安として作成された地図を指図といった。例として嘉元四年（一三〇六）一月成立と考えられる「東寺領伊予国弓削島《ゆげしま》荘領家地頭相分差図」（『鎌』二二三六八号）があげられる。これは、領家である東寺側が、地頭との紛争の解決のために、弓削島荘の相分を考え、地頭側に選びとらせるために絵図上に相分地を指定したものが当該絵図であった。

また⑤荘園領地の懸案事項を解決するために問題箇所を

明示するために作成した地図をいった。この例としては徳治二年（一三〇七）に善通寺の「百姓等」が「烈参」して随心院に進上された「讃岐国善通寺一円保差図」がある。これは、領内の水利問題を解決するためにつくられた地図である。また⑤に入るものに、徳治三年（一三〇八）八月十一日成立と考えられる「東寺領丹波国大山荘指図」があるが、これは一町五段の井料田《いりょうでん》と新溝代二段、計一町七段歩を隣荘宮田荘に避り渡すことで結着をみた際に用意されたとみられる。この図には相互確認の署判を欠いていて、この指図の目的は、現地の状況と、どこに「水口」をとるかを把握することに置かれていたことを語るものである。

以上、平安時代から鎌倉時代の指図に共通するのは、いずれも図面を指している。⑥それでは、現在使用する「指図する」という、「指示してさせること」の用法はないかというと、次にような例をみる。仁治三年（一二四二）七月日の九条道家置文（『鎌』六〇四五号）「但内大臣座次在左《可》大臣《大将》上、世所二推参一、可レ被二登用一者、非二指図之限一、只奉レ任二祖神之冥慮一」とみえる指図は、動詞的用法であろう。明確に動詞的用法として使用している例は、貞応二年（一二二三）三月十六日の船法儀（『鎌』三〇七一号）に、「一、海中にて元船無道具失ひ候節は、……村役人江及レ訴、其所の差図を受行可レ有事」とあるものである。ただし、この船法儀は、後年の成立故、その成立の実際年次は吟味を必要とする。さらに注意したいのは、この指図の動詞的用法も、鎌倉時代には図を伴っていたと考えるのが妥当であろうことである。

『国史大事典』（吉川弘文館）の「さしず」に田中稔は「差図」とは「地図・絵図・設計図をいう」とし、「国の差図は荘園の立荘・領域の確定に重要なものであった。また荘図その他の所領差図はその支配に不可欠のものとして作られた」とする。この解説は、「指図」を「国の差図」と、実体不明のものをあげ、また「荘図」を「指図」と同一とするなど甚だ妥当性を欠いている。指図の指図たる所以は、視覚的に明示するところにあり、本来、「本証」として作成されたものではない。

（奥野中彦）

【参考文献】

奥野中彦「灌漑指図の成立」（『民衆史研究』第四五号、一九九三年）。

支配

しはい

「支配」の語を『広辞苑』(第四版)で引くと、①仕事を配分し、指図し、とりしまること。②物を分け与えること。分配すること。③統治すること。④ある者の意志や他からの要因が人の思考・行為に規定・束縛を加えること、とさまざまな意味が出てくる。しかし、現代では一般に③の統治すること、または「上に立って他の人を自分の思う通りに動かす(使う)こと」(『新明解国語辞典』第四版)の意味、すなわち『広辞苑』でいえば④に近い理解で用いるのがもっとも普通であろう。ところが、現在の意味は本来の語義から発展・転化して用いられるようになったもので、近世以前にはむしろ上記①・②の意味で使われるのが一般的であった。

「支」は『漢和辞典』によれば、まず第一に「分ける」「分かれる」ことであり(「支店」などの使い方はそれにあたる)、「支配」とは「分け、配る」が本義なのである。室町時代から安土桃山期の日本語を記録している『日葡《にっぽ》辞書』では「物を割り当て分配すること。あるいは、いろいろな人へ食糧などを分配すること」とのみあって、やはり現代的な意味は載っていない。

鎌倉時代の史料を調べてみると、やはりもっぱら「分け配る」の意味で使われている。もっとも同じ「分け配る」でも、意味としては二様に分かれる。則ちA「(物などを)分与する」意味と、B「(負担などを)割り当てる」意味とである。建長六年(一二五四)の禅幸門徒等山地配分状には、「配分　私領敷地山の事」「門弟等の沙汰たるにより、永代を限り、僧明舜に配分せしむるの処《ところ》なり」とあって、禅幸大法師相伝の私領を門弟たちが僧明舜に渡したことが知られるが、その際、文章の末尾には「仍《よ》って後代《こうだい》の証文として、本券文《けんもん》等を相《あい》添え、支配せしむる所の状件《くだん》の如《ごと》し」とあり、「支配」と「配分」が言い換えられているのがわかる。この場合は上記Aの用例にあたる(『鎌』七七一二号)。また、弘安十年(一二八七)の関東下知状写《うつし》の中には、「一、地頭事を関東御領に寄せ、人夫・伝馬《てんま》を一庄に支配し、巨《こ》多《た》の用途を責め取る」と見える。ここでは明らかに支配がBの負担の割り当ての意味で用いられている(『鎌』一六三九九号)。

ただし少数ながらニュアンスの異なる使用例もある。嘉禎二年(一二三六)、普成仏院領摂津国野鞍荘下司《げす》職《しき》を阿闍《あじゃ》梨《り》真能に与えた処分状案によれば、真能の職務内容として「田地支配・百姓訴訟検断職《けんだんしき》・神社・仏寺万事《ばんじ》沙汰《さた》致さしむるは当庄旧儀なり」とある（『鎌』四九〇六号）。この「支配」は田の耕作者への割り当てなどの細かい業務を示すことも考えられるが、他に並んでいる事項からすると、「田地の差配・管理」といった意味合いで用いられていると考える方が妥当かもしれない。もっともこうした例は、鎌倉期には相当少なく、圧倒的多数の用例は分与と割り当ての意味である。

支配の語が今日的な内容に変化する過程には、おそらく上記した第三の用例が大きく関わっているであろう。すなわち「差配・管理する、取り仕切る」の意味がより強化され、さらにそれが「思い通りに人などを動かす」という現代の意味へつながってくるものと考えられる。幕末生まれの国語学者である大槻文彦が編集・執筆した『大言海』には、「受持チテ、取締リヲスルコト。其部《その》ヲ、統《す》ベ治ムルコト」とあり、近代には「支配」が「責任をもって管理・統括し、治めること」というような語義を主にしていたことがわかる。ここから現代的なニュアンスへの変化はもうあと一歩であろう。しかしその過程で、かえって「分け配る」という本来の意味は薄れ、現在は違和感を覚えるまでになっていったのである。

（白水　智）

図師

ずし

角川書店版『日本史辞典』では、国・郡の図帳や田図を作成する技術者とされ、『平安遺文』にはこうした国・郡図師の姿がしばしば見られる。

平安期を通じて図師の存在が見られる肥前国では、鎌倉初期にもその活動が窺える。建久四年（一一九三）、同国留《る》守所《すどころ》は河上宮に対して†牒《ちょう》を送り、山田東郷庚乃里二十六坪の*下地に「早米」を切充《きりあ》てる事を停止《ちょうじ》すると知らせている。これは同地が河上宮東廊造営料免である事を給主聖舜が訴えたためであったが、同地を「図合下地」としている。同七年（一一九六）には河上宮講衆僧良厳が留守所に対して、本領主僧賢秀の寄進した田地六町を「図合」のうえ一切《いっさい》経会《きょうえ》料免田と認めて欲しいと言上《ごんじょう》し裁許されている。この文書の†奥には在庁官人と並び郡司・郡図師の加署がある。こうして見ると、「図合」とは田図と免田などを照合・確認する作業であったと見られ、「図合下地」とは作業済みの田地という意味であろう。こうした技能者として図師が置かれていたと考えられ、この諸免田が条里地帯にあっただけに、作業には特に専門的な素養が求められたであろう

(『鎌』六九三号・八三四号)。

図師の確認結果は、一つの裁定として重視され、その効力は長く維持・発揮される。尾張国長岡荘とその東に隣り合った堀尾荘は共に摂関家・近衛家領であったが、鎌倉期を通じて両荘の間で境相論が絶えることが無かった。建永年間(一二〇六〜〇七)に始まった相論†は、建暦三年(一二一三)に一つの区切りを迎える。相論の様相は、両荘の境はすでに四至《しいし》に牓示《ぼうじ》*を打ち確定しているのに、長岡荘地頭*・荘官等は境を越え乱入して広大な荒野・葦原を自由に押領*している。その上、十余ヶ所に勝手に札を懸け境と称し、人馬を田畠に踏み入れさせ、船五艘を盗み取る、というものであった。これに対して近衛家政所《まんどころ》は長岡荘荘官の境濫妨の停止を命じている(『鎌』二〇一九号)。しかしこれで相論は決着せず、その後も「未断《みだん》」と言う継続状態であったが、もう一つの区切りが建長三年(一二五一)に来た。近衛家政所から、堀尾荘の押領を停止し論所《ろんしょ》†(係争地)は長岡荘の荘域とするという、建暦の裁定から一転逆転の裁定があったのだが、この逆転劇は相論の中で現れてきた寛治本券†によってもたらされた。この本券当時、すでに国衙領(後の堀尾荘域)と長岡荘の間で境界について相論があり、在庁官人・図師が地形に付いて実検した。その結果「(長岡荘)西堺は為社より南行せしめ、乞凶塚に至る」と具体的に境界線が確定されたのであった。この実検があったのは寛治八年(一〇九四)の事であった(『鎌』七三七四号)。この時の図師によってもたらされた境界線の具体性は、一世紀半もの後に相論の裁定を逆転する力があったといえよう。

こうした図師の役割・職能は、鎌倉期後半になると様相を変えてくる。諸々の権利関係が確定して固定化してくるからであろう。検注帳†などの中に給分・得分が記載されていたり、荘官の一人として加署している例がほとんどの状態となる(『鎌』二一〇七・一〇七二四・一二三九〇・一五〇四三・一八九三七・二三七一一各号)。本来的役割が期待されてはいるものの、荘園体制確立期に活動した姿は見られなくなる。さらに最終的には、在地領主層の譲状中に譲与の対象とされる「図師職《しき》」が見られ(『鎌』三三三九・四〇五五・七四四五・八二六八・一三五七三・三一一六六各号)、図師という語とその本来的意味・役割とは完全分離してしまったといえよう。

(田中寿朗)

【参考文献】

工藤敬一『九州庄園の研究』(塙書房、一九六九年)

退屈

たいくつ

『日本国語大辞典』では、①くたびれて気力がおとろえること、②何もする事がなくて暇をもてあますこと、③なすべき事をしないこと、④萎縮すること、不安になること、⑤困りはてること、⑥仏語で修行の苦しさ、難しさに、悟りを求める本志をおろそかにして、精進努力の心を失うことが語義としてあげられる。

『鎌倉遺文』では、仏教関連の史料に頻出し、「かくの如く信学の人、各《おのおの》退屈の恨《うらみ》を止む」（『鎌』五四二四号）、「菩薩道を行い退屈心を起こすを得ず」（『鎌』二二一〇四号）、「惣《すべ》て以て退屈無し、猶《なお》勤厚あるべし」（『鎌』二三三六三号）、「退屈の外《ほか》他無し」（『鎌』二八七三七号）とあるように、⑥の修行を怠る行為を指すことが圧倒的に多い。また、東大寺戒壇院の資縁が常に欠乏のため「十方来学侶攢仰《がくりよさんぎよう》之勤《つとめ》空し」という状況になり、その結果「退屈者是多」（『鎌』二八七九八号）と記される。この場合、「退屈」は⑤の意味と解釈されるであろう。嘉暦年間（一三二六〜二九）と推定される豊後国田染《たしぶ》荘糸永《いとなが》名についての通昌書状案（『鎌』三〇六七五号）で、「ほうこう。大くつ仕《つかまつり》候」と記されるのは、仏教関連でない史料での数少ない用例である。

南北朝期以降では、『高野山文書』（『大日本古文書』）元中元年（一三八四）にある「諸衆一同契約に及ぶ上は、縦《たとい》年月を送ると雖《いえど》も、退屈の義無く、其の節を遂ぐべし」が、年貢納入や契約履行などの義務を怠る意で用いられている。また、西源院本『太平記』（巻三十四和田楠軍評定事）にある「短気ナル坂東勢共ナトカ退屈セテ候ヘキト事モ無ニ申ケレハ」は、①の倦み気力が衰えるの意で使われている。

いずれにせよ、南北朝期〜室町期になると、退屈は仏教関連以外でも、多様な意味で用いられるようになるが、現代語でよく用いられるような「無聊《ぶりよう》」、「暇をもてあます」意味で一般に用いられるようになるのは近世以後のことである。

（錦　昭江）

侘傺

たてい

正しい読みは「たてい」で、「たくさい」は慣用読み。『日本国語大辞典』では、失意・困窮することと説明されているが、『鎌倉遺文』での用例もこの語義で解釈できる場合が多い。

例えば、案主《あんず》の新儀非法によって「神事凌遅《りょうち》し、土民侘傺」していた但馬国出石《いずし》神社では、その停止をもって「社内の静謐《せいひつ》、百姓の豊饒」が実現したとしているが（『鎌』五二一三号）、ここで「侘傺」が「豊饒」の反対語として使用されているのは、その典型例といえよう。この他、幕府法においても、しばしば「侘傺」が同様の語義で使用されていることが確認できる。すなわち、文永十一年（一二七四）六月一日の年紀を有する関東評定事書《ひょうじょうことがき》（『鎌』一一六六八号）で一期《いちご》領主の罪科によって所領を没収されてしまった「未来の領主」を指して「永く侘傺の条、*不便《ふびん》たるか」としていること、またいわゆる永仁の徳政令の第一箇条「質券売買地の事」において所領の質入れ・売却をもって「御家人等侘傺の基《もとい》なり」としていること（『鎌』一九四一六号）等がそれにあたる。そして、こうした用例は『平安遺文』からも確認することができ、尾張国郡司百姓等解《げ》第四条（『平』三三九号）に「国内の荒蕪《こうぶ》、人民の侘傺、斯れに過ぎたるは莫し」とみえること等が例としてあげられる。

ただし、『平安遺文』・『鎌倉遺文』の用例を通覧してみると、「大風洪水の難殊に甚し、民戸絶烟《ぜつえん》し、各侘傺を企つ…」（『平』一三八八号）といった用例にみられるように、どちらかといえば、失意・困窮の結果としての没落・逃亡の意味合いで「侘傺」が使用されている場合もあるようである。そして、若狭国の*御家人小崎氏の重代郎等であった師房入道が「小崎の輩《ともがら》当国侘傺の後は、松永保地頭太比良太郎能綱法師の許《もと》に、召し仕わ」れたとする用例（『鎌』一一八三八号）についても、おそらくは後者の語義で解釈するべきであろう。

（築地　貴久）

注文

ちゅうもん

中世では、ある要件について人名や数量・種類などを列記した上申書・報告書を指す。この文書の様式が転じ、「あつらえること。品質・数量・形式などを指定して、制作・送付・購入などを依頼すること。また、その依頼」、「こうしたい、ああしたいと望むこと。願望。期待」（『日国』二版）等の現代の意味で用いられるようになった。

注文は上申文書の一つであるが、「一つ書き」もしくは明細を列記した形式で書かれる点が特徴である。また注文は手控えとしての性格を持つが、様々な目的のもとに提出された。例えば、未進《みしん》注文（『鎌』一〇五七五号など）がその一例である。*結解《けちげ》により未進が判明すると、未進分を列記した注文が作成された。未進注文は報告の為に作られるが、それ自体が支払いを約束する性格を兼ねることもあった。また注文は上申文書に副える副進《ふくしん》文書として提出されることも多い。若狭太良荘百姓等申文《もうしぶみ》（『鎌』二一九九六号）は太良荘の百姓等が東寺に大損亡を訴えた申文であるが、「副進一通坪々注文」とあるように、†損田の坪々を列記した注文が副えられていたことがわかる。その他よく知られるものに合戦手負《ており》注文（『鎌』三三〇四三・三三〇四四・三三〇五〇・三三〇五五・三三〇八〇各号）がある。この史料は熊谷氏が千早城攻めに際し、手負い（負傷）の状況を詳細に列記したものである。合戦手負注文は軍《いくさ》奉行や侍所に注進され、この注文をもとに実検がおこなわれた。実検では負傷者と注文の記載の照合が行われ、注文の項目ごとに*合点《がってん》や注記が付けられている。

以上のような注文の他、人名を列記した「交名《きょうみょう》注文」（『鎌』二四五五九号）や、「造営注文」「支配注文」「用途注文」「結番注文」など多くの種類があり、注文作成の対象は様々であった。

（大澤　泉）

【参考文献】

佐藤進一『古文書学入門』（法政大学出版局、一九七一年）、海津一朗「合戦手負注文の成立」（国立歴史民俗博物館『国立歴史民俗博物館研究報告』第四八集、一九九三年）、井原今朝男「荘園公領の支配」（峰岸純夫編『今日の古文書学第三巻』雄山閣出版」二〇〇〇年）

馬上帳

ばじょうちょう

検注帳の一種。田畠の面積・所在地・作人などを記した。承和十二年（八四五）「馬上帳不注作之」が（『平』二五三号）初見。『平安遺文』では、「馬上帳」「馬上定《さだめ》」の用例が十六例確認される。†検注帳を、荘園によって「馬上帳」と呼称するのは、†国衙領であったの慣例を継承したものと解釈されている。検注時馬に乗り、現地の田畠を見て廻ることが、馬上帳の由来とされており、*土用の期間中検注が忌避されることから穢観念との関連も注目される。馬上定は検注行為のこと、「件《くだん》屋敷堀内《ほりのうち》等に於ては、前々検畠の時、全《まった》く以《もっ》て馬の鼻を向けられず」（『鎌』六一八七号）というような検田免除の特権が与えられた土地を馬上免《めん》といった。馬上免は、この史料のように「屋敷堀内」の他、仏神田が多い。

（錦　昭江）

【参考文献】

山本隆志「検注の意義」（『荘園制の展開と地域社会』刀水書房、一九九三年）

別符

べっぷ

新たな開発によって、既存の支配単位とは別個に設定され、本来の領有者とは別個に領有が認められた土地の単位をあらわすことば。史料上、十一世紀前半頃から現れる。その給主は、本来の領有者とは別個にその土地に年貢などを賦課し、その一部を取得する権利を得た。別納の地。

元久元年（一二〇四）十二月十八日源実朝下文写《くだしぶみうつし》にみられる「武蔵国別符郷」（『鎌』一五〇九号）、元応元年（一三一九）七月十二日関東下知状にみられる「西別符郷」（『鎌』二七〇九一号）などは、新たに設定された別符の地が中世的な郷に転化したものと考えられる。この事例のように、別符という呼称自体が地名として定着した場合も多い。なお「別府」は「別符」が転じたもの。

（守田逸人）

【参考文献】

坂本賞三『荘園制成立と王朝国家』（塙書房、一九八五年）

牓示

ぼうじ

荘園の境界領域を明示するもの。荘園の東西南北の四境界線が交差する四地点の四隅に各一個ずつ設置されるのが原則である。

牓示は、荘園成立時、官使・国使・領家使・荘官等が立ち会い境界が定められると、立荘と同時に立てられることが多かった（『平』二七八号）。『平安遺文』では、承平四年（九三四）伊賀国夏見郷内に伊勢太神宮領を定めたものが初見である（『平』二四四号）。牓示が定められた際、後世の証拠として、四至《しいし》牓示図が作成された。

鎌倉期には、平安期に定められた境界をめぐる相論†に際して、旧来の牓示の位置が争点となったり、正治二年（一二〇〇）の黒田荘と長瀬荘の境相論にあたって作成された東大寺三綱申状【用例】のように官使の立ち会いなく私的に牓示を打つ行為などが、みられるようになる。なかには、牓示を縮めるや、牓示を乱す（『鎌』二七三三二号）等の不当行為も記録されるようになる。

四至の境界は、樹木・石（『鎌』九〇二号）など等、自然物で示されることもあるが、木の杭を打つなど、人工的に設置される場合も多かった。牓示の牓は、本来札の意をさし、札をたてる立札（左記）、札を懸ける懸札（左記）、炭を埋める（『鎌』五二二号）等も、牓示を打つ行為と同義とされた。また、境界のめやすが立ちにくい海域などは、「海棹立《さおだつ》」が領域とされた（左記）。

また、「太神宮司使奉幣を祓清し、牓示を建つ」とあるように、神社領荘園の場合、祓清を行い、牓示に神聖性がもたらされた。このことに敷衍して、境界をさだめる宗教的行為として、「榊を立てる」や「牛神祭を行う」などの事例がみられる（『鎌』七二五六号）。牓示を打つ行為に類似するものとしては、鎌を懸ける（『鎌』四〇五号）、標《しめ》を結う（『鎌』一三八二二号）等もみられる。

【用例】　東大寺三綱申状（『鎌』一一三二号）

黒田・長瀬両庄堺相論の間、興福寺使者黒田庄内に乱入し、左右《そう》無く私《わたくし》に**牓示を打つ**、無道非理《むどうひり》の子細《しさい》の状…（中略）…恣《ほしいまま》に**牓示を打たしむる**の条、誠に是日本第一の濫吹《らんすい》、古今有難狼藉《ありがたきろうぜき》也

【牓示や境界に関連する語彙】

懸札　五三・八二〇・一〇八八・一四八一・二〇一九・二四三九・一三八三・二二六四・二五六二六・二七五〇七・二九九一九各号

立札　一〇八八、一三九〇、五三一八、五五六九、九一六六、一〇六四三、一九〇四三各号
脇牓示　一四八一号
自由牓示　一七〇一号
棹立　八二〇、二七〇九五、二七三五三各号
海中堺（為海中不打之）　一四八一号
山中二石　九〇三号
籠石　一八七〇六号
立石　九一二〇・一三一一、一九七三、一〇二九八、二六四九五・二七五三〇各号
杭　一八四七、六〇六一、六三七七、九一五五、九四七九、一〇六七五、二五七三〇、二五七三一
補一三一各号
一本椙　二六四五〇・二六六二三・二七三三七・二七〇九六各号
立杉　二六八六六号

（錦　昭江）

【参考文献】

西岡虎之助「荘園の牓示」（『荘園絵図の基礎的研究』（三一書房、一九七三年）、網野善彦等編『日本の社会史』第2巻境界領域と交通（岩波書店、一九八七年）、佐藤和彦「堺・牓示」（荘園絵図研究会編『絵引　荘園絵図』（東京堂出版、一九九一年）、保立道久「中世における山野河海の領有と支配」（『日本の社会史』二　岩波書店、一九八七年）

筵付米

むしろつきまい

年貢の徴収に関する付加税の一つ、交分《きょうぶん》（徴収の際の目減りを計上した付加税）の一種。預所《あずかりどころ》や下司《げす》等、計量にあたる荘官の得分（収入）になることが多かった。年貢徴収時に、枡で計量し余分の米を払い落とすが、その際、筵につ いた米を荘官の収入としたのが起源とされる。このことを「筵払い」「筵叩《たた》き」ともいう。「員米《かずまい》」もほぼ同義の付加税。年貢等を収納枡で計量する際、もう一度領主側の枡で計り直すことがしばしば行われたが、二度目の計量で枡目が減少した場合の減少分を「縮《ちぢみ》」、増加分を「延《のび》」という（『鎌』一九四五号）。

筵付米では、建久三年（一一九二）、高野山領備後国大田荘で、一石ごとに三升の「筵付米　并《ならびに》給筵」が定められているのが『鎌倉遺文』の初見（五七五号）。勝尾寺領摂津国外院《げいん》荘では、百姓自ら計量することが慣例であるのに、年行事法師は、「筵付米」と号して五斗米を計量する際に二回筵を返し、七升米を徴収した件で百姓から訴えられている（『鎌』一〇九八一号・一一〇二四号）。このように莚付米は、しばしば荘官非法や減免要求の対象となった。周防国与田

保（『鎌』一七四〇〇号）、安芸国新勅旨田《しんちょくし》（『鎌』一九〇四〇号）、南堂院領九条鳥羽田（『鎌』二三九八一号）でも、筵付米の存在が確認される。

中世後期には、市場で取引される米の手数料等も筵付米と呼称される等、商行為に関する付加税にも使われるようになった。さらに、近世では、「口米《くちまい》」に転化していく。

（錦　昭江）

【参考文献】

宝月圭吾『中世量制史の研究』（吉川弘文館、一九六一年）
網野善彦他編『講座日本荘園史1　荘園入門』（吉川弘文館、一九八九年）

無足　むそく

『日本国語大辞典』ではつぎの三つの語義を掲げている。①中世・近世、家臣で知行領地を持たないこと。また、奉公や職務に対する反対給付のないこと。また、そのさまや人。転じて、所領・財産がなく貧しいことにもいう。②収入がないこと、③中世、所領からの収入がないこと、自然災害や他人の押妨などによって年貢が納入されなくなること。

ところが、『鎌倉遺文』における用例には、ここから漏れる事例も少なくなく、用例に即しつつ、もう少し整理してみる必要がある。

『平安遺文』での用例としては「無足之田」（『平』四〇〇〇号）が古いものであって、無足の語は平安時代にまで遡ることができる。しかし、『大漢和辞典』はこの熟語について日本以外の出典を掲げていないし、鎌倉期にも「年貢無其足候（年貢、その足なく候《そうろう》）」（『鎌』八四四三号）や「御年貢の足なく候へとも」（『鎌』二四〇六八号）のように漢文体であれ仮名書きであれ、「その足なし」「――の足なし」などの形で現れる場合が少なくないので、「足なし」が本来の形であったと考えられる。

熟語としての「無足」は、「足なし」から派生して、これと併用されたものであるとするのが妥当であろう。したがって、「無足」の意味を理解するには「足」の語が鍵となる。「足」は「仏事のあし」（『鎌』一二二八五号）、「ミねく（御年貢）のあし」（『鎌』一二七七〇号）などの仮名書きの用例からして〈あし〉と読んだ。

結論的にいえば、「足」とは賦課・行事・造営・職務などの遂行を裏づけ支える、物質的あるいは経済的な基盤のことであって、鎌倉時代の使用例からは、つぎの三つに区分するのが至当と思われる。

①年貢・*公事《くじ》などの賦課については賦課の対象となる田畠を意味する（【用例1】）。

②行事・造営については*用途《ようと》としての米銭のことである。

③職務については所領・知行あるいは得分・給分を指している。

これらの意味において「足」は募ったり（『鎌』七六七二号など）、米銭や田畠などを「足」に充てたり（『鎌』一九六〇二号など）、「足」に付けたり（『鎌』二三六六七号など）するものであった。

「無足」とはこういった経済的物質的な裏付けがない状態であって、②の場合は用途無足、③の場合は給分・得分なしで職務を遂行することを意味する無足之勤・無足奉公や無足弁《べん》・無足之役などの形で見えている（【用例2】）。『鎌倉遺文』における「足」「足なし」「無足」の用例では②③に関するものが大多数を占めていると判断される。

③の用例は、必ずしも武士・僧侶・神官・官人・百姓など身分を問わないが、単に「無足」といって知行・所領を保持しないことを意味するa「無足之族《やから》」（『鎌』一五〇四四号）b「無足之仁《じん》」（『鎌』二六九四七号）c「無足浪人」（『鎌』二二〇四〇号）d「無足之輩《ともがら》」（『鎌』二二九七七号）などの用法はここから派生してきたものであろう。

aは宇都宮家式条《しきじょう》で所帯《しょたい》のない者をさし、bは島津忠宗禁制《きんぜい》で御内被官《みうちひかん》のうち所領のない者をさす語で、所領を有する者をさす「恩足《おんそく》」と対になっている。宇都宮家式条や島津忠宗禁制からは、これら無足之族・無足之仁は、鎌倉期から法的にも知行・所領をもつ侍身分とは取り扱いが異なっていたこともしられる。この意味での鎌倉期社会における無足の認識は、「無足之†訴人」と「無縁之浪人」とを、援助しなければならない人間として併記している用例からも窺われよう（『鎌』二七〇三四号）。

「無足」の語は、鎌倉時代後期には「足なし」から離れて完全に熟語化する途上にあって、中世末期から近世にかけては「無足する」という動詞の用法も定着した（【用例

3】)。また、無足之仁・無足之族・無足之輩も、無足人という言葉に収斂した。『日葡《にっぽ》辞書』では無足人を掲げて「知行の不足を補うに足る収入も恩給もない人」とし、近世では一般に知行地の代わりに扶持《ふち》給米を与えられる下級武士を無足人といった。現在、奈良県生駒市高山町の高山八幡宮には一般の宮座とは別に「無足人座」があるが、この無足人は戦国末期に織田信長に追われて没落した大和国衆鷹山氏の家臣の末裔であると伝えるのは、興味ある事実である。

【用例】

(**1**) 東寺領丹波国大山荘(兵庫県篠山市)で東寺雑掌《ざつしょう》と地頭中沢基員《もとかず》との間で「年貢足」に充てるため「＊下地《したじ》」を寺家に分与した事例(『鎌』一八六八二号)や薩摩の和泉保道が与次郎保在に所領を譲与したさい、「京都・関東御公事」については「**公事足**田数」に任せて＊惣領《そうりょう》から割当てられるとしている(『鎌』一七八六九号)など、年貢足(あるいは年貢之足)・公事足(あるいは公事之足)という語で現れる。また「見米《げんまい》三十六石之**足**ニ、見作《げんさく》三丁六段難切出也」(『鎌』二〇九七八号)のように具体的な所当の裏づけとなる田地を指示している事例もある。

(**2**) 「しかるに塩屋荒廃して七八年、桑本枯失して五六年、その間、往古《おうこ》の員数《いんずう》に任せて、領家御塩といい、地頭課役といい、**無足**の弁《べん》を致す事、その積り幾千万ならんや」(『鎌』一一六九六号)。これは伊予国弓削島《ゆげしま》荘(愛媛県上島《かみじま》町)で賦課されている年貢塩の基盤となるべき製塩施設と燃料＝「塩屋・桑本」を欠く状態で、年貢塩納入を行っているという弓削島荘百姓の主張である。

(**3**) 『鎌倉遺文』における動詞の「無足」の事例は、正安四年(一三〇二)と推定される文書の「令**無足**了(無足せしめおわんぬ)」程度であろう(『鎌』二〇九七八号)。

(田村憲美)

【参考文献】

網野善彦他編『講座日本荘園史1 荘園入門』(吉川弘文館、一九八九年)

山手　やまて

「手」は代わりとなるもの、物の形態や働きを変えるという意味から、代償・代価・代金をいい、転じて雑税を意味する用語として、対象物の下に「〜手」のように用いられる。「山手」とは、山野の用益権に課せられる税のこと。文暦二年（一二三五）若狭国宮河保内の黒崎山では、山の用益権をもつ周辺諸浦住人たちが山手塩として、一石〜三斗を注進している（『鎌』四七六九号）。陸奥国乳井郷では「山手炭三十籠」（『鎌』三一八六号）、正元元年（一二五九）関東†下知状では、摂津国多田院領内山手の権益をめぐっての相論裁定がされている（『鎌』八三九七号）。山手は、「往反諸国市津関渡山河率分《そつぶん》山手海煩《わずらい》」（『鎌』二〇二九号）のように、関手の一種として陸上交通での関銭も意味した。水上交通の関銭としては「河手」がある。『鎌倉遺文』では、山野で草を刈り取る用益に賦課される「草手」の他、「酒手」、「塩手」などの語彙が確認される。いずれも、対象となっている物に代えて、米や麦、銭など代替物で納入されている。

（錦　昭江）

用途　ようど・ようと（現）

「ようとう」・「ようどう」とも。『日本国語大辞典』第二版が紹介する語義のうち、中世においても確認できるものは、①要する費用。入費。②銭の異称。以上の二つである。現代において一般にいう「使いみち」という意味は、中世の用例にはみられない。以下、①②の用例につき『鎌倉遺文』をみていく。

まず、①の「費用」という意味では、行事ならびに仏神事、その他造営・修理等のための「用途」として特定の所領が記されている場合、そこからの貢納物が費用に当てられることを表す（『鎌』一〇一号等）。他に、米、絹、銭等、費用として具体的な対象物が明記されていることもあり、「用途料」・「用途物」という表現もみられる。

「用途」の対象物に注目すると、鎌倉時代を通じて変化が起こっていることがわかる。初め、史料上に現れているのは米と絹であるが、絹の用例は少なく、十二〜十三世紀の間、常に一定以上の割合を占めているのは米である。しかし、十三世紀の半ばから終わり頃にかけて銭の用例が増加していき、十四世紀初頭、つまり一三〇〇年代には米が激減し、代わって銭が用例のほとんどを占めるようになる。

以上のような変化から、中世において価値尺度機能の役割を果たすものが、米から銭へと転換していることがうかがえる。十四世紀以降、②のように、「用途」という言葉が銭そのものを指して使われるようにもなる（『鎌』二五四〇四号等）。②の用例の出現は、銭が普及していく過程を考える上で、重要な画期を示すものといえる。

なお、「用途」は「用度」と表記される場合もあるが、『鎌倉遺文』での用例は少ない。また、仮名文書の表記においては、鎌倉時代を通じて「ようとう」と記されている例が「ようと」よりも圧倒的に多い。

（田中奈保）

【参考文献】

松延康隆「銭と貨幣の観念―鎌倉期における貨幣機能の変化について―」（網野善彦・塚本学・宮田登編『列島の文化史』六、日本エディタースクール出版部、一九八九年）

読合

よみあい

同一文書を複数人が互いに読んで誤りを正す行為であるが、中世では、とくに、荘園領主が派遣した検田使と在地の荘官とが、検田の際に、結果を照合して検注帳に合点をする行為をさす。互いに声を出し、聴き合いながら確認し、検注帳に朱合点を打ったと考えられる。検注後、「預所《あずかりどころ》・地頭両方取帳《とりちょう》読合之後、目録を固めんと擬す」（『鎌』八七七五号）とあるように、読合を経て、検注目録が固められた。美濃国茜部《あかなべ》荘では、公文《くもん》の宗時が、「田頭に出向かず、読合を聞かず、暗に＊結解《けちげ》を造進す、未曾有《みぞう》の事也」（『平』二六四五号）と非難されており、現地に出むき、読合を聞き、結解を提出するのが公文の任務とされていた。問注での読合の例としては、紀伊国名手荘と丹生屋村の境相論を記した六波羅問注日記で、寛元二年（一二四四）六月二十五日から七日間問注が行われた後、七月十六日の読合を経たと記録されている（『鎌』六三五四号、六七四五号）。

（錦　昭江）

【参考文献】

富澤清人『中世荘園と検注』（吉川弘文館、一九九六年）

来納

らいのう

『日本国語大辞典』によれば、「鎌倉時代、室町時代の荘園制で、来年の年貢を今年中に、または今年の年貢を収穫以前に収納すること」とある。『鎌倉遺文』では嘉禄二年（一二二六）に伊勢国光明寺領「恒吉字墓廻二段分」の年貢二年分を来納したのが初見である（『鎌』三四七三号）。

『鎌倉遺文』の来納に関する文書を概観すると、寺社権門の荘園領主が修造用途や仏事用途に立用《りゅうよう》するために、預所《あずかりどころ》や地頭あるいは現地の公文から召したり、募ったりする例が多く見られる（『鎌』七六六八・七六七〇〜七三・八一三一・八四四一・一四五三八・一六七五一各号など）。その一方で預所らが「来納」と号して年貢を与奪することもあり、このような非法に対して神護寺では、職を持つ寺僧に対して来納をもって寺の*用途を募ることを禁止している（『鎌』三六一四・八四二一号）。

また、来納は預所や地頭、荘官らが今後の荘務権を確保するための担保でもあり、鎌倉中期以降は来納をめぐる訴訟が散見されるようになる。例えば、紀伊国阿弖河荘《あてがわの》では荘園領主桜井宮覚仁法親王が死去した文永三年（一二六六）の翌年、地頭湯浅氏と領家寂楽寺（預所）との間で荘務権をめぐる相論†が起き、その争点の一つとして、文永四年分の年貢を桜井宮の命によって来納したとする地頭の主張に対して、寂楽寺側はそのような事実はなかったと激しい訴《そ》陳《ちん》の応酬を繰り広げている（『鎌』九七九九・九八二六〜二八・九八三〇・九八三一各号）。その際、寂楽寺の主張に、来納など「此《か》くの如《ごと》く公用に召さるる」の時は、荘園領主から「庁御下文《ちょうのおんくだしぶみ》」か「御教書《みぎょうしょ》」を下されるのが「古今例」だと述べていることから、来納とは単に年貢を先に納めるという行為のことではなく、荘園領主と荘務を請け負う預所や地頭との間で取り交わされた年貢請負の一つの契約であった（『鎌』九八三〇号）。ちなみに来納しながら重複して年貢を徴収することを「二重之責」または「二重成《ふたえなし》」といい重科となった。

（赤澤春彦）

コラム《田地三題》

用語に軽重があるわけではないが、ここで扱う三つの用語は、どちらかといえばマイナーな存在である。しかし、それを手がかりにして中世村落の実相に迫ることができる。歴史研究の面白さがここにある。

せまち

宝治二年（一二四八）三月二十八日真上入道田地処分状（『鎌』六九五二号）に「在真国庄内字ヘカセマチ合三せ町弐百染拾歩者」と見える。せまちは狭町・畝町とも書かれ、狭小な開墾田で、山田・棚田などと称されるものと同じである。前掲史料では、せまち三つ分で二七〇歩であるから、一せまち平均九〇歩となる。せまちは元徳二年（一三三〇）四月十五日戒音畠地充文（『鎌』三一二六一号）などにも見える。の ちの史料であるが、応永十三年（一四〇六）高野山学道衆竪義料田注進状によると、水田四段が紀伊国安楽川ぞいの狭い谷に散在し、うち一二〇歩は二筆より成り、おのおの二瀬町、すなわち四枚の小水田の集合体であった。そして、「一反坪ハ上ミニ池アリ、池ノ水ヲ引ク也、根本は糯田ト名ク、今ハ山田ニテ棚ニ似タル故ニタナ田ト云」と説明されている。狭い谷の最奥部に用水池が築かれ、その下に狭小な水田が拓かれていたのである（宗月圭吾『中世日本の売券と徳政』〈吉川弘文館・二〇〇〇年〉、また谷田の開発と性格については高島緑雄『関東中世水田の研究』〈日本経済評論社・一九九七年〉参照）。

除　田

嘉元二年（一三〇四）十一月豊前夏焼荘検注取帳目録案（『鎌』二二〇四三号）は馬上検注の結果を記しているが、「除田」の項目の下に仏神料田と人給田が見える。除田は「荘立用」とも記され、荘園内の諸費用に宛てられていて年貢・公事のかからない田である。

除田とされたのは、若宮十一月御祭料田・三月三日料田・五月五日料田・六月晦日料田・七月七日虫振料田・八月御放生会料田・九月九日行事料田・法華講料田・二季更衣田・仁王講料田・正月七日歩射料田・正月八日大仁王会田・十月御祭料田などであり、人給料田としては、御佃・下司給田・惣検校給田・田所給田・大宮司給田・神人政所給田・公文給田・律師給田・徴使給田・地頭算失給田などが見える。

いうまでもなく、この史料によって寺社の組織や年中行事を知ることができるのであり、村落生活については、村民生活と密接な在地の寺社の祭礼・法会を明らかにすることができ、芸能（田楽給・猿楽給・神楽給）や学芸（連歌田）、手工業のあり方（織手・木工・細工・白革造・紙工・鞍打・笠張・土器工・塗師・銅細工・轆轤師・紺播・経師免田、『鎌』三四一〇号・三四一一号）、井料田・倉祭料・川成・損免など、村落の状況を復元する史料とすることができる（阿部猛『荘園における除分について」（『日本荘園史の研究』同成社・二〇〇五年）。

鐘撞免田

これも除田に属するが、中世村落における鐘の意味については既にさまざまな角度から究められている。弘安二年（一二七九）三月八日藤原家氏寄進状（『鎌』一三五〇一号）は筑後国西牟田村の一町一段を寛元寺に寄進したものであるが、その内容は修理田・鐘楼免田・鐘つき給田であった。すでに清水三男氏は『日本中世の村落』（日本評論社、一九四二年）で「村内の代表的な寺院の鐘が村民に時刻を報じ、その堂の維持、堂守の費用がこの鐘撞免田により賄れた事を思せる。何か村中に異変があると、鐘をついて村民を集め村落会議が行れるのが、中世末村落に広く見られる」として、鐘撞（突）免田の例を幾つか挙示した。本来、鐘は打楽器であるが、寺院では梵鐘として仏事に、また誓約の場の道具だてとして用いられた（『古事類苑』人部（二）、千々和到「『誓約の場』の再発見」（『日本歴史』四二二号・一九八三年））。鐘を鳴らすのは神おろしの作法であろうが、時報また急を知らせる警鐘の意味もあった。土一揆に鐘をうち鳴らすことは周知のところである。

（阿部　猛）

コラム《古文書用語の読み方と意味》

〔荘園支配関連用語〕

門田（かどた）「もんでん」ともいう。直営地。屋敷地の門前に接続した田。「正作田《しょうさくでん》」、「佃《つくだ》」ともいう。

給田（きゅうでん）荘園領主が特定の職務に従事している者に対して職務の代償として給与した田。預《あずかり》所《どころ》給《きゅう》・地頭給・下司《げす》給のような荘官給や、鍛冶《かじ》給・番匠《ばんしょう》給のような職人給等がある。年貢や公事《くじ》等を免除され、免除分が給田の権利を持っている者の収入となった。

下行（げぎょう）上位者が下位者に米・銭等を支給すること。荘園領主が徴収した年貢から必要経費を該当者に支給する場合などに用いられる。

見米（げんまい）現物の米で徴収される年貢米。

国衙（こくが）諸国の政庁。勤務する官人を「在庁官人」という。平安後期から受領国司が国府に赴任しない場合、目代が国の行政を行うが、この場合の政庁「留守所」と呼んだ。国衙の支配下にある土地を「国衙領」「公領」と呼んだ。

色代（しきだい）年貢等、領主から賦課されたものを、銭等の代物で納入すること。

地子（じし）領主が賦課した地代。領主直属地を作人に請作させた場合、その収納物を指す。

定田（じょうでん）検注した田地から除田を除いた田。年貢や公事が賦課される田。

上分（じょうぶん）土地からの収益物の一部を貢納したもの。土地そのものを「下地」というのに対し、土地の領有権に対する言葉として用いられる。その年に初めて取れた収穫物を神仏に上納したことを起源とする。

所当（しょとう）土地からの収益物として領主に上納されたもの。年貢。

雑役免（ぞうやくめん）「ぞうえきめん」ともいう。荘園領主に納める雑役が免除された田。荘官・郡司・地頭等の名田をさす。

損田（そんでん）風水害・旱害・虫害等によって損害を受けた田。損田と認定されると、除田として年貢・公事等が免除された。

対捍（たいかん）反抗し拒むこと。年貢など、領主から課せられた賦課義務を果さないこと。

当知行（とうちぎょう）所領を実際に占有・支配している状態のこと。

不知行（ふちぎょう）権利のある所領に権利を行使できない状態のこと。

本家（ほんけ）荘園の最高領有者。荘園領主がさらに上級の権門勢家に荘園を寄進した際、もとの荘園領主を「領家」といい、寄進された上級の権門勢家を「本家」といった。

本所（ほんじょ）　荘園の荘務権を有するもの。荘園領主。武家に対して公家を指す場合もある。

Ⅵ章　闘い

人々に賦課される「負担」が過重になれば、人々は一致団結し、領主に対して抵抗することになります。この章では、中世民衆の「闘い」に関連する用語、また、狼藉・不法行為に関連する用語、民衆社会における罪と罰に関連する用語を収載しています。

「落書」「山林に交わる」「一揆」は、民衆の抵抗や闘争形態を意味する言葉です。また、「住宅」や「城郭」は闘争拠点として解説してみました。

「大袋」「悪口」「密懐」はいずれも中世社会にみられる独自の不法行為です。どのような犯罪だったのでしょうか？　また、刑罰の種類や刑事事件に関連して、「本《もと》鳥《どり》を切る」や「下手人」等、興味深い用語も史料から発見することができます。

これら「闘い」に関連した用語の背景に、中世社会をたくましく生きる民衆の姿を感じとることができるでしょう。

悪　党

あくとう

現在、一般的には悪人のことを指すが、中世においては宗教的なイデオロギー支配の破壊者のことを指した。

悪党の語は、『続日本紀』霊亀二年（七一六）五月二十一日条に「鋳銭悪党」とあるのが初見である。その後長い間史料上からは消えているが、平安末後、白河院政期の永万元年（一一六五）三月二十一日付けの占部安光文書紛失状案（『平』三三五五号）において、伊勢大神宮領下総国葛西《かさいの》御厨《みくりや》の次第証文紛失の原因として悪党の乱妨があったことが記されている。これが中世における悪党の初見であり、続いて安元元年（一一七五）十二月日の東大寺衆徒《しゅと》解案《げあん》（『平』三七三二号）によれば東大寺領伊賀国黒田荘に源俊方とともに乱入した興福寺僧らを悪党としている。この二つの事例とも、御厨と荘園の神聖性を強調した上で、それを外部から侵略・侵害したものを悪党と呼んでいる。このように荘園の神聖性を損なうものに対して悪党と呼んでいた。

そもそも悪党の語が頻繁に使われるようになる十二世紀というのは、いわゆる荘園公領制の成立期である。実際には複雑な領有関係を内部に含みながらも領域的に支配するために、荘官組織だけではなく、領域内部を神聖なものとして仏教で一番重い罪とされる殺生を禁止するなど、荘民をイデオロギーにより支配していた。このイデオロギー支配を侵すものを悪党と呼んだのであった。

十世紀頃から次第に天皇の神聖性が強調されるようになり、天皇は仏法をこの世に広める金輪聖王《こんろんじょうおう》としての役割が強調され、仏教によって守られた王とされるに至った。と同時に神聖な天皇が支配する国土もまた神聖なものとされ、天皇支配の国土を内国、その外に拡がる、穢れた化外《けがい》の民が居る地域を外国《げこく》と認識するに至った。領域を囲み、イデオロギー支配によって内部を神聖化した荘園は、国土のミニチュア版であった。荘園は内なる内国であり、それを内なる外国である荘園の外部から侵略する仏教の破壊者、これが悪党だったのである。

『鎌倉遺文』を見ると、鎌倉時代に入っても基本的に悪党の語の意味は変わっていない。禅僧兀庵《ごったん》の書状（『鎌』九二〇七号　文永元年〈一二六四〉に「六群の比丘《びく》・悪党を邪魔・波旬《はじゅん》等により欺き凌す」と見られるように、悪党は邪魔・波旬と併記されており、仏教の破壊者という性格は同じである。また、建保六年（一二一八）の高野山所司愁状案では（『鎌』二三六一号）、「薪を止め斧を取り、また入定《にゅうじょう》の地御廟《びょう》の傍《かたわ》らに於《お》いて、鹿を射て皮を剝ぐ」とある。これは、高野山金剛峰寺と堺相論を起こしていた吉野執行春賢の命を受けて高野山寺領に乱入した野川郷住人に対し高野山側が、「吉野悪党」と呼び、弘法大師坐禅の地であり*結界清浄の地であるのに、猪・鹿の血で汚して殺生の場としてしまったとその行為を非難しているものである。このように悪党は基本的に堺相論の場に登場し、内部を神聖化した寺社領を「外部」から侵すものに対して使われた用語であり、イデオロギー支配が貫徹していたと認識された自領内の人間には使用されない用語であった。従って、「外部」のものが「内部」のものと結託して行動した場合でも、「内部」のものは悪党とは呼ばれなかった。このような傾向はだいたい文永年間（一二六四〜七五）頃までは例外なく見られるし、その後も「外部」の悪党の出現は続いている。

荘園領主たちは、自分たちの警察権が及ばない所に居住したり逃げ込んでいた悪党に手を焼き、朝廷に訴え、鎌倉幕府に鎮圧要請をした。しかし幕府は西国堺相論は聖断であると†本所一円領同士の堺相論には干渉しなかったので、幕府権力発動のために大犯《だいぼん》三箇条の規定を持ち出して強盗・殺人・山賊などの行為を訴えて守護の検断対象であることを強調したのである。幕府にとっても、あくまで大犯三箇条の対象を個別に対処しているという認識に過ぎなかった。しかし正嘉の飢饉により荘園の領域侵犯事件が各地で頻発し、いわゆる悪党訴訟が激発したことで、この飢饉の始まった年である正嘉二年（一二五八）に至って、『追加法』三二〇条（『鎌』八二八一号）で、「国々悪党蜂起せしめ、夜討・強盗・山賊・海賊を企てるの由《よし》、その聞えあり」と認識し、荘園領主の訴状の表現から、ここに明確に悪党を夜討・強盗・山賊・海賊とするに至った。だがこれも、大犯三箇条の対象を寺社本所が悪党と呼んでいるという程度の認識に止まっている。その後も荘園領主側の訴えを受けて訴訟手続きは整備したものの、その認識は変わっていない。

ところが弘安年間（一二七八〜八八）にはいると状況は一変し、イデオロギー支配をもってしても、荘園「内部」のものによる本所敵対行動は鎮めることが出来なくなる。弘安元年（一二七八）の伊賀国喰代御厨からの申状（『鎌』一三三〇三号）に「当時の如くんば、御領の人にあらず、ひとえに悪党の如し、各《おのおの》†雅意《がい》に任せて、嗷々《ごうごう》の集会を成し、一味の†起請文《きしょうもん》を書く」とあるように、土民の本所違背行動に対して「御領の人ではなく偏《ひとえ》に悪党のようである」と嘆くようになる。この事例では、まだ本所違背・本所敵対行為をもって悪党と断定しては居ないが、これ以降、【用例1】のように主に荘官による本所敵対行為が悪党とされる「内部」の悪党の段階に入ったのである。

イデオロギー支配の衰退と同時に、年貢物資輸送のための流通路確保も重要な課題となり、その支配を巡って永仁五年（一二九七）山城国賀茂荘住人右衛門入道以下の悪党人等に見られる新たな悪党も現れ【用例2】、南北朝内乱へと向かっていくこととなる。

【用例】

（1）東大寺衆徒《しゅと》申状案（『鎌』一六〇八四号）

寺領伊賀国黒田庄**悪党**清定・清直本所に違背し、供料を抑留し、山賊・強盗・悪行重畳《あくぎょうちょうじょう》の間、大訴数年に及ぶ。

（2）東大寺衆徒等重申状土代（『鎌』一九三一一号）

寺領伊賀国の諸荘より運送するところの年貢并《ならび》に夫駄等、*路次に於いて追落し、*奪取の上…（後略）

（渡邊浩史）

【参考文献】

渡邊浩史「鎌倉中期迄の悪党」（『史叢』三八号、一九八七年）、渡邊浩史「流通路支配と悪党」（『年報中世史研究』一六号、一九九一年）、渡邊浩史「悪党の正和四年」（佐藤和彦編『中世の内乱と社会』東京堂出版、二〇〇七年）

悪口

あっこう・わるくち（現）

人をあしざまに言うこと、またはその言葉。

鎌倉時代の武士の間では、悪口から殺傷に及ぶことが多くあり、そのため『御成敗式目』（『鎌』四三四〇号）では、「悪口」が罪として成文化されていた。

第十二条「悪口咎《とが》事」で、内容的に二項目に分けられる。前半は、悪口は「闘殺《とうさつ》の基」であるから、重きは流罪、軽きは召籠《めしこめ》（拘禁）の罪とするもので、裁判の制度上のことで、悪口が原因で殺傷事件に及んだ場合の規定。後半は、法廷において悪口を吐いた者は、勝訴のときは取り消されて相手方の勝訴となり、敗訴の場合は所領を没収され、所領がないときには流罪に処されるというものである。

この悪口罪の適用は、『式目』以前にすでに慣例として行われていたようで、『吾妻鏡』建保元年（一二一三）五月七日条の記事によれば、和田合戦の勲功の検分が行われた政所において、波多野《はたの》忠綱《ただつな》は三浦義村《みうらよしむら》を「盲目」とののしったために、軍忠があったにもかかわらず恩賞を与えられるどころか、罪科に准ずる決定がくだされた。処分の内容は明らかではないが、暴言を吐いたことが原因で処罰されたことは明白で、『式目』以前に悪口罪が機能していたことを伝えている。やがて、悪口の罪は『式目』において成文化され、処罰の対象として法的な根拠を持つようになる。

悪口罪の具体的な事例としては、「非御家人」、「乞食非人《こつじきひにん》」（『追加法』七十六条）、「下人」、「若党」、「勧進法師《かんじんほっし》」（『鎌』二六四一二号）、「甲乙人《こうおつにん》」*（凡下《ぼんげ》†＝武士以外の一般庶民）、女性に対しては「白拍子《しらびょうし》」（『鎌』二四三七六号）など、相手の社会的な地位や身分をおとしめる発言、例えば嘉元四年（一三〇六）八月七日の評定†によれば、諸国流浪の旅に出た兄の忍性を「乞食非人」と罵倒した葦名《あしな》三郎左衛門尉は、「悪口咎遁《とがのが》れがたきにより、召籠られた」という（『追加法』七十八条）。また、事実ではない誹謗《ひぼう》中傷で相手の名誉を傷つける発言、例えば前述の『吾妻鏡』の記事「称二盲目一」のようなもの、他には「断二本鳥《もとどり》*一」（＝髻《もとどり》を切った）」（『鎌』四四〇七号）、「懸二母開《ぼかい》一」（＝母子相姦）」（『鎌』七三七五号）、「非子息」（子息に非ず）（『鎌』一七三一九号）などがあった。

しかし、悪口というものは、人々が勝手気ままに発する言葉であるから多種多様である。また、同じ言葉でも当事者同士のおかれた立場や環境、その時の社会状況などによっても罪になるかどうかの判定は違ってくる。したがって、悪口罪の判定はいたって流動的であった。例えば、相続をめぐる相論†で相手を被相続人の「子息に非ず」と言う悪口は、正応三年（一二九〇）四月十八日付の『追加法』で、それまでの有罪とする判決から無罪判決に変更された（『鎌』一七三一九号）。つまり、相続問題に関する悪口論争では「非子息」と言われたと主張すれば、相手は有罪となり勝訴に持ち込めていたものが一転し、悪口罪として適用されなくなったということである。この変更の具体的な背景は明らかではないが、同じ言葉の捉えられ方が変わった例である。また、この史料からは、特に「非子息」という言葉の判定の変更が『追加法』の条文に加えられていることで、それまでこの言葉が悪口として罪に問われる法的な効力を習慣的に発揮していたと判断されている。しかし、これは悪口罪として基準となる判例としては傍証にすぎず、当時幕府が多種多様の「悪口」に対応して、法的に判定をくだすための確固たる基準はなかった。

（新井　信子）

【参考文献】

網野善彦他編『中世の罪と罰』（東京大学出版会、一九八三年）、網野善彦他編『ことばの文化史』中世2（平凡社、一九八九年）、山本幸司『〈悪口〉という文化』（平凡社、二〇〇六年）

阿党

あとう

『広辞苑』（第五版）によれば、「おもねって、その仲間になること。またその仲間。」と説明されている。「党」という言葉からも、「仲間」を連想させ、「仲間になる」という意味で理解されやすい。

では次の史料は、上記の意味で理解できるであろうか。正応六年（一二九三）、若狭国多烏浦《たがらす》の百姓たちが隣の汲部《つるべ》浦の百姓と争った際の訴状†である（『鎌』一八二七〇号）。その中で、代々多烏浦百姓が勤めてきた天満宮の禰宜職《ねぎしき》を地頭代官が相手の汲部浦に認めてしまったことをとりあげ、その不当なことを前禰宜が訴えたところ、汲部側は「これにより阿党を当浦百（姓）に成し、先例勤むるところの御祈禱神事を打ち止《とど》む」と記しているのである。「当浦（多烏浦）百姓に阿党をなす」の意味を前掲の辞書で解釈すれば、「（汲部浦が）多烏浦百姓に味方をした」となるが、多烏浦がおもねられるような権力をもっているわけではないし、そもそも汲部方が多烏浦の仲間になってしまっては論旨が通らない。前後関係からいえば、むしろ多烏側の前禰宜が訴え出たことをきっかけとして「当浦」に何か不利益をもたらす行為が行われたと理解するのが自然である。ここでは当浦に「報復をし」とか「悪意を抱き」と訳した方が意味は通る。

翌永仁二年（一二九四）に摂津国勝尾寺《かちおじ》の僧達は、寺内で鹿の殺生《せっしょう》をしたうえ、それを制止した僧侶を約二週間後に殺害した御家人*の処罰を求めて訴え出た（『鎌』一八四六七号）。この経緯を書き上げた部分で、「制止を加うるのところ、阿党を成し、今月七日寺僧理性《りしょう》を殺害し畢《おわん》ぬ」とある。この阿党は「成す」とあるところから、「一味徒党を組んで」と訳すこともできるが、少なくとも辞書にあるような権力ある者の仲間になるという意味では解釈できない。むしろ前後の文脈から見ると、制止した僧への「報復を成して」、あるいは「恨みをもって」というような意味で理解した方がいいようにも思える。では果たしてそのような心情的な意味が「阿党」に含まれていると解釈できるだろうか。

徳治二年（一三〇七）、主殿寮供仕所年預職《とのもりようぐしどころねんよしき》をめぐって、官人伴重方《とものしげかた》が訴え出た事件がある。重方は京都北西部の山間地で朝廷に貢納する品を負担していた小野山供御人《おのやまくごにん》と山争いになった際、彼らが「阿党を含み」、重方に納めるべき物品を渡さなかったと記している（『鎌』二二八三九号）。ここでの「阿党」は、「含む」の用法からすると、明確に心情的な内容を示すものであり、「徒党を組む」などの実際的動きを示すのではなく、「恨みを含む」「敵意を抱く」という意味であることがわかる。とすると、さきの勝尾寺の事件も、殺生を制止した僧侶に「逆恨《さかうら》みをして」と理解することができ、すっきりと意味が通ってくる。

このように『鎌倉遺文』にみえる「阿党」の語を検証すると、紛争に関わるものが大半で、しかも語意としては「恨み」「敵対」「敵意」「悪意」といった解釈の当てはまる場合がほとんどである。これに「成す」「含む」「挿《さしはさ》む」「当たる」などの動詞を組み合わせた表現も多数見受けられる。これらの事例からすると、冒頭の辞書的な解釈は、鎌倉時代にはあまり一般的ではないと考えた方がよい。また『日本国語大辞典』では、『広辞苑』に掲げる意味に加えて、「相手に悪意をもった行動をすること」という意味も載せるが、上記の例などからすると、少なくとも鎌倉期には「阿党」単独では「行動をする」までの意味は含んでいないとみた方がよい。一方、戦国期の日本語を知ることのできる『日葡《にっぽ》辞書』によれば、阿党は「陰謀その他の悪事をはたらこうとして、同じ徒党に属する者ども」とあり、これは現代の『広辞苑』の理解に近い。中世前期から後期の間に、大きな意味の転換があったのではあるまいか。

なお、「阿党」を「あた」と読んで「あた。仇をなす、敵対するの意」と解説する辞典もある（阿部猛編著『古文書古記録語辞典』）。まさにこれは上記にみた解釈であるが、確かに読みを「あた」とした可能性はある。同じく「敵対行為に及ぶ」の意味で「阿党に当たらるるの時」（『鎌』二七八四〇号）と「アタヲアタリシカハ（あたを当たりしかば）」（『鎌』一七七五七号）と表記した文書が存在するのもそれをうかがわせる。あるいは旧仮名遣いでは「阿党」は「あ・たう」となり、『日本国語大辞典』の「あた（仇）」の項に、地方読みとして「あたん」とする地域が多いことから、「阿党」自体を「あたん」と読んだことも考えられる。

（白水　智）

一揆

いっき

一揆は、歴史教科書にみられる土一揆・一向一揆・百姓一揆などの事例から、領主に対する反権力闘争的な意味として一般的に理解されている。たしかに十七世紀初頭の日本語辞書である『日葡《にっぽ》辞書』で「一揆」を引くと、「主君に対する農民の蜂起、あるいは、反乱」とあり、戦国時代においてはこの意味で通用していたものと考えられる。しかし、一揆の本来の意味は「揆《き》を一にする」ということであり、反権力闘争としての「一揆」は、その延長線上にあるものである。

「揆」には「ハカル・ハカリゴト」という意味がある。この「揆」（ハカル）の本来の意味は、前に作った鋳型に合うか合わないかを、はかりみることであるという（『大字典』）。「一揆」という言葉の最初の意味としては、合意の上でなにかの基準を作成し、それに合わせて一つになるという意味を持っていたようである。

勝俣鎮夫は、中世の一揆を「現実的には個々ばらばらの利害の対立をしめす社会的存在としての個人を、ある目的のために、その諸関係を止揚して一体化する手続きをとって結束した特殊な集団が一揆であった」と定義づけた。そしてその一揆は、「一味《いちみ》神水《しんすい》」という手続きにより「一味同心」という連帯の心性をつくることにより形成されたとした。つまり、一揆を「特殊」なものであり、「非日常的」な集団として位置づけたのである。この勝俣の理解が、現在の通説であるということができよう。

『鎌倉遺文』における史料上の初見は、「早く一揆の力を合わせて、忠戦の功を励まし」（『鎌』二七六二号）とあるように、合戦の際に味方として力を合わせる際に使用されている。この合戦という非日常の際に一揆が形成されることについては、十四世紀の南北朝内乱において武士の一揆が多く結ばれていることにつながっていくとみることができる。

また一揆は、寺院社会において多用される。寺院内部のさまざまなレベルでの集会《しゅうえ》における意志決定の際に、それが全員一致の意志決定であり、神仏そのものの意志であることを意味するために用いられた。それは衆議の評定《ひょうじょう》記録の最後に「評定一揆」等と記載されることにより示され（『鎌』一〇九六五号）、また近江国の竹生島《ちくぶじま》の蓮花会《れんげえ》の際に、西塔釈迦堂の神人《じにん》等が慈恵大師御輿行神祭札を押取ったことに対して、比叡山は山門衆会を開き、「衆議一揆」という全体として神人等に対処している（『鎌』二〇一〇七号）。

東大寺領美濃国大井荘の下司職《げすしき》相論の際には、鶴菊丸方を支持する学侶《がくりょ》は、「学侶一揆之申状」により別当に申し入れるとともに、何度であっても、学侶が「可執申（執《と》り申すべし）」、つまりこのことを主張し続けることを強く意思表明している（『鎌』一八五四九号）。集団を形成し、その意見を上に対して強く主張するものとしての一揆の意味は、このような中から生まれてきたものとみられる。

　このような寺院社会における一揆とともに、村社会においても百姓の一味同心が行われていた。近江国大嶋奥津島荘では、「百姓等一味同心」が行われて、「返忠《かえりちゅう》」つまり裏切り者に対する在地*からの追放が取り決められ（『鎌』一〇七三八号）、また「神官村人等」は、近隣の中荘との漁場相論の際に「一味同心」して対応し、衆議を乱す者については荘内追放と刑罰を科すことを定めている（『鎌』一九七〇二号）。このように在地社会においても寺院社会と同じような一揆が形成され、これが鎌倉後期から南北朝期における、飢饉時に年貢減免を要求するような反領主闘争である荘家の一揆へと繋がり、一揆の時代を生み出していくことになるのである。

（小林一岳）

【参考文献】
勝俣鎮夫『一揆』（岩波文庫、一九八二年）

奪　取

うばいとる

他人のものを強引に自分のものにしてしまう行為のことである。但しこの場合、いわゆる盗むという行為と同じなのか、それとも差異があるのかということが判別しにくい。試みに小学館の『日本国語大辞典』を引いてみると、「奪い取る」は、「他人の物を無理やり自分の物にする、盗みとる」とあり、「盗む」は①「他人の物をひそかに奪いとる、かすめとる」②「人目を盗んでひそかに物事を行う、こっそりと見聞きしたり行ったりする」とある。この「かすめとる」も引いてみると、①「奪い取る、盗み取る、掠め奪う」②「ごまかして奪い取る、掠め奪う」とあり、他人の物を自分の物にしてしまうという点では同じとなり、結局堂々巡りとなる。ただ辞書によれば、奪取の方はやや強引にとか無理やりにとかのニュアンスが加わっているが、盗むの方は密にとかこっそりとかのニュアンスが加わっている。この違いが実際の用例ではどうなっているのだろうか。

　寛元三年（一二四五）の山城禅定寺寄人《よりうど》等申状案（『鎌』六五八六号）にある「銭又奪取候畢《おわんぬ》の後、件《くだん》の盗人等、山内に引隠畢ぬ」では、銭を奪取した人物を盗人と呼んでいることから、両者に差異はない。しかし、奪取行為をその特徴に持つ悪党*事件ではどうだろうか。鎌倉幕府法では悪党は夜討・強盗・山賊・海賊*などと同義のものとして捉えられている。したがって【用例】に見られるように悪党を集めて年貢を路次*に於いて盗み取る行為を、同時に奪取すると表現している。こうしてみると、辞書に現れる両者の微妙なニュアンスの差は、鎌倉時代にはほとんど意識されていなかったことがわかる。この事例では奪うという側に力点を置くならば、密かにというニュアンスは見て取れない。『鎌倉遺文』の世界では盗むも奪取も、共に他人の物を強引に自分の物とするという意味で使われていたと考えて良いだろう。

【用例】

東大寺年預実玄書状（『鎌』二四二九四号）

防州より運上の済物、兵庫に到着の間、円瑜、近隣の**悪党**等と相語い、盗み取らんとなぞらえるの間（中略）円瑜の党類、縦《たと》い院宣施行を帯び、奪取せんと欲すると雖《いえど》も……。

（渡邊浩史）

【参考文献】

笠松弘至「盗み」（網野善彦他編『中世の罪と罰』東京大学出版会、一九八三年）

押　領

おうりょう

「押す」の語は、「手で押さえる」という語源から転じて、「おしつける、さしおさえる、強制する、強いる」などの意で現在も使われる。「押」を使用とした古い例としては、「押領」の語があげられる。押領に関しては、天平宝字三年（七五七）十一月辛未《しんび》「国司精幹の者一人を択《えら》び、押領せしめて速《すみやか》に相救援せよ」（『続日本紀』）が初見史料。この史料は、「国司が、精幹の者のなかから、蝦夷征討の軍団統率者を選べ」と命じているもので、この史料の場合、押領は、陸奥国へ派遣される兵を統率する行為に対して使用されている。『大漢和辞典』によれば、本来、「押」は「とりしまる・たすける（輔）・とらえる（檻）」、「領」には、「すべる・とりしまる・おさめる」の意があり、「押領」とは、本来、「兵隊を監督・統率する」という意味で使用されることが多かった。

　平安期には、令外官《りょうげのかん》として「押領使」という官職が設置される。押領使の初見は、延暦十四年（七九五）十一月二十二日の史料（『類聚三代格《るいじゅさんだいきゃく》』*巻十八所収）であり、当初は、蝦夷征討にあたって兵士の移動に携わる臨時の官職であった。平安中期、将門の乱を機に、押領使は軍事官としての機能も担うようになり、さらに、租税の徴収等にも関わるようになってくる。天暦年間（九四七〜九五七）以降、押領使は、戦時だけでなく平時にあっても諸国に設定され、*在地の有力者が押領使として任命されることが多かった。日常生活に関わる職掌の官職として、押領使が設置されるようになると、各地域で押領使のもとで実務を遂行する兵らの横行がきわだつようになり、史料でも、こうした兵たちの横暴停止を請うものが見られるようになってくる（『朝野《ちょうや》群載《ぐんさい》』）。押領使の権力的な行為、荘園制下における略奪行為全般にわたって〈押〉という語が冠せられたひとつの由来とも考えられる。

　『平安遺文』で「押す」の付く語としては、天安二年（八五八）、「押送」（『平』一二七号）が初見。強制的に他人の田畠を耕作する行為である「押作」の初見は治暦三年（一〇六七）（『平』一〇〇五号）。以後、押苅、押留、押取、押行、押納、押負、押懸、押課、押狩、押籠、押作田、押倒、押注入、押留、押取、押薄料、押蒔、押徴など多様化し、多くは荘園制下において、他人の財産を奪い支配する行為等に多く使用される。

　『鎌倉遺文』でも、『平安遺文』同様、押領・押懸・押作等は頻出し、その語義は平安期と大差ない。鎌倉期に特徴的に見られる語は、押入酒・押入餅・押買・押入婿等である。押入酒・押入餅については、正応四年（一二九一）および正慶元年（一三三二）に、高野山領荘園の荘官が禁止されている行為の一つとしてあげられている（『鎌』一七六八三・一七六八四・一七六八六・一七六八七・二一三二四・二一三二五・三一七七七・三一七七八・三一七七九各号）。さらに、鎌倉後期には、【用例1】の「押買」にみられるように、〈押〉の語は、荘園経営における略奪行為にとどまらず、生活全般にわたって、多義多様に幅広く用いられるようになる。それらは、【用例2】のように、強制的に他人の所有物や権利を侵害する行為に冠して使用されることが多かった。『鎌倉遺文』では、「押領」を「横領」と表記する例はいまだ見られていない。

なお、延元三年（一三三八）後醍醐天皇の失政を指摘したとされる北畠顕家《あきいえ》諫奏《かんそう》状には「逆徒敗走の日、擅《ほしいまま》にかの地を履《ふ》み、諸軍を押領して、再び帝都を陥る（『中世政治社会思想下』）とあり、押領の本来の意味である「兵を統率する」という意で用いられており、南北朝期頃までこの語義の使用が確認できる。

【用例】

（1）東大寺八幡宮神人等解状《げじょう》案（『鎌』三一八〇四号）

播磨国福泊《ふくどまり》関雑掌《ざっしょう》良基らが、東大寺の兵庫関務を妨げる行為として訴えた史料で、そこには、「海上において**押買**等の悪行《あくぎょう》」とあり、相手の意向を無視して商行為を行うことを、押買と呼び悪行として捉えていた

（2）紀伊荒河荘々等請文（『鎌』三一七七七号）

一　庄官子息并《ならびに》所従等、押して百姓の子と成すべからざる事、付けたり**押入婿**の事

（錦　昭江）

【参考文献】

竹内理三『律令制と貴族政権』（お茶の水書房、一九五七年）、井上満郎「押領使の研究」（『日本史研究』一〇一、一八六八年）

大袋

おおぶくろ

本来、大きな袋であるが、中世では、当時横行した強盗の呼び名。強奪した物を大きな袋に入れて持ち去るものの意として使用された。鎌倉末期に幕府が訴訟制度の手引きとして編纂した『沙汰未練書』の中に、「†検断沙汰《けんだんさた》トハ、謀叛・夜討・強盗・窃盗・山賊・海賊*（略）大袋・昼強盗」とあり、大袋は検断沙汰（刑事訴訟）事項の一つに数えられる重大犯罪であった。

鎌倉初期の説話集である『古事談』二に、「宇治殿参内《さんだい》せしめ給ふ間、陽明門の内左近府の前程なり。置道《おきみち》の頭《ほとり》に大袋有り。秉燭《へいしょく》の後なり。人落とせるか」とあり、関白藤原頼通の家人源経頼が束帯装束一具を入れた大袋を落とし忘れ、落し主がわかって経頼に戻された話を伝えている。大袋の語は、たんに装束などを中に入れた大きな袋の意として使用されている。

『鎌倉遺文』では、寛喜元年（一二二九）十一月の左衛門少尉兼致書状の中に「且《かつが》つ件《くだん》鷹盗を致す人の中、三郎男は度々の大袋其隠無きの條…」とあるのが初見（『鎌』三九〇四号）。この史料は、中野馬允（能成）と木嶋兵衛尉（実親）が、志久見山の鷹子盗人をめぐって生じた†相論を記しているが、中野側は鷹子を盗む人の中でも木嶋側の三郎男は再三にわたって盗みをする大袋として訴えている。ここでは、大袋の語は盗人として使用されており、大袋は盗んだ鷹子を入れる用具として使用されたのであろうか。

鎌倉後期では、乾元二年（一三〇四）四月のけんによ譲状の中で、【用例1】にみられるように、尼けんによが、大袋の中に入れられた様子がうかがえる。この行為は、前神主すけかたが、尼けんによを袋の中に入れ拉致・誘拐するために大きな袋が用いられたことを示すものと想定される。大袋は強盗の一種とみられるが、このように、特に人間を略取し、これを袋に入れるような場合もあった。さらに、正和四年（一三一五）、丹波国大山荘では、地頭中沢直基らが、隣荘の宮田荘預所《あずかりどころ》筑前々司為成によって、【用例2】にみられるように、「大袋の大犯《だいぼん》」の罪で訴えられている。ここでの大袋の語は、一種の監禁罪のように思われ、具体的には宮田荘住人加治安貞を路上で捕え、袋の中に押し込んで、拘禁かつ強迫して†請文《うけぶみ》を責め取った行為とみられる。このように、大袋は、盗犯の対象は物に限らず、とくに人間を拉致・誘拐し、大きな袋の中に押し込んで運ぶというきわめて暴力的な犯罪行為、ないしその犯人をさす語として使用されたと考えられる。

ところで、中世にはこの大袋と似た行為として「勾引《かどわかし》」（人勾引《ひとかどい》）がある。同じ誘拐を表わす勾引は、雑務沙汰（一般民事あるいは動産訴訟）であり、「大犯」と称されて侍所が管轄する検断沙汰の一つに数えられる大袋と区別された。

近世では、槍の鞘《さや》で袋形をした大きなものを意味した。

【用例】

（1）けんによ譲状（『鎌』二一四六六号）

「さきのかみぬし《（神主）》すけかたあま《（尼）》を**大ふくろ**にいれんとし、そのしさい《（子細）》わ、このきんへん《（近辺）》のひと〱《（人々）》、みなしり《（皆知）》たり」とあり、前神主すけかたが、尼けんによを袋に入れようとした行為は、公然と行われたものと想定される。

（2）丹波宮田荘雑掌《ざっしょう》申状案（『鎌』二五六七三号）

直基・同舎弟道念・同彦七郎・同小三郎・七郎左衛門入道真蓮以下《いげ》の輩《ともがら》、去年三月十四日に、宮田庄住人加治大夫安貞を、直基の下人彌六郎入道の住屋に押し籠めて**大袋**を致し、米百石を沙汰すべきの由《よし》、＊請文《うけぶみ》を責取る。

（堀内　寛康）

【参考文献】

網野善彦他編『中世の罪と罰』（東京大学出版会、一九八三年）、保立道久『中世の愛と従属』（平凡社、一九八六年）

海　賊

かいぞく

暴力によって通行の安全を脅かし、略奪や密貿易などを行った人々。瀬戸内海・九州地方などの沿岸や島嶼を根拠地とする。『日本国語大辞典』では、「①海上を横行して、航行する船舶や、時に沿岸の集落を襲ったりして、財貨を略奪する盗賊。海賊人《かいぞくにん》。②中世の水軍の呼称。海上で活躍する海の領主が結成した武力集団。海賊衆。」とある。『鎌倉遺文』の用例をみると①の事例のみで、②の海賊衆は、主に戦国時代にみられる。また海上での略奪行為をさして「海賊」とよぶ例（『鎌』九五二一号・一六二一〇号）もある。

『鎌倉遺文』の用例では、鎌倉幕府の法令や、守護に対する指示などの中にしばしば海賊の語がみえ、禁止する対象として位置づけられている。貞永元年（一二三二）の『御成敗式目（貞永式目）』第三条において、守護の大犯《だいぼん》三カ条を規定した中で、「殺害人」の付けたりとして、「夜討・強盗・山賊・海賊」がある（『鎌』四三四〇号）。海賊は、夜討・強盗・山賊と並んで検断の対象になっている（『鎌』五九七九号・八六二八号なども同様）。寛元二年（一二四四）、幕府は、海賊のことは、国中地頭らに仰せて、船を用意して召取るべきと定めている（『鎌』六二八三号）。

鎌倉後期になると、悪党の活動に呼応して、海賊の活動が活発化した。文永三年（一二六六）、安芸国沼田《ぬた》新荘住人らが、海賊を致し御物を取っている（『鎌』九五二一号）。正和三年（一三一四）、伊予国高市郷代官景房が、海賊人雅楽左衛門次郎を搦《から》め取っている（『鎌』二五一八一号）。文保元年（一三一七）、大隅国救仁郷《くにのごう》飯熊別当らが、岸良村御米船を海賊せしめたことを、肝付弁済使《きもつきべんざいし》入道尊阿が訴えている（『鎌』二六二一〇号）。嘉暦元年（一三二六）、摂津国では、灯《とう》爐《ろ》堂の住持少輔房浄瑜が、海賊与党であるとの風聞《ふうぶん》があった（『鎌』二九六〇九号）。海賊が西日本の広範囲で発生している様子がうかがえる。海賊の実態を詳細に示しているものは、元応元年（一三一九）、海賊が備後国尾道を襲った事例で、「西国名誉海賊」と守護との結託がみえる（【用例1】）。このような公権力による海賊の編成は、室町時代に、室町幕府や守護大名によって進められていく。

鎌倉幕府は、海賊を鎮圧するための命令を繰り返し発している。弘安五年（一二八二）、近日、海賊船往反の船に煩《わずらい》有るとの聞こえがあるとして、幕府は、肥前国地頭御家人に対し、賊徒船を召取り、平定することを命じている（『鎌』一四七三五号）。永仁六年（一二九八）、幕府の評定《ひょうじょう》は、西国海賊船はその咎《とが》により没収し、海賊を搦め参らせた輩《ともがら》に給うという旨を定めている（『鎌』一九五七三号）。延慶元年（一三〇八）には、西国ならびに熊野浦々の海賊が、近日蜂起したとの風聞があり（『鎌』二三三一〇号）、幕府は、鎮西に居住する河野通有に対し、伊予国に帰って、西海・熊野浦の海賊を誅伐《ちゅうばつ》することを命じた（『鎌』二三七一九号）。

さらに正安三年（一三〇一）、幕府は、海賊鎮圧のため、①豊後国津々浦々の船に、在所・船主の交名《きょうみょう》を彫り付け、員数《いんずう》を注申すべきこと、②海賊の聞こえがあれば、守護・地頭・沙汰人らは、早船を構えて追いかけること、③追いかける時、知り及びながら合力しない者の交名を注進すべきことを命じている（『鎌』二〇七四四号）。元亨四年（一三二四）、阿波国海賊出入の所々に関する鎌倉幕府・六波羅探題よりの命に応じ、阿波国勝浦新荘小松島浦の船紋を唐梅《からうめ》に定めて、海賊船と区別している（『鎌』二八七三四号）。

なお、一二二〇年代以降、高麗を襲った倭寇も海賊の一類型とみられる。研究史上では、「初発期の倭寇」（村井章介）・「初期倭寇」（佐伯弘次）・「十三世紀の倭寇」（李領）とよばれる。嘉禄二年（一二二六）、対馬国と高麗国との間に「闘争」があった。同年、「鎮西凶党」と評された松浦党が、兵船数十艘を構えて高麗へ行き、民家を滅亡させ、資材を略奪した。

【用例】金剛峯寺衆徒《しゅと》等解状《げじょう》（『鎌』二七五五八号）
元応元年（一三一九）、備後国守護長井貞重の代官円清・子息高致らは、高野山領備後国大田荘の倉敷尾道浦に乱入し、仏閣・社殿数カ所と政所《まんどころ》・民屋一千余宇を焼き払い、預所代《あずかりどころだい》らを殺害した。円清らは、大船数十艘を用意し、仏聖人供《にんぐ》以下の資産雑物を悉く《ことごとく》運び取った。円清は、「当浦名誉悪党」と号し、新預所の下部《しもべ》数輩を搦め捕った。また「西国名誉**海賊**」である医師兵衛入道心覚らは、「守護代扶持《ふち》之悪党」であり、守護は「名誉賊徒」を扶持置き、賄賂を取った。

（関　周一）

【参考文献】
長沼賢海『日本の海賊』（至文堂、一九五五年）、宇田川武久『日本の海賊』（誠文堂新光社、一九八三年）、村井章介『アジアのなかの中世日本』（校倉書房、一九八八年）、佐伯弘次「海賊論」（荒野泰典・石井正敏・村井章介編『アジアのなかの日本史Ⅲ』東京大学出版会、一九九二年）、網野善彦『悪党と海賊』（法政大学出版局、一九九五年）、桜井英治『日本中世の経済構造』（岩波書店、一九九六年）、李領『倭寇と日麗関係史』（東京大学出版会、一九九九年）

下手人

げしゅにん

時代劇などで、「自分で手を下して人を殺した者」の意味で使用されている馴染み深い歴史用語であるが、中世においては、真の加害者か否かは問わず、殺人の責任を負わされた者を指し、加害者側は謝罪の意を込めて被害者側に引き渡し、被害者側は下手人の顔を見たことに満足して加害者側に送り返す「下手人（解死人《げしにん》）制」と呼ばれる儀礼的紛争解決システムがあったとされている。

『日本国語大辞典』（初版）には、①みずから手を下して人を殺した者、殺人犯、という意味の他に、②なにかよからぬ事をしでかした張本人、という意味も載せているが、『鎌倉遺文』では、暴行事件の当事者に「刃傷《にんじょう》下手人」（『鎌』一八六五七号）、放火の実行犯に「放火下手人」（『鎌』一七七一六号・一七九四三号・一七九四六号）、「放火狼藉《ろうぜき》下手人」（『鎌』二三二五九号）と呼び、伊勢神宮の「厳重之神器」（『鎌』一六三四三号）や薩摩国新田宮の「神王面」を破損した当事者（『鎌』六〇三八・六八九〇・六八九一・七一〇八各号）も下手人と称されており、鎌倉期においては殺人加害者以外の意味でも使用されていたことが確認できる。紀伊国吉仲荘と荒川荘の悪党*を非難する高野山衆徒《しゅと》の申状に「有る時は倶《とも》に手を下し、有る時は扶持《ふち》を加え」（『鎌』一七七一一号・一七九四四号）という表現が見え、字の通り、「手を下したる者」（『大言海』）というのが下手人の本質的な意味であったことがわかる。

嘉禎元年（一二三五）山城国大住荘と薪《たきぎ》荘の境で起こった春日神人殺害事件は、興福寺より下手人兵衛尉宗種《むねたね》の差出を求められた石清水《いわしみず》別当宗清《べっとうそうせい》が、宗種本人ではなく、「青《あお》侍《ざむらい》之所従」や或いは「辺国之浪人」を下手人として差出し、朝廷を欺いたとある（『鎌』四九〇二号）。ここから、この段階の下手人には、あくまで真の加害者が求められ、少なくとも加害集団の成員であることが必要とされたものと思われる。しかし、集団間の闘乱事件における実行犯は、郎従など集団内の下位の人間であることが多いため、その集団の論理（主従制など）によっては、実際の加害者ではなく、身代わり的な人間が務める余地が出てくる。すなわち、下手人という語には、まずは集団間における犯罪責任者の確定という点に重きがあったと思われる。

下手人を確定した被害者側は、交名《きょうみょう》注文などを作成し、使庁《しちょう》や幕府・守護などの公権力に下手人の身柄確保と処分を求めている。時代が下るにつれ、公権力による処分がなくなり、公権力はただ介在するのみで、下手人は被害者側へ直接引き渡されていくものと思われるが、軽微な闘乱・濫行《らんぎょう》事件については、既にかなりの事例が摂関期の公家社会から見られる。『明月記』によると、寛喜元年（一二二九）三月にも、日吉《ひえ》社宮仕法師と六波羅の武士三善為清の闘諍《とうじょう》事件において、互いに下手人の引渡しを要求し合っているのが見える。鎌倉幕府の『追加法』でも、御家人*の郎等が他の御家人を馬から引きずり下ろすというような狼*藉を働いたため、下手人を被害者側に引き渡している傍例が見える（『新編追加』侍所沙汰篇　悪口狼藉条）。もっとも、南《なん》都《と》大衆《だいしゅ》に引き渡された平重衡《しげひら》や工藤祐経《すけつね》の遺児に梟首された曾我五郎などは被害者側に渡された代表例であろう。しかし、『鎌倉遺文』においては、下手人引渡し（要求）の事例は、比叡山関連の狼藉事件でしか確認できない。正安三年（一三〇一）比叡山東塔の仏頂尾の衆徒は、近江国羽田庄預所《あずかりどころ》大夫将監入道が同国得珍保《とくちんのほ》内に打入り、山門の公人を傷つけ、日吉神人を殺害したとして、「下手人に於《お》いては、衆徒中に召し賜《たま》い、旧例に任せて沙（汰）致す」ことを主張している（『鎌』二〇九四四号）。元弘元年（一三三一）にも、「先例」により、近江国守護佐々木時信を遠流《おんる》に処し、下手人は衆徒中に賜ることを申請している。これらが申請通り、認められたかどうかはわからないが、共に「旧例」「先例」としたのが、建久二年（一一九一）の日吉社宮仕の殺害事件である。三月下旬、比叡山より派遣された日吉社宮仕が、近江国の佐々木定綱《さだつな》の留守宅に乱入し、散々の恥辱を加えたため、これに怒った定綱次男の定重《さだしげ》らが宮仕二人を殺害し、神鏡を誤って破損したという事件である(『吾妻鏡』同年四月五日条)。このため山門は、神輿《しんよ》を奉じて強訴《ごうそ》し、下手人交名を注進し、定綱父子の身柄引き渡しを求めた。頼朝は「その身を敵讐《てきしゅう》に召し渡すの例なきの由《よし》」を再三述べたという(四月三十日条)。また、天台座主《ざす》に送付された院宣《いんぜん》でも「たとい斬刑《ざんけい》に行はずとも、その身を給わるの条においては死罪に同じ。よってかってもって裁許すべからず。」と見える(『鎌』五三〇号)。結局、院庁《いんのちょう》は定綱父子四人を流罪とし、下手人の郎従五人を禁獄《きんごく》とした(『吾妻鏡』同年五月八日条)。ところが、山門の不満は解消せず、頼朝は定重の流刑を止め、「下手ト為スニ依リ」(『鎌』三一四八三号)、梶原景時立会いのもと、近江国辛崎《からざき》辺において斬首した(『吾妻鏡』同年五月三十日条)。(延暦寺衆徒申状では、建久五年春愛智河原においてとする。)このとき定重は、身柄を完全に山門に引き渡されたわけではないが、下手人として責任を一身に負い斬首されたのである。結果として、これが比叡山が度々引用する先例となった。しかし、頼朝の定重引渡しを避けようとする考え方や、他の事案であるが「敵に敵を給ふの例これ無き由、寺家の仰せを蒙り」(『鎌』六五九一号)という文言などからは、むしろ下手人、とりわけ殺人などの重大案件に関する被害者側への引渡しは、例外的なことであり、いまだ一般化していないことが窺える。その理由はおそらく、一応犯罪を処断する公権力が機能していることと、被害者側に引き渡された下手人のほとんどが死刑にされることが予想されるため、抑制が効いているためであろう。加害者集団に無事返されるようになる「解死人制」の成立は十五世紀以降のことと思われる。

以上、鎌倉期における下手人は、殺人に限らず、放火・濫妨《らんぼう》狼藉、そして神威や個人の名誉を汚すような事案の実行犯のことで、個人対個人ではなく、集団間で問題が発生したときに責任を負わされる存在である。軽微なものについては、中世後期の下手人制にも共通するような当事者間での紛争解決が図られているが、殺人などの重大犯罪については、公権力による処断が期待されている。「解死人」という充て字は、下手人が殺人犯だけに限定され、かつ儀礼的な紛争解決システムが完成した段階から使用されていくものと思われる。『鎌倉遺文』には、「解死人」という用語はいまだ登場せず、「下手人」がそのような意味で使用されている用例にも会うことはできない。

【用例】

(1) 石清水八幡宮寺による春日神人殺害事件に関して、興福寺僧綱《そうごう》等解案《げあん》（石清水文書）に「刑法に限りあり、早く再び帰らざるの遠流に行わるべき也〈伊豆大島、若しくは硫黄島、〉、薪庄は当寺に付せられ、**下手人**は、悉《ことごと》く舎に禁獄せらるべし」（『鎌』四八六九号）。関東御教書《みぎょうしょ》（春日社司祐茂日記）が引用する南都衆徒解状には「しからば宗清・棟清を遠流せられ、また**下手人**等を禁獄せらるべきと云々」（『鎌』四八七七号）。

(2) 薩摩国新田宮「神王面」破損事件に関する六波羅探題充ての関東御教書に「**下手人**〈交名注文あり、〉は、早く京都に召し上げ、冷泉《れいぜい》殿に申し入れ、宜《よろ》しく断罪せらるといえり」（『鎌』六八九一号）。

（今野慶信）

【参考文献】
牧英正「下手人という仕置の成立」（日本大学法学会編『法制史学の諸問題』巌南堂書店、一九七一年）、勝俣鎮夫「戦国法」（一九七九年、初出一九七六年）、羽下徳彦「故戦防止戦をめぐって—中世的法秩序に関する一素描—」（『中世の窓』同人編『論集　中世の窓』吉川弘文館、一九七七年）、勝俣鎮夫「下手人」（『日本史事典』平凡社、一九九三年）

御家人と号す

ごけにんとごうす

『日本国語大辞典』によれば、「号する」には「表向きそのように言いふらす、言いなす」という意味があり、また「称する」も「他人の手前はそのように偽って言う」との意味を持つ。『鎌倉遺文』中で「号（称）*御家人」とみえた場合も同様に、本来御家人ではない人物が、御家人であると偽称することをさしており、「号」「称」に関しては、現代的な用法と変わらないといえる。そこでここでは、なぜ御家人と偽称する必要があったのか、どのような場面で偽称したのか、という点に注目したい。

「御家人」については本書でも立項されているが、「鎌倉将軍の家人となったもの」（『国史大辞典』）とする最も基礎的な語義から、御家人であるとの主張は「鎌倉将軍の家人である」と主張したことを意味する。鎌倉将軍はいうまでもなく武家の棟梁であったから、御家人であることによって「軍兵《ぐんぺい》を率い」（『鎌』四〇一六号）「甲冑《かっちゅう》兵杖《へいじょう》を帯する」（『鎌』二〇五四二号）など、武装することへの正当性が付与されるという意識が存在したようにも見受けられる。しかし御家人と号した人物が、具体的に何を求めていたのかという点に注意すると、「関東の裁許《さいきょ》を蒙る」こと（『鎌』八七七五号）や「守護代の状を誘い取る」こと（『鎌』三一八五〇号）などが目的であった。そして彼らのほとんどが、荘園領主との対抗関係のなかで号しており、「武威《ぶい》を募りて寺家を蔑如《べつじょ》し」、荘園領主の「御下知を忽諸《こつしょ》する」（『鎌』一一六四四号）行為として糾弾されている。「本所に違背する」（『鎌』三一一六六号）行為とされるこの行動は、地域住人が役負担から逃れるための口実として、あるいは自らが確保した権利を保持するための根拠として実践されたのである。つまり地域住人が、荘園領主に対抗し得る権門として鎌倉将軍を選択し、自らの主張に正当性を持たせようとした行動と評価できよう。しかし幕府にとってはこの行動が、荘園領主と地域住人との紛争に巻き込まれることを意味したため、『御成敗式目』（『鎌』四三四〇号）第三条で禁じたのである。なお若狭国太良荘の宮河乗蓮は、非御家人でありながら御家人身分を獲得した人物として著名であるが、彼が御家人と号した理由は、獲得した御家人領を保持するためであったとされる。

（櫻井　彦）

骨張

こっちょう

「骨頂」とも書く。「愚の骨頂」の骨頂は、この上ないことという意味であるが、鎌倉時代において骨張は、①強く主張すること、②張本人、③実行すること、の意味（『日国』）で多く用いられている。『吾妻鏡』仁治二年（一二四一）十一月二十九日条に、上野朝村が犬に射た矢が誤って三浦氏の会所の簾中《れんちゅう》に入り、朝村が雑色《ぞうしき》に受け取りに行かせたところ、三浦家村が「出し与うべからざるの由《よし》骨張」して喧嘩になったことがみえ、これは①強く主張することの意味に該当する。『鎌倉遺文』では②と③の用例が多い。紀伊国荒河・名手両荘悪党交名《きょうみょう》注文（一七七一九号）では、蓮空について、成力法師を殺害して百姓の住宅四十余を焼き払い、教仏家が焼失したときには妻女・牛馬を焼き殺した「山河殺生大悪行根本骨帳（張）也」とあり、この骨張は張本人（②）という意味である。③実行することとしては、『鎌倉遺文』では「悪事を骨張せしむるの由」（一二七七九号）、「悪行を骨帳（張）せしめ候の間」（二六二九五号）など、みな悪事を実行する意味で使われている。

（菅原正子）

山林に交わる

さんりんにまじわる

中世でも「山林」が、「①山と林。また、山中の林。樹木の多く生えている山。森林。」（『日国』）と変わらぬ意味で用いられていたことは間違いない。中世と現代との間に意味の差違は認められないが、『鎌倉遺文』には人々の「交わる」地域としてしばしばみえている。「交わる」とは、『日本国語大辞典』が示す七つの意味のうち、「②まぎれる。隠れる。隠棲する。」の意味で用いられている。

人々が山林に交わる機会として第一にあげられるのは、「巨多《きよた》（たくさん）の使者を入れ、種々の狼藉*を致す、□□御使の宿所始は追捕《ついぶ》の如し、之《これ》に依《よ》って百姓等山林に交わる」（『鎌』八七五号）というような場合で、地域社会が外部からの圧力を受けたときに、住人等が避難する場として山林は存在したといえる。同様の性格を有する場として、「山野」も用いられる。両者には材木や炭焼き、あるいは牛馬を飼育するための飼料といった資源が存在し、「山林に交わりて、木菓を拾い活命す」（『鎌』一八七三三号）、「山野に入りて、薯蕷《しょよ》・野老を取る」（『鎌』八三四六号）ともされるように、住人の生活を支える場として認識されていた。しかもそれは「山林にましわりて読誦《どくじゅ》すとも、将又《はたまた》里に住して演説すとも」（『鎌』一一九〇五号）と、人々が暮らす「里」とは対照的な存在であった。日常的な空間とは異なる空間であることは、日常生活を脅かす外圧からの避難場所とするためには重要な要素であったに違いない。

しかし山野は「①山と野原。のやま。」（『日国』）との意味が示すように、山林よりも樹木の占める割合が少ない地域を指している。この点は僧侶等が、「若《も》し申請に任せて、罪科の御沙汰無くんば、学侶《がくりょ》悉《ことごと》く山林に交わり、公家・武家の御祈禱を抛《なげう》たんと欲す」（『鎌』二三一八七号）等のように主張して、自らの要求を実現するための逃走場所に、山野よりも山林を持ち出す場合が多いことと関連している。彼らの行動の背景には「今山林に世を遁《のが》れ、道を進まんと思しに」（『鎌』一四一二六号）といった表現から明らかなように、山林を「遁世《とんせい》」の場とする意識が存在していた。僧侶等にとって山林は、俗なる世界から離れた聖なる空間として認識されていたのである。そして彼らが山林を聖なる空間と認識した大きな要因は、樹木の存在であった。古代以来樹木が、神々の寄りつくものとして意識されていたことはよく知られるところであって、中世においても「神木」「霊木」等のことばが『鎌倉遺文』にみえていることによって、その意識が継続していたことは裏付けられる。

この山林という場がもつ、日常生活に深く関わり、かつ聖なる場所として認識されるという二つの性格は、地域住人と荘園領主を含む宗教勢力との間に、次第に対立を生み出していった。すなわちそれは「寺領の山林、昔は霊木茂い滋《しげ》ると雖《いえど》も、伐採《ばっさい》の者無し、近代麓より伐《か》り昇るの間、四至《しいし》内の霊木、大略これを伐り尽くす、寺中の僧徒制止を加うと雖も、境内の樵夫《しょうふ》承引《しょういん》能《あた》わず」(『鎌』一一二三号)とあるように、山林資源を活用しようとする動きが活発化するなかで生まれたものであった。つまり、従来聖なる地域としてその支配に正当性を認定されていた荘園領主や地域寺社と、山林開発を積極的に展開しようとする地域住人の動きが抵触することになったのである。この結果荘園領主は、「殺生禁断」法の拡大解釈などをともなって、荘園の領域的な支配を進展させようとしていくのであった。

(櫻井　彦)

【参考文献】

田村憲美『日本中世村落形成史の研究』(校倉書房、一九九四年)、林屋辰三郎編『民衆生活の日本史―木―』(思文閣出版、一九九四年)、小山靖憲『中世村落と荘園絵図』(東京大学出版会、一九八七年)

自由

じゆう

「心のまま、思うとおりふるまえ束縛がない」という意として、現代では肯定的に使用されることが多い。『日本国語大辞典』では、第二版で、中古・中世の古文書の場合と限定した上で、「先例・しかるべき文書、道理などを無視した身勝手な自己主張」という意がつけ加えられている。

古代中国では、専恣《せんし》横暴の意で、自由という語が使われている(『後漢書五行志』)。唐代では、地位や利害得失の緊縛をうけず思うままにできるという意でも使用されるが、社会的秩序に従うことが守るべき道であるという儒教思想からすれば、自由は、人として許すべからざる罪悪と古代中国では一般に考えられていた。

日本でも、中世前期においては、『御成敗式目』(『鎌』四三四〇号)に、「理不尽《りふじん》之沙汰、甚《はなはだ》自由之奸謀《かんぼう》」とあるように、一般に、自由は、我欲にすぎた行為や、慣例に背く不法行為、横暴な振舞に対して、否定的に使用されている。『鎌倉遺文』を通覧しても、【用例1】にみられるように、自由は、道理の反対語としてとらえられている。具体的には、【用例2】のように下†知状に背く行為や、【用例3】のように正当な理由がないのに、幕府に出仕しない行為を、自由と捉えている。また、延慶本《えんきょう》『平家物語』では、鹿《しし》ヶ《が》谷《たに》事件の罪を問われて備前国に配流となった藤原成親《なりちか》が、許可無く出家したことに対して、清盛が「加様（出家）の事をこそ自由の事とはいへ、流置たらはさてもあらて不思議なり」と刺客をおくり惨殺する（この話は流布本にはみられない）。この場合の自由は、緊縛をうけず意のままに行動する意味として使用されている。『徒然草』（六十段）でも、仁和寺真乗院《しんじょういん》の盛親僧都《じょうしんそうず》について「世を軽《かろ》く思ひたる曲者《くせもの》にて、万《よろづ》自由にして、大方、人に従ふといふ事なし」とあり、気ままで勝手なふるまいを自由と評している。

鎌倉期を通じて、濫妨《らんぼう》・濫行《らんぎょう》・抑留《よくりゅう》・*狼藉・*押領など、無法な行為をさらに強調する場合は、「自由之濫妨」など「自由之○○」と記される。また、正規の手続きを経ない行為や文書についても、「自由沙汰」などのように、†陳《ちん》状《じょう》・†請文《うけぶみ》などに自由を冠し、「自由之○○」と使用される用例が多い。

なお、『鶴岡放生会《ほうじょうえ》職人歌合《うたあわせ》』の中で、判定者の言葉の中に、「自由ならずして自由を得たり」とあるのは、「放逸ならず守るべきことは守りながら、思うままに詠む」と解せられ、自由の二つの意味がうかがえる。このように、十三〜十四世紀頃になると、自由に対して肯定的な使用例も見られるようになる。津田左右吉は、この転換の背景を、禅宗の影響と推定している。近世においては、中世と同様、自由は、専恣横暴の意で継続して使用されるが、拘束されず自分の心のままに行動できる状態として肯定的に自由を使用する用例が、とくに庶民を対象にした文学で多く見いだされるようになる。

さらに、近代においては、福沢諭吉が、英語のLiberty、freedomの訳語にあたる適当な日本語がないと前置きした上で、自由を訳語の候補にあげている。しかし、諭吉自身も自由の本来の意味である我儘放蕩と、Libertyの語義とは異なると、あえて誤解を招かないようにその相違点を指摘している。このことからも、明治期までは、自由について、肯定的な用例と否定的な用例が並存しており、むしろ後者の方が一般的なとらえ方であったことがうかがえる。

【用例】

（1）沙弥《しゃみ》常忍陳状（『鎌』七二六六号）

因幡国一宮において、常忍が本来譲得すべき所従二名を、公文《くもん》元富が*拘惜《こうじゃく》（隠匿）した行為に対する裁判で、常忍の陳状に、「**自由に任せて**、拘惜せしむるの間、道理に任せて†糺返《ただしかえ》すべきの由、私《わたくし》に度々之《たびたびこれ》を触れ申すと雖《いえど》も、敢《あ》えて返事に及ばざるの条、左道《さどう》の至《いたり》」と訴えている。

（**2**）関東御教書写《みきょうじょうつし》（『鎌』二二一九三二号）

常陸国鹿島《かしま》社大禰宜《ねぎ》能親代長円申す供料《くりょう》の事、重ねて訴†状を遣《つか》わす、下知状《げちじょう》に背き*結解《けちげ》を遂《と》げざると云々。甚《はなは》だ**自由**也。

（**3**）東大寺般若会《はんにゃえ》請定詞書《ことばがき》（『鎌』二二三〇四八号）

来る十五日辰刻出仕《しゅつし》せらるべし、病遠他行見るの外《ほか》、**自由之故障**ならびに遅参《ちさん》之仁に於いては、一年中、出ざるべきの旨、政所《まんどころ》仰《おおせ》に依って載《の》するところ也。

【自由が付く語彙例】

自由濫妨　八九・五三三・一一七六・一五五五・二三五四・二九八九・三三四三・三五〇
二・三八八七・五三八二・八九〇〇・一〇八〇七・一一三八・一一三六三・一三六九〇・一四一
三・一五〇四五・一六二八四・一七九九六・二五九一七各号
自由之故障　一三〇七四・一五〇四四・一五四四八・二七八二九・二〇六〇〇・二三〇四八・
二三三八〇・三一〇一四・三一八七一・補一七四三各号
自由無道　五三五二・一〇三四七・一四八六八・一六四九九・一九四四一各号
自由之企　三三九九・五三七四・八六二八・一〇四六二・一〇四六七・一五〇四四・一八五八
四・補一九〇一各号
自由抑留　三一三・一六八一七・二八九四六各号
自由沙汰　一三〇・三三七・四九五・六九三・七三七・一五三四・二一〇七・三三八〇・三
六五〇・三九五三・三九六九・四六六二・七一八二・七七三六・一八八〇四・二〇三三四・二〇八
五四・二三四三六・二五八五四・二五八六七・補八七六・補一五〇五各号
自由之下文　二四二一号
自由耕作　一四八五〇号
自由下知　二六五五・二六五六・二六七一・二六七八・補八一〇各号
自由出家　一五七六七・一七四五七各号
自由請文　九六一七・一五三二七・一六六一〇・一九一七七・一九六八六・二二七六五・二三八
三五・二四九〇八・二四六一九・二四九〇一・二五〇一〇・二五五三三・二六四八五・二六七五
五・二七三八七・二七五三七・二七五四四・二七八二〇・二八〇五八・二八〇九二・二八一二九・
二八二二五・二八二六五・二八七五一・二八五四三・二九〇九八・三〇〇九〇・三〇一〇二・三一三
六三・三一四七八・三一四七九・三一四九九・三一九〇一・三一九三〇・補二〇五六・補二二一
三各号
自由帰国　二七九四四各号
自由検注　六八九〇各号
自由作物　八八七七各号
自由申状　五三一二・五八五六・五九一〇・七三五六・一二四一二・一三四〇二・一三七三
二・一三七五〇・一四三三三・一六六二八・一七三〇八・一九三五九・一九六三六・二〇四一二・
二三三三〇・二三七三四・二三三八八・二四〇八〇・二五三三一・二五七〇六・二五七〇八・二九九
八〇七・三〇九四二・三一三二〇各号
自由之陳状　六九五〇・一〇四六七・一五〇二三・二〇〇六九各号
自由狼藉　一四〇〇・一五五〇・二八六五・三七四五・三九九四・四二〇四・四五九二・七三
三・八九〇〇・一〇五三五・一三三〇三・一三七一三・一五五九七・一六二八九・二三〇四・
二三三七七・二四八九六・二五六二八・二八九四六・三〇〇七六各号

（錦　昭江）

【参考文献】
津田左右吉『思想・文芸・日本語』（岩波書店、一九六一年）、
網野善彦他『中世の風景』（中公新書、一九八一年）

住宅
じゅうたく

辞書的には「人が住むための家、すみか」ということになる。鎌倉時代の百姓の住宅の実態については、伊藤鄭爾の研究がある。延慶三年（一三一〇）の検注名寄帳《なよせちょう》（醍醐寺宝樹院文書）にみられる、伊勢国泊浦村江向村の場合では、本在家は最大で三十五坪（七間×五間）であり、十六坪（四間×四間）から九坪（三間×三間）の間の住宅が多く見られる。また新在家は、最大で二十一坪であり、九坪から四坪（二間×二間）までに集中する。最小では一・五坪という住宅もある。六坪以下の住宅が四十七パーセント、十二坪以下が八十二パーセントを占めているということであり、鎌倉時代の農民の住宅は、小規模のものが多かったことを知ることができる。

しかし、百姓の住宅といえども、それは自立した「イエ」であった。勝俣鎮夫は「篠を引く」という、住宅の周囲に篠をめぐらせて中に籠もる逃散《ちょうさん》に着目し、このような逃散の形態は、住宅の不可侵性をその背景としているとした。また、黒田弘子は逃散の際に住宅に籠もったのは主に女性であり、夫等は山野に逃散し、女性は篠で閉じた住宅

に隠れ籠もって、家族と家産の保全に努めたことを指摘している。

このような、いわば百姓にとっての自らの生命と財産の象徴としての住宅であるが、『鎌倉遺文』における住宅の記事には、主に「住宅破却」や「焼失住宅」などの、住宅に対する狼藉が多く現れる。

住宅は検断《けんだん》の対象になることが多い。興福寺衆徒《しゅと》による検断は、「住宅等数十宇、資財物を捜し取り、焼き払わせしめおわんぬ」(『鎌』八六七四号)という形で、住宅の動産を奪い取った後で放火を行うものであった。この検断としての住宅放火については、他にも『鎌倉遺文』に頻出し、例えば「住宅を焼き払われ、その身を追却」(『鎌』三六六八号)と地頭代の検断としても現れる。住宅放火と追放はセットとなって、中世刑罰の基本としての追放刑を構成しているものとみることができよう。

また、山野紛争の際にも住宅が狙われる。著名な紀伊国名手《なて》荘・丹生屋《にうや》村紛争の際には、名手荘百姓数百人が弓矢を持って隣村の丹生屋村に乱入し、百姓を刃傷し、住宅に入って資財を捜し取り、また住宅を破却し、焼き払っている(『鎌』七四二九号)。このように村の戦争では、住宅が攻撃目標になっているのである。

追放刑にともなう住宅破却と、村の紛争における住宅破却との相互関係については、なお今後の課題であるが、どちらも生命と財産の象徴として、本来不可侵であるべき住宅への攻撃であり、その意味で最も過激な武力行使であるということができよう。

逆に、住宅の不可侵性のもとで、住宅に立て籠もるという例もある。先述の「篠を引く」というのは、いわば籠もる逃散であるが、もっと積極的に、武装して住宅に立て籠もるのである。摂津国垂水《たるみ》荘では、百姓等が悪党*と相語らい、下司代《げすだい》を追い出すとともに、勘解由允《かげゆのじょう》住宅に立て籠もり、六波羅使節に対して弓矢を放って攻撃している(『鎌』一八九八一号)。また、鎌倉末の和泉国では、大鳥荘や八田荘の有力百姓が住宅を城郭*に構え、使節に対して矢を放つなど合戦狼藉*を行っている(『鎌』三一三一三号)。このように悪党状況のもとでは、住宅は城郭とほとんどかかわらないものとなっているのである。これは、住宅が持つ不可侵性をさらに拡大させ、地域の実力占有(不可侵の宣言)を意味する行為であるとみることができよう。

このように住宅は、中世百姓の権利の源泉ともいうべきものであり、この住宅をめぐる権利主張と権利否定のせめぎ合いが、中世社会のひとつの特徴であるともいうことができよう。

(小林一岳)

【参考文献】
伊藤鄭爾『中世住居史』（東京大学出版会、一九五八年）、勝俣鎮夫『一揆』（岩波新書、一九八二年）、黒田弘子『女性からみた中世社会と法』（校倉書房、二〇〇二年）

城郭

じょうかく

辞書の意味としては、（1）そとまわりのかこい。囲い。（2）ある場所を敵の攻撃から守るために設けた防御施設。軍事的構造物。とりで。（3）城とそれをとりまく外がこい。という三つの意味がある（『日国』）。一般的には（2）と（3）の意味で使われるが、（1）の用例として「父母の旧宅に行きぬ。城廓頽《すた》れ破れて只朽《く》ちたる柱・梁《はり》の木許《ばかり》有り」（『今昔物語集』巻四―三八）が掲げられているところから、（1）の意味も早くからあったとも考えられる。

延慶《えんきょう》本『平家物語』の一ノ谷合戦の描写には「七日ノ卯刻計《ばかり》ニ、一谷ノ西ノ木戸《きど》口ヘ寄テミレハ、城郭ノ構様《かまえよう》、誠《まこと》ニオビタヽシ。陸ニハ山ノ麓マデ大木ヲ切伏テ、其影ニ数万騎ノ勢並居《ならびおり》タリ。」とある。ここから川合康は、中世成立期の城郭は街道を遮断する大規模なバリケードであり、この城郭をめぐって両軍が対峙し、合戦が行われていることを指摘した。しかも、城郭の設営には民衆が動員され、さらに城郭を破壊・突破する工兵隊としても民衆が動員されていたという。川合により、中世成立期の城郭は、一般的な理解としての②や③の意味とは異なるイメージを持っていたことが明らかとなったのである。

『鎌倉遺文』における城郭の所見は、『吾妻鏡』所収の源頼朝書状に「泰衡《やすひら》多賀国府より以北、玉造郡内高波々と申す所、城郭を構えてあい待つ、廿日押寄候の処《ところ》、あい待たず、件《くだん》の城落ち訖《おわん》ぬ」とあり、奥州合戦の際に平泉を守る最後の防衛線として藤原泰衡が城郭を構えたことが知られる（『鎌』四〇四号）。この城郭の現地比定については諸説あるが、岩手県岩出山町の松山街道沿いの突出した丘陵にあるとされ、平泉方が構えた有名な阿津賀志《あつかし》山の城郭と同じ、道を塞ぐ城郭だったようである（『角川日本地名大辞典』）。また、寺院を城郭に構えることも鎌倉期には行われていたようで、「無動寺なお城郭を引かず候うの間」という記載もみることができる（『鎌』四四七四号）。

『鎌倉遺文』において、「城郭を構える」という文言が急増するのは鎌倉後期からである。南禅寺領加賀国得橋郷佐羅村をめぐる紛争の際には、佐羅村の領有を主張する佐羅別宮雑掌《ざっしょう》は、村内に城郭を構えて立て籠もっている（『鎌』二三二四九号）。城郭は、村の実際の支配（†当知行）を示すために構えられているのである。平安末〜鎌倉初期の大戦争における、道を塞ぐバリケードという城郭から、武力によって自己の支配の権利を主張し宣言するための城郭、というものに変化しているのである。

この時期に城郭を構える中心となったのが悪党*である。山城国賀茂荘悪党の源仏以下の輩《ともがら》は、多勢で所々の城郭に引籠り、追捕のために派遣された使節に反抗して合戦を行っている（『鎌』二五一五六号・二五一八四号）。また、摂津国垂水《たるみ》荘においては、百姓浄願・良尊・覚尊・祐尊等と相語らった悪党の河縁兵衛尉や宮内允左衛門太郎等が、城郭を構えて合戦の構えをし、下司代《げすだい》を荘内から追い出している。それに対し六波羅は近隣地頭御家人を動員して城郭の破却を命じている（『鎌』二八八六三号）。このような城郭には、悪党とされた地域有力者の住宅*を城郭化したものもある（→住宅）。

鎌倉後期には、城郭は悪党による私戦のための拠点となっているのである。そして、この私戦の拠点としての城郭の延長線上にあるのが、南北朝期の城郭であるとみることができる。元弘の乱の際に、後醍醐天皇の綸旨を得た熊谷直清・直久は、丹後・丹波の北条方の地頭等が荘園に構えた十一ヶ所の城郭を焼き払っている（『鎌』三二一七六号）。

このように南北朝期の戦争は、中世成立期の戦争とは異なる様相を持つようになり、地域の当知行のために構えられた城郭をめぐる戦いとなる。そのため、戦争はより地域に深く入り込んでいくのである。

（小林一岳）

【参考文献】
川合康『源平合戦の虚像を剥ぐ』（講談社、一九九六年）、小林一岳『日本中世の一揆と戦争』（校倉書房、二〇〇一年）

白状

はくじょう

現代では、自分の犯した罪や隠し事を打ち明けることを意味する（『日国』）。『大漢和辞典』によれば、そもそも、「白」の字は、霜や雪のように白い色から、「あきらかにする」という意味をもつとともに、動詞として「まをす（申す）」と読み、「述べる」「上に向かって隠さず所見を陳述する」の語義でも用いられ、古代中国でもすでに、白状は、「罪状を告げる」（『漢』）行為を指していた。

日本でも、犯行を口頭で自供したものを糾弾者が筆録したものを「白状」と呼称し、犯人の署名を載せて後の証拠とした（『朝野群載《ちょうやぐんさい》』）。『平安遺文』にみる白状の用例では、治承五年（一一八一）二月の皇太神宮神主牒《ちょう》に、伊勢国宇治郷朝熊山で商人を襲った強盗の一味がいまだ逃亡中であることに抗議し、追討を徹底するよう要請した史料に、「彼《か》の犯人等白状の趣《おもむき》、ただに、人倫の命害に非ず。既に神宮御所迄その危あるべし」とあるのが、一件検出される。この段階ですでに捕縛された犯人の陳述書を「白状」と表記していることが確認される（『平』三九五七号）。

『鎌倉遺文』では、正応二年（一二八九）八月銅鋳物《いもじ》師友

光申状（一七一二七号）に「白状了《おわん》ぬ」とあるように動詞として用いられる場合もあるが、「載白状（白状に載《の》す）」「如白状者（白状を如くんば）」「以白状（白状を以て）」「白状云（白状に云わく）」等にみられるように、「白状」は罪人の申し立てた箇条を記した口述書として、名詞として用いられることが圧倒的に多い。

　犯人の自白書である「白状」は、†相論の裁定や刑罰の決定に大きく関与したが、一方、『御成敗式目』（『鎌』四三四〇号）でも「白状に載すると雖《いえど》も、贓物《ぞうぶつ》（盗品）無くんば、更に*沙汰の限《かぎり》に非ず」とあるように、たとえ白状があっても証拠物件のないものは無効とされた。また、建長五年（一二五三）『新編追加』でも「嫌疑《けんぎ》を以て左右《そう》なく其《その》身を搦《から》め捕り、拷訊《ごうじん》に及び圧状を責め取り、白状と称し、断罪せしむるの条、甚《はなは》だ然《しか》るべからず」（『鎌』七六二一号）と、強引に責めた白状の証拠価値は明確に否定している。なお、強制的な自白によって作成されたものを「圧状《おうじょう》」という。拷問による白状かどうか、白状の真偽が相論の焦点となる場合もあった（『鎌』一七八七七号・一七九〇一号）。正安二年（一三〇〇）薩摩国谷山郡山田・上別符《べっぷ》両村地頭大隅式部孫五郎宗久と谷山郡郡司谷山五郎資忠との間におきた複数の案件にわたって†所務沙汰を裁定した鎮西《ちんぜい》下知状（『鎌』二〇四七六号）でも、【用例】のように、当事者から提出された白状が裁断の参考にされている。

　白状の他に、白を使用した用語としては、白の本来の意味でもある「あきらかにする」から派生して、「白地」と書き「あからさまに」と読み、「明白に」を意味することもある。古記録類にはこうした事例が多いが、『鎌倉遺文』に散見される「白地」は、「急に、たちまちに、すぐに」（六五号、六二五四号・九六二一号・一二三九四号）や、かりそめに（五九九三号）の意味で使用されていることがほとんどである。また、白の飾らないという意味から派生して「白地」は、「白い布地」（八一三号）や「家や樹木のないさら地」（五二二号・六四五二号）を指す。

　『日葡《にっぽ》辞書』では、すでに「白状」は「表明すること」とあり、「白状する」では、「はっきり表明すること。あけすけに告白すること」とあり、自白書としてではなく、動詞として使用されていることが確認できる。なお、同書で「白地」は「野原・原野」とされる。

【用例】　鎮西下知状（『鎌』二〇四七六号）

　さまざまな争点のうちの一つに、乙彼岸女が、稲一把を盗まれたことを理由に住民等から銭四貫文等を責取った事件の裁定として、「乙彼岸女が盗まれたと主張している稲はすでに稲主に返却されたことが**白状**†に顕然であり、すでに過料五貫文も弁じている。地頭側は乙彼岸女側を弁護するが**白状**を備進《びしん》せざるの上は、郡代側の主張が正しい」と鎮西《ちんぜい》下知状では判断している。さらに、同†下知状では、乙彼岸女の行為は、軽い罪を以て重科に処することにあたり、同女が押取った身代以下銭貨は、もとの持ち主に†糺返《ただしかえ》すべしと裁定した。以上のように、この事件の裁定にあたっては、白状が顕然《けんぜん》かどうかが大きく関与している。

（錦　昭江）

【参考文献】

瀬田勝哉「神判と検断」（『日本の社会史』第五巻、裁判と規範、岩波書店、一九八七年）、西山克「伊勢神三郡政所と検断（上）―鎌倉末―室町期」（『日本史研究』一八二、一九七七年）、西山克「南北朝期の権力と惣郷―伊勢神宮検非違使の消滅をめぐって」（『中世日本の歴史像』創元社、一九七八年）

博奕（博打）

ばくち

「ばくえき」とも読む。『日本国語大辞典』によれば「（「ばくうち（博打）」の変化した語）①金銭、財物を賭け、賽《さい》、花札、またトランプなどを用いて勝負を争うこと。①②を職業のようにする人。③結果を運にまかせて敢えてする行為。」とある。しかし「ばくうち（博打）の変化した語」とされているものの、『平安遺文』・『鎌倉遺文』には「博奕」とみえる場合が圧倒的に多く、「博打」と見えるのは一六八六二号と二二六五二号だけである。ただし「博」という文字そのものに「ばくち（をする）」という意味が含まれ（『漢』）、早くは『日本書紀』天武十四年（六八五）九月十八日条にみえる「博戯」が、以後「バクチ」と同義のことばとして用いられたとされることを考えると、「博を打つ」から転じたことばとする見解には従うべきかもしれない。

ところで、どのような行為が博奕とされたかという点では、「囲基（碁）・双六《すごろく》・大小将基（棋）等の種々の博奕」（『鎌』四三二八号）、「双六・四一半・目増・字取已下《いげ》の博奕」（『鎌』五九七九号）などとみえ、このほか同じような用例で「目勝」

（『鎌』五五三六号）、「重半」（『鎌』五一四六五号）などが確認される。これらすべての行為について具体像を知ることはできないが、「奕」という文字も「いご・ばくち」の意味を含むこと（『漢』）を踏まえれば、博奕の多くは駒・札などを用いた、主に盤上においておこなわれた遊技であったと思われる。ただし弘長元年（一二六一）の関東新制では「但し圍（囲）碁・象碁（棋）は、制限に非ず」（『鎌』八六二八号）とされ、その後『鎌倉遺文』中で、囲碁や将棋が博奕として指摘されていないことから、これらの遊技に関する位置付けは変化していった可能性もある。

博奕行為が忌避された背景としては、公家新制にみえる「諸悪の源、博奕より起こる」（『鎌』八九七七号）との認識が存在したことが指摘できる。そしてなぜ博奕が諸悪の源であったかという点については、【用例】がよく解説している。すなわち博奕に負けた者は、他人の者を盗み取って衣食の助けとするという行動にでることが、当時の常識だったのである。この点は「博奕隆盛の由《よし》、其の聞こえあり、この条強窃《ごうせつ》二盗の源、寺中*狼藉の基《もとい》なり」（『鎌』二一八七四五号）とされていることからも裏付けられよう。つまり、博奕が忌避・禁止された原因は、その行為がともなう賭博性・偶然性といった側面が蔑まれたというよりも、その結果として敗者が、強盗・窃盗を中心とした犯罪行為に向かう危険性が存在することによるのだった。これによって、博奕の勝敗を廻って発生したであろう暴力事件防止の意味合いも含めて、博奕禁制の主な目的が治安維持的なものであったことを指摘できる。

なお、【用例】の後段にみえるように、博奕は「芸能」とも認識されていた。この点は囲碁・将棋が、博奕の枠組からはずされていったと見られることとも関連していると考えられ、博奕行為について、中世における認識とその変化を検討するうえで重要であろう。

（櫻井　彦）

【用例】　多米季永陳状案（『鎌』一七三〇八号）

博奕は*悪党の根本なり、**博奕**負けしむる時は、他人の所持物を盗み取り、衣食二事を助くるの条、都鄙《とひ》一同の例なり、（中略）季永芸能に依って、御領内守護御使乱入せしむと云々□□、此の条、季永**博奕**致さざるの子細、先段に（載せ脱ヵ）畢《おわん》ぬ、

【参考文献】

増川宏一『盤上遊技』（法政大学出版局、一九七八年）、照井貴史「四一半の隆盛と中世社会」（『日本歴史』六六〇、二〇〇三年）

分捕（取）

ぶんどる

「分捕」は「ぶんどる」と読んで、現代では「戦場で敵の首を取り、または武器などを奪い取る。他人のものを強奪する。また、強引に獲得する。」（『日国』）ことを意味する。『鎌倉遺文』にこの用例は二例しか確認できないが（『鎌』三二二六八号・三二六四七号）、いずれも幕府滅亡時の合戦における軍忠状で用いられており、現代の用法と差違は認められない。

一方現代用語で「分取」は「わけとる」と読み、「一部をわけてとる」（『日国』）ことを意味する。『鎌倉遺文』にも「彼の与力人跡《よりきにんあと》三分の二を分け取る」（『鎌』六二〇四号）または「各半分を分け取らる可き也」（『鎌』九五四二号）のようにみえて、やはり現代的な用法との大きな差はない。

しかし、弘安四年（一二八一）のモンゴル軍来襲にかかわる†軍忠状のなかに「生虜一人、分取一人了」（『鎌』一九一三〇号）とみえている点には注意したい。この「分取」は「生虜」に対応することばであって、「わけとる」でないことは明らかである。「了《おわんぬ》」の存在から「生虜」「分取」は動詞と考えられ、「令分取生取（分取・生取せしむ）」（『鎌』三二三一七号）の用例から、「生虜」は「いけどる」と読むべきだろう。「生虜」が捕虜のことを意味するならば、「分取」はそれ以外の軍忠をさすことになる。そしてそれは「分取壱人（門真余三之頸《くび》）」（『鎌』三三二一三号）との用例によって、首級《しゆきゆう》をあげる軍忠を意味したことが判明する。すなわち、この場合の「分取」は「分捕」と同義だったのである。

『鎌倉遺文』の用例から判断する限り、「分捕」は「分取」から派生した用語といえる。この派生の過程について考えるとき、「ぶんどる」の意味で使われる「分取」の多くが、「生虜」「生取」と共に用いられている点は注目されよう。すなわち本来は、敵を「（命を）生かして取らえる」に対応して、「（身体と首を）分かちて取らえる」ことから「分取」は用いられたと推測される。そして、同じ「とらえる」との語義を持ちながら、「めしとる」意味を含む「捕」（『漢』）が、「取」に替わって用いられるようになったのではなかろうか。

（櫻井　彦）

密懐

みっかい・びっかい(古)

男がひそかに他人の妻と、また、夫のある女が男と通じること。姦通。中世では、密懐といった。「びっかい」ともいう。

古代の『養老律』では、婚姻外の性的関係はすべて「姦」とよばれた。女性の同意がある場合の「和姦」と、ない場合の「強姦」の区別が重要視され、双方の身分的関係により刑罰が規定された。

鎌倉時代では、貞永元年（一二三二）に鎌倉幕府が制定した『御成敗式目』の中に、「一　密懐他人妻罪科事」とあり、他人の妻との姦通が密懐の罪科として処罰の対象となった。この式目三十四条には、強姦・和姦を論ぜず人の妻を抱いた者は、所領があればその半分を没収して出仕を停止《ちょうじ》し、所領のない者は遠流《おんる》とし、女の所領も同様に没収、なければ配流されるべきことが記されている（『鎌』四三四〇号）。幕府密懐法のこの規定は財産刑であり、ゆるやかな規定といえよう。また、建長四年（一二五二）十月の関東条々事書の中に、「一†他人妻との密懐の事、名主・百姓等中、他人妻との密懐の事、†訴人出来《しゅったい》せば、両方を召決し、証拠を尋明すべし」とあるように、密懐の有無は証拠に基づいて判断†すべきことになっており、名主・百姓の密懐の場合には過料を課された（『鎌』七四八五号）。ついで翌年十月の関東下知状の中にも「一　密懐他人妻罪科事」とみえ、くり返し名主・百姓の密懐行為の過料が定められている（『鎌』七六二一号）。

しかし、こうした密懐法が適用された例は少なく、実際には平安時代以来、本夫の処置として自己の寝所において姦夫《かんぷ》を殺害するという観念・慣習が社会に支持されており、本夫による姦夫殺害が行われていた。なお、文永元年（一二六四）十二月の大隅国台明寺文書目録の中に、「一　他妻密懐免一通」とあり（『鎌』九二〇一号）、寺院内で僧侶の密懐を処罰することもあったようである。

ところで、建治元年（一二七五）十二月の湯浅宗親陳状案に、「按察房《あぜちぼう》所従の願蓮、地頭代の妻女を押取り、懐抱《かいほう》せしむる事」とあり、「懐抱」という用語がみられる（『鎌』一二一八三号）。仁治三年（一二四二）正月の『新成敗式目』によれば、「一　*悪口《あっこう》、謀書、懐抱他人妻、扶持《ふち》罪人、逃失召人事」とあるので（『鎌』五九七九号）、「懐抱」という語は、密懐とほぼ同義語的に使用されていたようである。

近世では、密懐は「密通」とよばれるようになり、戦国期の分国密懐法にみられた、家宅外も含めた本夫による姦夫姦婦殺害という、新しい法理を受け継ぎ、江戸幕府の御定書《おさだめがき》では、密通の男女は死罪、密通の男女を本夫が殺害しても、事実の場合には罪に問われなかった。

明治時代になると、法律用語としては「姦通」の用語が使用された。明治政府の新律綱領《しんりつこうりょう》、改定律令や旧刑法にもおおむね前代の規範が受け継がれたが、明治四十年（一九〇七）の改正刑法は、姦通罪を残しながらも本夫の殺傷権は廃止した。第二次大戦後、昭和二十二年（一九四七）に施行された日本国憲法には男女平等が定められ（十四条）、姦通罪は同条に違反するとされて削除され、姦通はたんに民法上の離婚原因とされることになった。

（堀内　寛康）

【参考文献】
勝俣鎮夫『戦国法成立史論』（東京大学出版会、一九七九年）、辻垣晃一「鎌倉時代における密懐」（上横手雅敬編『中世公武権力の構造と展開』（吉川弘文館、二〇〇一年）

本鳥を切る
もとどりをきる

本鳥は髻《もとどり》などとも書き、髪を頭上に集めて束ねたところのことである。最も社会的身分を表す表徴である*烏帽子《えぼし》を装着するために必要であり、中世社会では一人前の男性としての表徴であった。従ってこれを切ることは社会的・世俗的な関係を断ち切ることを意味し、出家や遁世《とんせい》を意味する行為でもあった。『宇治拾遺物語』一・七にも「やなぐひみな折りくだきて、もとどりきりて、やがて聖に具して法師になりて」とある。しかしこれが他人により正当な理由が無く行われた際には犯罪として現れる。

『御成敗式目』第三十四条（『鎌』四三四〇号）には片方の鬢髪《びんぱつ》を剃り除く剃髪刑がある。この条文は、辻で見知らぬ女性を捕らえて自分のものにする「辻女捕」「女捕」の風習を禁じたもので、この罪科は郎従以下に適用されるものであった。これも耳鼻削刑・火印刑・黥刑《げいけい》などの外貌を変えてしまう刑罰と共通の性格を持つ刑と言える。女性に対する私的処罰方法としての髪切刑は中世後期に広く存在していた。有名な紀伊国阿弖河《あてがわ》荘の片仮名言上状には、「ミミヲキリ、ハナヲソギ、カミヲキリテアマニナシテ」

（『鎌』一二〇七六号）と併記されているのは人ならぬ異形《いぎょう》の姿にする処罰方法として一括されているからであろう。外貌を変える異形にする処罰は盗罪と欺きの罪に対応するものだとされる。

東京国立博物館所蔵の『東北院歌合』は花園天皇の蔵本で、伝花園天皇筆ともされる十四世紀前半までに成立した最古の職人歌合である。ここに博打《ばくちうち》の姿が描かれている。老巫女と対にされて描かれたその姿は、烏帽子だけを着けた裸の姿である。建保二年の国立公文書館蔵『建保職人歌合』や『東北院歌合』の流布本では博打は舟人と対にされて描かれており、その姿は烏帽子と褌《ふんどし》を除き裸の姿で描かれている。これら職人歌合に描かれた博打の姿が裸で描かれているのは、賭に負けて身ぐるみ剝がされた姿を描いているものであろう。そうすると、博打が博奕に負けて丸裸にされてしまった時でも最後に残したのは烏帽子だったことになる。ここからも、烏帽子が身分の表徴として最も重要であり、また普通の人であることを示すシンボルであったことがわかる。そして烏帽子を着けるのに絶対必要であった本鳥も、烏帽子同様に重要なものとされていたのである。本鳥を切るという行為は、烏帽子着用を不可能に、不吉な姿にしてしまうことを意味したのであり、それは建治元年（一二七五）の興願一族擯出状に「是非無く本鳥与□を切るの恥辱」とあるように大変な恥辱とみなされたのである。

（渡邊浩史）

【参考文献】

網野善彦他編『中世の罪と罰』東京大学出版会、一九八三年

落書

らくしょ・らくがき(現)

政治、社会、世相などを風刺、批判した匿名の文書。大っぴらにできない不満のはけ口として用いられ、高札を立てるなどの手段がとられた。落書発現の場所には、河原、橋、辻、路など人が集まりやすい場所が選ばれ、人目を意識して作成された。著名なものとして、建武政権期に後醍醐天皇の政庁、二条富小路殿に近い鴨川の河原に掲げられた「二条河原落書」がある。

『鎌倉遺文』では二例確認でき、いずれも園城寺《おんじょうじ》戒壇《かいだん》設立をめぐる、延暦寺と園城寺の対立を風刺したものである。一つは正元二年（一二六〇）正月十七日に後嵯峨院の仙洞《せんとう》御所に掲げられたもので、「年始凶事アリ」で始まる「アリアリ尽くし」の形式をとり、四十九句にわたる（「院御所落書」『鎌』八四六二号）。いま一つは元応元年（一三一九）頃に出されたもので、「数尽くし」の形式をとる（『鎌』二七〇三九号）。『元徳二年三月日日吉《ひえ》社并叡山行幸《ぎょうこう》記』（『群書類従』第三輯）には後者と同じ事件を題材にした落書が多く作られたことを伝えている。

また、同じ落書でも、強制的に他人の罪科を匿名で密告・告発させるものもあった。これは寺社が主体となり、寺社や寺社領荘園などにおいて犯罪が行われた場合、犯人を無記名で投票させ、犯人を摘発するために用いた。前半に犯人と予想される人物の名などを書き（知らない場合はその旨を記す）、後半にもし偽りがあれば神仏の罰を蒙るべき旨を記した†起請文《きしょうもん》の形をとることから、落書起請という。弘安八年（一二八五）の興福寺による悪党*糾明を目的とし、大和一国を対象に実施された大和国一国落書が有名である。『鎌倉遺文』では落書起請文が二十八通（一五四八五号ほか）確認でき、多数の者が注進されている。『鎌倉遺文』にみえる「落書」の語は、「落書を以て其の†交名《きょうみょう》を注進せしめ」（一一二二一号）などとあるように、ほとんど落書起請の意で用いられている。落書起請の実施に先立ち、犯人確定や断罪についてが集会《しゅうえ》の評定《ひょうじょう》によって規定されていた。例えば文永九年（一二七二）の春日社司連署置文《れんしょおきぶみ》（『鎌』一一一二一号）からは、落書に載せられた名の多い順に一番から六番の者まで罪科に処せられ、*住宅破却の後、神職を解かれることが定められていたことが窺える。

（原美鈴）

【参考文献】

荻野三七彦「落書起請に関する一起請文の理解」（日本古文

書学会編『日本古文書学論集　中世Ⅳ　中世の宗教文書』吉川弘文館、一九八七年)、笠松宏至他編『中世政治社会思想下』(岩波書店、一九八一年)、川嶋将生「落書の系譜」『「洛中洛外」の社会史』(思文閣出版、一九九九年)、酒井紀美『中世のうわさ』(吉川弘文館、一九九七年)、同「風聞と検断」『日本中世の在地社会』(吉川弘文館、一九九九年)、瀬田勝哉「神判と検断」『日本の社会史　5』(岩波書店、一九八七年)、原美鈴「「二条河原落書」について」(悪党研究会編『悪党と内乱』岩田書院、二〇〇五年)、渡辺澄夫「中世社寺を中心とせる落書起請に就いて」(日本古文書学会編『日本古文書学論集　中世Ⅳ　中世の宗教文書』吉川弘文館、一九八七年)。

狼藉

ろうぜき

狼藉には放火・打擲《ちょうちゃく》・刃傷・殺害、更には文書奪取や年貢奪取など、実に様々なものがあった。これらの行為は事件化して初めて史料上に現れ、多くの場合悪党*事件の中にみられる。荘園領主によってこれらの行為に対処できる場合は悪党事件としてではなく、狼藉事件として現れるが、荘園領主だけでは対処しきれなければ、鎌倉幕府による検断権行使を期待することとなる。幕府は西国境相論や本所†一円領内の問題には介入しなかったので、この問題に幕府検断権を行使させるためには、大犯《だいぼん》三箇条の付けたりの部分にある夜討・強盗・海賊*・山賊といった狼藉行為を訴えなければならなかった。こうして提起されたのが悪党訴訟である。

悪党事件は、鎌倉時代中期までは、殺生禁断などのイデオロギーにより領域内を神聖化したと認識されていた宗教領主の領域型荘園を、外部から侵すものに対して使用されていた。従って多くの場合、境相論における実力行使を指していた。領内に侵入し、様々な狼藉を行ったのである。

これら種々の狼藉行為のうち、鎌倉後期以降に頻発するようになったものが刈田（苅田）狼藉と路次狼藉の二つである。

現実には他人が知行している田畠の作物を、本来的には自分に権利があるとの主張を背景として、実力で刈り取り奪取する行為である刈田狼藉は、もともとは†当知行主張行為として堺相論や土地所有権を争う裁判中に行われた。このような性格から、幕府の訴訟手続きでは†所務沙汰（民事訴訟）に区分されていたが、永仁六年（一二九八）の某申状（『鎌』補一七九二号）に「寺僧已下の悪党を相語らい、苅田狼藉・夜討・放火・刃傷・殺害を致す」と見られるように、刈田狼藉ではしばしば打擲・刃傷、更には殺害までもが実力行使として付随していた。そこで幕府は、延慶三年（一三一〇）にこれを†検断沙汰（刑事訴訟）に移管して守護に鎮圧を命じた。

狼藉行為が悪党事件を密接に関わっているのならば、これらの狼藉に対する対応の変化の背景にも、悪党についての何らかの変化が関係しているはずである。鎌倉時代中期までは領域型荘園を外部から侵すものに対して使われた言葉である悪党は、十三世紀の終わりにさしかかる頃から変化してきた。度重なる飢饉により在地社会は疲弊し、荘園支配はこれに対応しきれなくなっていた。この事態に追い打ちをかけたのが文永の役・弘安の役という二度にわたる蒙古襲来である。こうして従来は荘園支配の末端に位置していた荘官が年貢対捍行動に出た。飢饉によって減少した生産物を、荘園領主が年貢として確保するのか、在地がこれを留保するのかという争いになったのである。刈田狼藉が頻発したのはこのような事情があったからであり、これにより刈田狼藉が頻発し、幕府はこの行為を検断沙汰として全面的に鎮圧する姿勢を打ち出したのであった。

路次狼藉とは、*路次における多様な犯罪を指すもので、押取・押買・奪取・点定などを包摂する犯罪名のことである。路次における様々なトラブルは鎌倉時代を通して起きているが、その際にも暴力行為は付随していた。しかし、路次狼藉は幕府の検断沙汰として正和四年（一三一五）に成立したのである。従ってそれ以前には正応元年の関東下知状（『鎌』一六六九二号）にある「路次狼藉を致す」の一例のみしか検出できない。その後も正和五年（一三一六）為里書状（『鎌』二五九〇六号）にある「路次狼藉致すべからず」や後醍醐天皇綸旨事書案（『鎌』三二一二四号）の「路次狼藉の事、特に沙汰あるべし」の二例のみである。

暴力的行為全体に関わるものであったために検断沙汰とされたとされているが、これも刈田狼藉同様に悪党事件との関わりが認められる。正和四年以前に伊賀国賀茂荘の悪党や熊野における悪党、さらには摂津国兵庫関における東大寺大勧進円瑜配下の悪党事件が起きたことが原因であった。賀茂荘の悪党では交通・流通路の掌握そのものの問題が悪党事件とされた初めてのケースである。更に熊野悪党では幕府自身が海賊行為からこの事件を悪党事件と捉えて大規模な鎮圧軍を派遣した。兵庫関の事件では、関の寄進に幕府が承認を加えることで、自らを交通・流通路を保証する権力として国政上に明確に位置付けてしまった。これらの事態が積み重なって、幕府は主に悪党対策として路次狼藉を検断沙汰として成立させたのである。

（渡邊浩史）

【参考文献】
蔵持重裕「刈田狼藉の本源」（『日本中世社会村落史の研究』校倉書房、一九九六年）、櫻井彦「路次狼藉の成立」（『悪党と地域社会の研究』校倉書房、二〇〇六年）

路次

ろじ・ろし（古）

『日本国語大辞典』によれば、「路次《ろし》」は「①みちすじ、道の途中、みちすがら、途次、②露地」とあり、①の用例には『令義解《りょうのぎげ》』・『御堂関白記《みどうかんぱくき》』が引かれている。また「露地《ろじ》」は「①おおうものの何もないむきだしの土地、屋根などのない土地、地面、地上、②屋敷や寺などの庭内や門内の通路、③町中の家と家の間の狭い通路、切見世などの細い通路、④茶室に付属する庭のこと、⑤仏語で三界《さんがい》の火宅《かたく》を離れ安らぎを得た境をたとえていう語、⑥王土、国土」とある。

『鎌倉遺文』中に確認される路次については、まず「市・津并《ならび》に路次に於いて押買《おしかい》致すべからざる事」（『鎌』一五九九八号）のように市場や津と同列の「場」としてあらわれる場合があげられる。しかし【用例1】のように、兵庫嶋から東大寺への「交通路」上と考えるか、あるいはその「運送途中」として解釈するか、俄《にわか》には判別できない場合も多い。また「諸人往反の路次雑事など停止《ちょうじ》すべき事」（『鎌』八六二八号）という表現は、路次を「場」として意識していると思われるが、「諸人が交通路を往来する途中において」という「時間」的な意識が皆無であったとはいえず、折衷的ではあるが「交通路を通行中」という「状態」として考えるのが妥当であろう。さらに、明らかに「時間」的な意識のもとに使われる場合も確認でき、それは「路次より未だ音信なく候」（『鎌』三二一四一号）のように用いられた場合である。この「時間」的な意識のもとに使われる場合の特徴として、多くが書状において使用されていることは興味深い。残念ながら、この特徴が示す意味について明確な指摘はできないが、この事実から逆に訴訟関連文書では、路次を「場」的意識の強いことばとして解釈すべきであるといえるだろう。なお路次が訴訟にかかわった場合のうち、【用例2】では殺害現場が、「垣内《かいと》」か「路次」かが争点の一つとなっており、路次が個人的な権益を離れた特別な領域として認識されていたことがうかがわれる。

ところで路次をめぐる訴訟では「路次狼藉」の存在が知られるが、『沙汰未練書』の注記は「路次に於いて人物を奪取する事也」とされているに過ぎない。ここでは狼藉がおこなわれる「場」と狼藉「行為」の内容について規定されているが、それ以上の規定はなく、路次狼藉の具体像を示す史料も少ない。わずかに残された路次狼藉の文言がみえる史料（『鎌』一六六九二号・二五九〇六号・三二一二四号）を確認すれば、それは「場」と「行為」の二点を満たせば成立したと考えられ、このため路次狼藉の対象となる犯罪は多様であって、逆に路次狼藉としての訴訟は成立しにくか*ったものと思われる。とくにその行為は、山賊・海賊・盗賊の類と峻別できるものではない。改めて確認するまでもなく幕府法では、山賊・盗賊は「御式目厳重也」とされており、「重犯」の典型であったといえる。訴訟を起こす側としては、被告が路次狼藉を行ったと主張してそれを実証することよりも、山賊・盗賊であると主張した方が有効であったに違いないのである。路次狼藉の犯例や裁許《さいきょ》例が少ないという事実は、路次狼藉の実態がきわめて多様で、しかもその一つ一つが「重犯」と認定されるべきものであったことに起因すると考えられる。

なお、路次狼藉については『武家年代記』の記載から、正和四年（一三一五）に所務《しょむ》沙汰（所領関連訴訟）から検断《けんだん》沙汰（刑事関連訴訟）に「移管」されたとされてきた。確かに路次狼藉の文言は十三世紀末期にはすでにみえており、具体的な訴訟対象として成立していたようにもみえるが、少なくとも『武家年代記』の記載だけでは検断沙汰に移管されたとすることはできない。路次狼藉の性格を踏まえたとき、その*対象者として幕府は流通経済にかかわった行動を展開した悪党や海賊を視野に入れていたと考えられ、彼らが積極的にかかわった交通路の治安維持・確保をねらった法令こそ路次狼藉であったと評価すれば、正和四年にはじめて検断沙汰として成立したとすべきではなかろうか。

【用例】

（1）東大寺公文《くもん》頼尊申状案（『鎌』二四一七二号）

近日防州（周防国）の年貢兵庫嶋に到着の間、即《ただ》ちに寺門へ運納し、造寺の料足を全《まっと》うせんと欲する処《ところ》、彼の円《えん》瑜《ゆ》被《ひ》管《かん》の輩《ともがら》、所々の悪党等を相い語らい、**路次**に於いて奪取せんと擬《ぎ》するの間、…（後略）

（2）記録所注進状（『鎌』一七九六一号）

山城国音羽荘で発生した貞光殺害事件について、「貞光殺害の事、為満の垣内《かいと》に於いて殺害せらるると雖《いえど》も」と訴えられた為満は、「貞光往反の輩《ともがら》の為に、**路次**に於いて殺害せらる」と主張している。

（櫻井　彦）

【参考文献】

石井良助「鎌倉幕府の裁判管轄」（『法学協会雑誌』五七―一〇、一九三九年）、小田雄三「路次狼藉について」（『年報中世史研究』六、一九八一年）、櫻井彦「路次狼藉の成立」（『悪党と地域社会の研究』校倉書房、二〇〇六年）

コラム《悪　行》

悪行は、中世においても文字通り「悪い行為、みだらなふるまい、不品行」(『日国』)の意味に用いられている。具体的には、「強盗・窃盗・夜打・放火・殺害・刃傷・打擲《ちょうちゃく》・蹂躙《じゅうりん》・本鳥切《もとどりきり》等の悪行」(『鎌』一七七二九号)のようにみえて、暴力行為全般を指したものと考えられる。しかし、殺害のほか「強盗・窃盗・山賊・海賊・夜打・放火」は「大犯」とされ、「四一半・刃傷・打擲・蹂躙・切本鳥」を悪行とする場合(『鎌』一七六八三号)もあり、あえて区別すれば、比較的暴力性の低いものを悪行と呼んだといえるかもしれない。右記のように列挙されたものではないが「苅田狼藉」(『鎌』一三一六〇号)、「使者罷《まか》り下ると雖《いえど》も、忽《たちま》ち追い出さる」(『鎌』一三〇五一号)、「追捕狼藉」(『鎌』一九六四一号)、「網分違乱」(『鎌』二一八一三号)、「路次点定」(『鎌』二三四一四号)、「衣裳を剝ぎ取る」(『鎌』二九九九四号)、「押買」(『鎌』三一八〇四号)なども悪行とされており、「苅田」「追捕」などの具体的な行動に、少なからず暴力・実力が行使されたことは想像に難くない。

これら悪行とされた行動は、いずれも荘園公領制といった土地制度に限らず、中世社会全般の秩序を乱すものであって、反体制的な行動といえるだろう。とくに「違勅」(『鎌』一三七五三号)や「本所敵対」(『鎌』二四五五九号)などは、体制側が拠るべき根幹である「勅」や「本所」に対抗する行為であったから、悪行とされたことは当然といえる。また社会的な秩序・倫理を乱すような行為、例えば社司等が神社境内において「蜜通」することは「啻に御山を穢すの科に非ず、希代の悪行なり」(『鎌』八七三二号)とされている。またある僧侶が悪行とされた、悪僧を住居に集めつつ「魚坏《ぎょはい》を僧坊に備」えるといった行為は(『鎌』一七九〇一号)、戒律に違反したことを責められたものであろう。

しかし「悪」の基準の多くは、あくまでも当該期体制側によって規定されたものであり、現代社会においては「悪」と認定しがたいような行為も悪行とされる場合があった。そうした点が、もっとも象徴的にあられているのは、仏教界における新旧勢力の対立といえる。延暦寺はしばしば「他の行をしないでひたすら念仏だけを唱えること」(『日国』)を意味する「一向専修《いっこうせんじゅ》」を非難して、いかにそれが「悪」であるかを列記し(『鎌』三二三三四号)、悪行として禁止することを求めている(『鎌』五五七三号)。宗教的な意識の相違が「悪」を生み出すという構図は、宗教界だけでなく地域社会においても発生した。「抑も御前《ごぜん》尾滝山《おたきやま》は、明王御宝殿《みょうおうごほうでん》為るに依って、数度の行者《ぎょうじゃ》の外は、一向凡下《ぼんげ》罷《まか》り入らざる境界の処、彼の住人等件の山に入り、伐木して材木を作る」というように、住人等が生活・生産活動の範囲を拡大していこうとする傾向を示したのに対し、寺院側はそれを聖域の侵害であるとして悪行と認定したのである（『鎌』一〇五〇八号）。このような状況のもとで、宗教組織が主張する神聖性の保持という正当性によって、魚や動物の命を奪う「漁猟」が、殺害や放火と同次元で悪行とされた（『鎌』一七七一一号）としても不思議ではない。悪行と呼ばれた行為が具体的にどのようなものであったかを検証することは、当該期の体制が何を「悪」として排除しようとしていたのか、さらに進んで体制が排除しなければならないほどに展開していた社会情勢とはどのようなものであったのか、ということを把握するうえで有効な手段であるといえるだろう。

（櫻井　彦）

出典一覧

吾妻鏡（あずまかがみ）　歴史書。『東鑑』ともいう。鎌倉幕府の事蹟を編年体で記録。編者は幕府関係者か?。鎌倉後期成立（前半部が一二六四〜七五年、後半部が一二八八〜一三〇六年?）。記録期間は一一八〇年源頼政挙兵から一二六六年宗尊親王帰京まで（欠失あり）。刊本は『新訂増補国史大系』『全譯吾妻鏡』（新人物往来社）→悪口・市場・乳母・烏帽子・垸飯・下手人・結界・骨張・城郭・楚忽・茶・長者・徳政・名字・旗を揚げる・嫁

一遍聖絵（いっぺんひじりえ）　絵巻。時宗の開祖一遍の生涯を描く。奥書では一二九九年に聖戒が詞書を、絵は法眼円伊筆とある。一遍が生家を旅立つ一二五一〜一二八九年入滅までを描く。『一遍上人絵伝』としては、別に宗俊編のものもある。刊本は『日本の絵巻』→市場

異本紫明抄（いほんしめいしょう）　源氏物語の注釈書。作者不詳（藤原時朝か?）。一二五二〜六七年成立。刊本は『未刊国文古註釈大系』→憑支

色葉字類抄（いろはじるいしょう）　平安末期の古辞書。『伊呂波字類抄』ともいう。伊呂波順に配列した国語辞典の最初。編者は橘忠兼。一一四四〜八一年成立。十巻本は鎌倉時代の増補。参考文献は中田祝夫・峰岸明編『色葉字類抄研究並びに索引』

石清水八幡宮文書（いわしみずはちまんぐうもんじょ）　石清水八幡宮（京都）が所蔵する古文書集。平安中期〜近世末期の古文書を集める。刊本は『大日本古文書』家わけ石清水文書。

宇治拾遺物語（うじしゅういものがたり）　説話集。『今昔物語集』『古事談』と同文的な説話も収録する。編者不詳。成立は一二二一頃?。刊本は『日本古典文学大系』→長者・引出物・本鳥を切る・嫁

延喜式（えんぎしき）　三代式の一つ。弘仁・貞観式をうけて醍醐天皇の命により藤原時平・忠平ら編纂。九二七年成立。刊本は『新訂増補国史大系』→鮨

往生要集（おうじょうようしゅう）　仏教経論集。念仏・極楽往生について説き、浄土教布教に大きな影響を与えた。作者は源信。九八五年成立。刊本は『日本思想大系』『岩波文庫』→結界

落窪物語（おちくぼものがたり）　物語。継子いじめ物語の先駆。作者不詳（源順?）。成立は十世紀前後。刊本は『日本古典文学大系』→継母

御伽草子（おとぎそうし）　短編物語集。狭義には室町時代に流布した物語を江戸期に書店渋川清右衛門によって出版された物語草子を指す。民間伝承にもとづく中世後期の時代相を反

映した話を多く収載する。作者・成立年代不詳。刊本は『岩波文庫』・『日本古典文学大系』など ↓器量・長者

下学集（かがくしゅう） 辞書。部門別に漢字・漢語に読みをつけ漢文で解説。作者不詳（五山僧・東麓破衲?）。流布本の源流である元和本は一六一七年成立。刊本は『岩波文庫』 ↓鵞眼

嘉元記（かげんき） 法隆寺の記録。法隆寺寺僧らが書き継ぐ。記録期間は一三〇五〜一三六四年。『改訂史籍集覧』 ↓憑支

金沢文庫古文書（かねざわぶんここもんじょ） 古文書集。称名寺旧蔵文書を編纂。近世文書も収載するが、とくに鎌倉後期〜南北朝期の文書が多く占める。金沢文庫により一九二七年校刊開始、一九三九年『金沢文庫古文書』として完成。 ↓垸飯・茶

閑吟集（かんぎんしゅう） 歌謡集。小歌等庶民歌謡を多く収載。編者不詳。一五一八年成立。刊本は『岩波文庫』『日本古典文学大系』 ↓一期

関東往還記（かんとうおうかんき） 紀行文。作者は西大寺僧叡尊関東下向に随行した弟子性海。一二六二年の記録。刊本は『校訂増補関東往還記』 ↓無縁

関東評定衆伝（かんとうひょうじょうしゅうでん） 鎌倉幕府の執権・評定衆・引付衆の補任記録。作者不詳・成立年代不明。刊本は『群書類従』補任部 ↓隠居

義経記（ぎけいき） 軍記物。源義経の一代記。作者不詳。室町中期成立。刊本は『日本古典文学大系』 ↓長者

喫茶養生記（きっさようじょうき） 茶の効能書。作者は栄西。一二一一年に初稿、一二一四年に再稿。刊本は『群書類従』飲食部 ↓茶

玉葉（ぎょくよう） 九条兼実の日記。『玉海』ともいう。平安末期〜鎌倉初期の政治事情を書く。記録期間は一一六四〜一二〇〇年。刊本は『図書寮叢書』 ↓婿

空華日用工夫略集（くうげにちようくふうりゃくしゅう） 日記。作者は禅僧義堂周信。記録期間は一三二五〜八八年、一部は弟子が書く。『空華日工集』ともいう。刊本は『続史籍集覧』 ↓勿体ない

愚管抄（ぐかんしょう） 歴史書。作者は慈円。一二二〇年成立、一二二一年の承久の乱後追記。神武天皇から順徳天皇の歴史を書く。刊本は『日本古典文学大系』 ↓門跡

源氏物語（げんじものがたり） 物語集。作者は紫式部。十一世紀初頃成立。光源氏の生涯および子薫の運命を描く。刊本は『日本古典文学大系』など多数。 ↓古老

興福寺軌式（こうふくじきしき） 興福寺の諸職について簡潔に説明した小冊子。貞和四年（一三四八）に室町幕府に注進されたものの写しと考えられる。国立公文書館内閣文庫所蔵。 ↓門跡

高野山文書（こうやさんもんじょ） 高野山内に伝来した古文書。平安期〜江戸期の古文書を集める。高野山金剛峰寺（和歌山県）が所蔵する文書のうち、『宝簡集』『続宝簡集』『又続宝簡集』は『大日本古文書』系わけ高野山文書として刊行される。→退屈

後漢書（ごかんじょ） 中国の歴史書。後漢の歴史を紀伝体で記す。作者は南朝の宋の范曄。成立は五世紀中頃。刊本は『岩波文庫』→自由・養子

古事記（こじき） 現存する最古の歴史書。天武天皇の命により稗田阿礼が誦習し太安万呂が筆録。神代より推古天皇に至る本紀と旧辞を記す。七一二年成立。刊本は『日本古典文学大系』など多数 →市場

古事談（こじだん） 説話集。奈良末期〜平安中期までの民間説話を集める。多くの文献から抄出して載せてあり『宇治拾遺物語』とは同じ説話が多い。編者は源顕兼《あきかね》。一二一二〜一五年成立。刊本は『新訂増補国史大系』→大袋・公平・引出物

古事類苑（こじるいえん） 官選の百科全書。神代から江戸末期に至るまでの社会全般にわたる事象を三十部門に分けて類纂。一八七九〜一九〇八年成立。→コラム田

権記（ごんき） 権大納言藤原行成の日記。『行成卿記』ともいう。藤原道長の時代の政治情況を記す。記録期間は九九一〜一〇二七年。刊本は『増補史料大成』・『史料纂集』→指図

今昔物語集（こんじゃくものがたりしゅう） 説話集。インド・中国・日本に伝わる説話を集める。作者不詳。十二世紀前半成立。刊本は『日本古典文学大系』→城郭・婿

沙汰未練書（さたみれんしょ） 鎌倉幕府訴訟制度の参考書。法律用語を簡明に解説。一三一九〜二三年成立。刊本は佐藤進一・池内義賢編『中世法制史料集』第二巻 →安堵・大袋・甲乙人・御家人・沙汰・目安・路次

更級日記（さらしなにっき） 日記。作者は菅原孝標の女。父の赴任地上総からの帰京から始まり、晩年までを記す。一〇五九年頃成立。刊本は『日本古典文学大系』など多数 →継母・長者

三箇御願料所等指事（さんかごがんりょうしょとうしじ） 鎌倉期の興福寺大乗院の門主職や所領の相承について関連史料を収めた記録。暦応二年（一三三九）にまとめられたと考えられる。国立公文書館所蔵。『北国庄園史料』に一部翻刻。→門跡

信貴山縁起絵巻（しぎさんえんぎえまき） 絵巻。全三巻。信貴山の僧命蓮に関連する説話を描く。作者不詳。平安時代後期成立。朝護孫子寺（奈良県）蔵。刊本は『日本の絵巻』→長者

沙石集（しゃせきしゅう） 説話集。作者は無住。成立は一二八三年。仏教説話を幅広く集める。米沢本を底本とした刊本は『新編日本古典文学全集』（小学館）。→景迹

七十一番職人歌合（しちじゅういちばんしょくにんうたあわせ）　歌合・絵巻。百四十二人の職人を左右に分け、歌合わせとしたもの。奥書に絵は伝土佐光信、書は伝東坊城和長とある。室町時代末期（一五〇〇年頃）成立。刊本は『群書類従』雑部　→茶

四分律行事鈔（しぶんりつぎょうじしょう）　正式名称は『四分律刪繁補闕行事鈔』。中国律宗（南山律宗）の基礎を築いた道宣（五九六〜六六七）の代表的著作。大正新脩大蔵経第四〇巻に収める。→結界

春秋左氏伝（しゅんじゅうさしでん）　五経の一つ『春秋』の解説書。中国古代の史伝説話の宝庫。著者は左丘明とされているが、内容的に以降のものを含んでおり、成立は戦国中期（紀元前四世紀）〜前漢末（紀元前後）までの幅で考えられている。刊本『春秋左氏伝』全三冊（岩波文庫）など。→徳政

小右記（しょうゆうき）　藤原実資の日記。藤原道長・頼通の時代を記す。記録期間は九七八〜一〇三二年。刊本は『大日本古記録』→後家

性霊集（しょうりょうしゅう）　空海の詩賦等を集める。『遍照発揮性霊集』の略。編著は真済。八三五年頃成立。刊本は『日本古典文学大系』→比興

続日本紀（しょくにほんぎ）　六国史の一つ。日本書紀に続く編年体の歴史書。編者は前半が菅野真道、後半は藤原継縄。六九七〜七九一年を記した奈良時代の根本史料。成立は七九七年。刊本は『新訂増補国史大系』→悪党・隠居・押領・器量・公平・古老・惣領・墓・養子・嫁・和市

塵添壒嚢抄（じんてんあいのうしょう）　辞書。塵袋と壒嚢抄を拾捨したもの。作者不詳。一五三二年成立。刊本は『大日本仏教全書』→鵞眼

真如観（しんにょかん）　仏教書。作者は源信。成立は鎌倉初期。刊本は『日本思想大系』→一期

菅浦文書（すがうらもんじょ）　菅浦地区（滋賀県）に伝来する共有文書。主として鎌倉期から室町期までの古文書を集める。刊本は滋賀大学日本経済文化研究所史料館編『菅浦文書』→後家

節用集（せつようしゅう）　国語辞書。日常用語を語形いろは順に分け、さらに意義による部門別に配列する。作者不詳（建仁寺の僧か?）。文明本は室町中期成立。多くの異本がある。また、『和漢音釈書言字考節用集』（一六九八年成立）等改編も多く行われ、慶長以前版を『古本節用集』ともいった。→問丸・勿体ない・和市

曾我物語（そがものがたり）　軍記物。一一九三年に富士でおきた曾我十郎祐成と五郎時致の敵討ちを題材とする。作者不詳。口承伝説の原形は鎌倉期に成立。真名本は南北朝期、流布本一二巻本は室町中期頃成立?。刊本は流布本『日本古典文学大系』、真名本は『東洋文庫』→烏帽子

醍醐寺雑事記（だいごじぞうじき）　寺院記録集。『慶延記』ともいう。平安期の醍醐寺史をまとめたものと、平安末期〜鎌倉初期の醍醐寺に関する雑事諸記録を編纂したものの二種類ある。醍醐寺僧慶延編。前者は平安末期成立、後者は一一八六年完成しその後諸荘文書を加える。刊本は『続群書類従』釈家部　→兵士

大乗院寺社雑事記（だいじょういんじしゃぞうじき）　日記。大乗院門跡尋尊等の日記。大乗院周辺のみならず応仁の乱前後の政治・社会の状況を記す。記録期間は一四五〇〜一五〇八年。同門跡経尋までの記録（一五二七年まで）を含める場合もある。刊本は『増補続史料大成』　→憑支・土倉

太神宮諸雑事記（だいじんぐうしょぞうじき）　伊勢神宮内宮祠官家に相伝する記録集。垂仁天皇より後三条天皇に至るまでの伊勢神宮に関連した事象を編年体で記す。作者は伊勢神宮神主荒木田徳雄・興忠・延基等が書き継ぐ。十一世紀成立。刊本は『群書類従』神祇部　→御家人

大徳寺文書（だいとくじもんじょ）　大徳寺（京都）に伝来する古文書集。平安期〜江戸期の文書を集めるが、とくに南北朝〜室町期の文書が多い。刊本は『大日本古文書』家わけ大徳寺文書　→下地

太平記（たいへいき）　軍記物。後醍醐天皇の即位から細川頼之の執事就任までを語る。作者不詳。十四世紀中期に原型が成立したとされる。諸本の系統でいえば、古態を伝えるものに神田本・玄玖本・南都本・西源院本がある。刊本は『日本古典文学大系』（古活字本）、『軍記物語研究叢書』（西源院本）他多数　→勿体ない・長者・小袖・退屈・興行

竹取物語（たけとりものがたり）　最古の物語集。「かぐや姫の物語」ともいう。作者不詳。平安前期成立。刊本は『日本古典文学大系』他多数　→勘当

中右記（ちゅうゆうき）　中御門右大臣藤原宗忠の日記。記録期間は一〇八七〜一一三八年。院政期の政治情況を記す。刊本は『増補史料大成』　→門跡

長秋記（ちょうしゅうき）　源師時の日記。『水日記』ともいう。院政期の政治情況を記す、とくに朝儀は詳細。記録期間は一〇八七年以降の目録があり、現存記事は一一〇五〜三六年で、この間欠失あり。刊本は『増補史料大成』　→問丸

朝野群載（ちょうやぐんさい）　詩文・文書集。白河院政期の詩文や公私文書を分類して収載。中級官僚の実務用文例集。三善為信編。刊本は『新訂増補国史大系』　→押領・白状

鶴岡放生会職人歌合（つるがおかほうじょうえしょくにんうたあわせ）　職人尽図絵。放生会に職人が対となって歌合をしたもの。作者不詳。最も古い松下家本の成立が室町時代中期。刊本は『群書類従』雑部　→自由

徒然草（つれづれぐさ）　随筆集。鎌倉末期〜南北朝期の事象や

世相を兼好独自の視点で書く。二四三段。作者は卜部（吉田）兼好。成立は一三三一年頃?。刊本は『日本古典文学大系』など多数　→自由・長者

庭訓往来（ていきんおうらい）　往来物。各月の手紙の文例に託し、武士・庶民の日常用語を解説。作者不詳（玄慧?）。一三九四〜一四二八年成立。近世では初等教育の教本としても用いられ、さまざまな流布本がうまれた。刊本は『続群書類従』消息部　→問丸

殿暦（でんりゃく）　関白太政大臣藤原忠実の日記。『殿記』『知足院殿記』ともいう。記録期間は一〇九八〜一一一八年。刊本は『大日本古記録』。　→指図

東寺百合文書（とうじひゃくごうもんじょ）　東寺（京都府）に伝来した文書。奈良時代から江戸時代初期の約二万四千点の古文書を集める。江戸期に加賀藩主前田綱紀が文書を百の桐箱に整理したところから東寺百合文書とよばれる。京都府立総合資料館に移管。重文。刊本は『大日本古文書』家わけ東寺百合文書　→公平

言継卿記（ときつぐきょうき）　大納言山科言継の日記。織田信長上洛前後の事象を記す、とくに有職故実関係に詳しい。記録期間は一五二七〜一五七六年（欠失あり）。刊本は『史料纂集』　→切符

長能集（ながよししゅう）　私家集。作者は藤原長能。一〇〇九年成立。「ながとうしゅう」ともいう。刊本は『群書類従』和歌部　→畑

二月堂修中練行衆日記（にがつどうしゅうちゅうれんぎょうしゅうにっき）　東大寺二月堂修二会（お水取り）に参籠する練行衆により毎日書き継がれてきた記録。現存最古のものは保安五年（一一二四）〜文永六年（一二六九）の冊子。参籠者の交名に加えて、関連諸事項や参籠期間に起こった事件について記す。東大寺図書館蔵。東大史料編纂所から影写本の画像がネット配信されている。　→コラム　仏教

日葡辞書（にっぽじしょ）　日本語辞書。口語を中心に文語・方言・卑語まで三万余語を収録。ＡＢＣ順に配列し、ポルトガル語で説明。編者不詳、ポルトガル宣教師が編成に関わったと思われる。一六〇三〜四年成立。刊本は土井忠生等訳『邦訳日葡辞書』　→阿党・一揆・田舎・合点・器量・結解・興行・自然・支配・白状・比興・無縁・無足・勿体ない

日本後紀（にほんこうき）　六国史の一。『日本書紀』『続日本紀』に続く勅撰、編年体正史の三番目。作者は藤原冬嗣・藤原緒嗣ら。八四〇年成立。七九二〜八三三年を記す。刊本は『新訂増補国史大系』　→茶

日本書紀（にほんしょき）　六国史の最初。『日本紀』ともいう。勅撰、編年体の正史。作者は舎人親王ら。七二〇年成立。神代〜持統天皇までの歴史を記す。刊本は『日本古典文学大

系』など多数　→乳母・宿直・惣領・旗を揚げる・婿

後鑑（のちかがみ）　歴史書。江戸幕府の命により儒官成島良譲等が編纂。一八五三年完成。一三三一年の足利尊氏京都発向から一五九七年足利義昭死去までを編年体で記す。刊本は『新訂増補国史大系』　→小袖・鶖眼

梅松論（ばいしょうろん）　歴史書。承久の乱から新田義貞の金崎城陥落まで過程を足利氏の視点で述べる。作者不詳。成立年代は一三四九〜八九年?。刊本は流布本は『群書類従』合戦部、古本系は『国語国文』三三ノ八・九　→小袖

百錬抄（ひゃくれんしょう）　歴史書。『百練抄』とも書く。冷泉天皇〜後深草天皇即位（九六八〜一二五九年）までの事蹟を編年体で記す。作者不詳。十三世紀末成立。刊本は『新訂増補国史大系』　→徳政

兵庫北関入船納帳（ひょうごきたせきいりふねのうちょう）　納税記録台帳。一四四五年一月〜四六年一月の期間、兵庫北関に入船した船舶の関税徴収記録。入港した船舶の船籍地・積載品および数量・関料・納付年月日・船頭・船主が記載され、瀬戸内水運の実態を記す。刊本は林屋辰三郎編『兵庫北関入船納帳』　→問丸

武家年代記（ぶけねんだいき）　→年代記。一一八〇〜一四九九年の期間の天皇・摂政・関白・将軍・執権等の幕府の要職の補任、評定事項、幕府関連重要事項を記載。作者不詳。十四世紀初期成立、十五世紀末まで書き継がれる。刊本は『続史料大成』　→路次

法曹類林（ほっそうるいりん）　法制書。藤原通憲が、法曹家の明法勘文・問答を集録分類し、これに自案を加えたもの。平安時代末期成立。全二三〇巻のうち四巻が現存し、『新訂増補国史大系』に収録。石井良助『日本相続法史』で、『新訂増補国史大系』未収録の残欠一葉を紹介。　→得分親

扶桑略記（ふそうりゃくき）　歴史書。神代〜一〇九四年までの歴史を仏教に重点をおいて編年体で記す。作者は皇円。平安後期成立。刊本は『新訂増補国史大系』　→兵士

平家物語（へいけものがたり）　軍記物。平家一門の興亡を語る。作者不詳。「原平家物語」からさまざまな諸本が成立したとされ、それらは語り物系と読み本系の二系統に分かれる。読み本系の延慶本『平家物語』は一三一〇年書写の奥書を有し確実な最古の書写年代を記す。刊本は『日本古典文学大系』（流布本）など多数　→一期・器量・城郭・自由・長者・旗を揚げる

平戸記（へいこき）　平経高の日記。『経高卿記』ともいう。鎌倉期の公武関係・訴訟等を記す。現存するのは一二三七〜一四六年までが断続して残存。刊本は『増補史料大成』　→徳政

本朝高僧伝（ほんちょうこうそうでん）　伝記。一六百人余の僧尼の

伝記を集める。一七〇二年成立。作者は卍元師蛮。刊本は『大日本仏教全書』→結界

本朝続文粋(ほんちょうぞくもんずい)　漢詩文集。『本朝文粋』の後をうけ、後一条天皇より崇徳天皇(一一四〇年)までの作品を集める。編者不詳。一一四一～五五年成立か?。刊本は『新訂増補国史大系』→出挙

本朝法華験記(ほんちょうほっけげんき)　説話集。『法華験記』『日本法花験記』ともいう。法華経の霊験譚等を百二十九話を集める。編者は比叡山横川僧鎮源。一〇四三年頃成立。刊本は『日本思想大系』→隠居

枕草子(まくらのそうし)　随筆。作者は清少納言。摂関政治全盛期の宮廷生活を作者独自の感性で記す。十世紀末頃成立。刊本は『日本古典文学大系』→乳母・嫁

万葉集(まんようしゅう)　歌集。仁徳天皇から七五九年までの幅広い作者から四五〇〇首集め収載。編者は大伴家持ら。八世紀後半成立。刊本は『日本古典文学大系』など多数。→市場・畑・旗を揚げる

御堂関白記(みどうかんぱくき)　藤原道長の日記。自筆本は具注暦に記入。道長の動向、人生観等を記す。記録期間は九九八～一〇二一年。刊本は『大日本古記録』『日本古典全集』→垸飯・路次

明月記(めいげつき)　藤原定家の日記。『照光記』ともいう。定家の動向と公家社会の事跡を記し、この時期の歴史・文学両面において貴重な史料。記録期間は一一八〇～一二三五年(欠あり)。現存の冷泉家時雨亭文庫蔵のものは、一一九二～一二三三年を記す。『史料纂集』『明月記』(国書刊行会)→鵞眼・合点・下手人・土倉

蒙古襲来絵詞(もうこしゅうらいえことば)　合戦絵巻。『竹崎季長絵詞』ともいう。蒙古襲来における肥後御家人竹崎季長の戦功を描く。作者不詳。永仁元年(一二九三)の奥書がある。刊本は『日本の絵巻』→庭中・旗を揚げる

令義解(りょうのぎげ)　養老令の官選注釈書。養老令の本文は、本書によって伝わる。撰者は清原夏野ら。八三三年成立。刊本は『新訂増補国史大系』→路次・景迹・兵士

令集解(りょうのしゅうげ)　養老令に私撰の注釈書。令の解釈を集大成したもの。作者は惟宗直本。八五九～八七七年成立。刊本は『新訂増補国史大系』→後家・嫡子

類聚国史(るいじゅこくし)　六国史の記事を事項別に編纂した書物。編者は菅原道真。八九二年成立?。刊本は『新訂増補国史大系』→隠居

類聚三代格(るいじゅさんだいきゃく)　弘仁・貞観・延喜三代格を事項別に編纂した法令集。三代格の内容は、本書によって伝わる。編者不詳。一〇〇二～八九年成立。刊本は『新訂増補国史大系』→押領・越度

和名類聚抄（わみょうるいじゅしょう）　百科辞書。『和名抄』ともいう。日本・中国の物名を分類別に語義を漢文で解説、万葉仮名で和訓を記す。九三一～三八年頃成立。本来は十巻だが、国郡部等を記す二十巻本がある。刊本は『日本古典全集』
→継母・畑・湯屋

コラム古文書用語の読み方及び出典一覧　参考文献

遠藤元男・下村富士男編『国史文献解説』朝倉書店　一九五七年
佐藤進一『古文書学入門』法政大学出版局　一九七一年
『中世史ハンドブック』近藤出版社　一九七三年
『群書解題』続群書類従完成会　一九七六年～
『国史大辞典』吉川弘文館　一九七九年～
『日本古文書学講座』雄山閣　一九八〇年
『古文書用字用語大辞典』柏書房　一九八〇年
『古文書難語辞典』柏書房　一九八一年
日本歴史学会編『概説古文書学　古代・中世編』吉川弘文館　一九八三年
峰岸明編『変体漢文』東京堂出版　一九八六年
竹内理三『史籍解題辞典　古代・中世』東京堂出版　一九八六年
金岡康明等編『日本仏教典籍大辞典』雄山閣出版　一九八六年
『週刊朝日百科日本の歴史　文献史料を読む・中世』朝日新聞社　一九八九年
『講座日本荘園史Ⅰ　荘園入門』吉川弘文館　一九八九年
『日本歴史「古記録」総覧』新人物往来社　一九八九年
『日本歴史「古文書」総覧』新人物往来社　一九九二年
石井進『中世を読み解く　古文書入門』東京大学出版会　一九九〇年
阿部猛編『荘園史用語辞典』東京堂出版　一九九七年
『日本国語大辞典』第二版　小学館　二〇〇〇年～
『日本荘園史大辞典』吉川弘文館　二〇〇三年
阿部猛編『古文書古記録語辞典』東京堂出版　二〇〇五年
高橋秀樹『古記録入門』東京堂出版　二〇〇五年

執筆者一覧（五十音順）

赤澤春彦
阿部　猛
新井信子
石附敏幸
伊東和彦
伊藤瑠美

宇佐見隆之
大澤　泉
奥野中彦
小野塚充巨
久保田和彦
神津朝夫

河野昭昌
小林一岳
今野慶信
酒井紀美
櫻井　彦
白水　智

菅原正子
関　周一
瀬野精一郎
田中寿朗
田中奈保
田村憲美

築地貴久
錦　昭江
野村育世
原　美鈴
樋口州男
藤井　崇

堀内寛康
松井吉昭
三浦勝男
守田逸人
盛本昌広
渡邊浩史

あとがき

『鎌倉遺文』人名・地名索引編の刊行は、早稲田大学旧竹内理三研究室の有志によって、一九八〇年から作業が開始され、一九八四年に第十巻までの人名・地名索引を掲載した『索引編Ⅰ』が刊行された。その後、補遺編まで含めた『索引編Ⅴ』が完成したのは、一九九七年九月、すなわち竹内理三先生ご逝去から半年後のことである。完結後、メンバーの間で、引き続いての『件名索引』着手の話題がのぼったり、他からの問いあわせをうけたりすることもしばしばであった。しかし『鎌倉遺文』に関しては、『平安遺文』とは異なり、『件名索引』はつくらないという、当初の段階での竹内先生のご判断を変更できないのは、いうまでもないことであった。

そこで、私たちは、竹内先生ご自身が『平安遺文索引・件名編』を活用して執筆された「荘園語彙考」(『荘園制社会と身分構造』校倉書房、一九八〇年所収)を指針として、松井吉昭氏を世話人とする〈鎌倉遺文語彙研究会〉をあらたに発足させ、語彙の研究活動を継続することとなった。

このような経緯をふまえる中で、「件名索引のように網羅的なものは無理だが、限定された語彙だけでも抽出して解説を加えた本ができないものであろうか」という発想が提案され、これが本書の原点となった。『索引編』作成の旧メンバーであった樋口州男・松井吉昭・錦　昭江、『鎌倉遺文』より水界史関連の目録を作成した経験をもつ白水　智、さらに櫻井　彦・石附敏幸・今野慶信を加えて、あらたに「ことばの中世史研究会」として、会がもたれたのは、二〇〇四年のことである。網野善彦氏他編『ことばの文化史』一〜四(平凡社、一九八八〜八九)以外、類書に乏しい企画であったため、当初は、互いに『鎌倉遺文』から興味深い語を抽出し、調査・報告をするという作業を繰り返して内容を検討していった。

二年弱の検討過程を経て、各執筆者の方々に、ご依頼ができたのは二〇〇六年春のことである。先学の瀬野精一郎・阿部　猛・奥野中彦・三浦勝男・酒井紀美各先生方には、ご専門の分野に関わる項目のご執筆をお願いした。また、『索引編』作成の旧メンバーであった伊東和彦・田中寿朗・堀内寛康・新井信子・菅原正子各氏、竹内ゼミおよび瀬野ゼミの皆さん、『水界史史料目録』作成にあたった皆さんをはじめ、中世史研究各分野の第一線で活躍されている研究者の方々、そして、これからおおいに『鎌倉遺文』を活用していただきたい若手の研究者の方々にもご執筆をお願いした。それぞれご多忙中にもかかわらず、ご助力いただけたことに、厚く御礼申し上げる。

編集段階では、『鎌倉遺文』データベース検索にあたり、東京大学史料編纂所の榎原雅治氏にご配慮いただいた。また、本書は、「ことばの宝庫」である『鎌倉遺文』が、より多くの人々に活用されることを願って企画されたという趣旨から、歴史学の分野では瀬野精一郎先生、国語学・国文学の分野では上野和昭氏・久保勇氏にも貴重なご助言をいただいた。記して謝意を表するものである。

古文書の世界は、想像以上に奥が深く、本書の編集過程では、多くのことを学ぶとともに、また、さまざまな問題にも直面した。刊行に至った現段階でも、それらがすべて解決したとは言い難い。本書の内容等については、読者諸氏から忌憚のないご意見、ご叱正を請う次第である。編集委員一同、本書の刊行が、〈中世のことば〉研究の出発点と考え、今後もさらに一層の研鑽を積む所存である。

二〇〇六年より、『鎌倉遺文』全巻の語彙が東京大学史料編纂所のホームページから自由に検索できるようになった。『索引編』一冊で約八万枚のカードを作成し、漢音読みのルビをふり、五十音順に並べ替える作業をしていたことを思い出すと、隔世の感がある。検索が容易になった現在こそ、さらに『鎌倉遺文』の活用範囲が拡大する機会でもある。この本が、その一助となれば望外の幸せである。

最後になったが、東京堂出版編集部の松林孝至氏には、企画段階から今日に至るまで、つねに的確な助言と励ましで、私たち編集委員を長期間にわたって支えていただいた。記して感謝の意を捧げるものである。

二〇〇七年九月

編集委員を代表して

錦　昭江

門田＊（もんでん）……………………………**208**

や　行

輩（やから）→ともがら
山手（やまて）………………………………**203**
山伏（やまぶし）……………………………137
やもめ……………………………………………61

＊

猶子（ゆうし）………………………………46, 80
遊女（ゆうじょ）……………………………69, 82
譲状＊（ゆずりじょう）…3, 14, 42, **43**, 48, 49, 54, 55, 57, 61, 64, 65, 67, 71, 72, 77, 90, 96, 100, 111, 115, 125, 136, 145, 159, 162, 164〜166, 189, 193, 223, 224
湯屋（ゆや）……………………………**125**〜130

＊

養子（ようし）…16, 55, 66, 67, 76, **80**, 83, 100
夜討（ようち）…14, 30, 34, 71, 213, 220, 222, 224, 248, 250, 253
用途（ようど）…140, 143, 160, 163, 164, 176, 191, 196, 201, **203**〜205
養父（ようふ）…………………………………82
読合（よみあい）…………………………**204**
嫁（よめ）……………………78, 79, **81**〜83

ら　行

来納（らいのう）…………………………**205**
落書（らくしょ）…………………………**247**, 248
落書起請（らくしょきしょう）…………34, 248
濫行（らんぎょう）…………………104, 227, 233
濫妨（らんぼう）……30, 92, 193, 228, 233, 234

＊

利銭出挙（りぜにすいこ）………………150, 151
立券文＊（りっけんもん）……………………**42**
流毒（りゅうどく）…………………………**174**
令旨（りょうじ）……………………………41, 116
料田（りょうでん）…………………………105, 112
綸旨（りんじ）……………………41, 238, 250

＊

流記（るき）……………………………………44, 145
留守所（るすどころ）………28, 29, 41, 192, 208

＊

練行衆（れんぎょうしゅう）……102, 128〜131
連署＊（れんしょ）…5, 23, 65, 68, 72, **87**, 99, 247

＊

狼藉（ろうぜき）…19, 30, 57, 103, 156, 226, 227, 231, 233, 234, 236, 242, **248**, 250
浪人（ろうにん）……………………167, 201, 227
狼唳（ろうるい）………………………………37
六波羅御教書（ろくはらみぎょうしょ）………41
路次（ろじ）……103, 214, 220, 249, **250**〜253
路次狼藉（ろじろうぜき）………248, 249, 251
論所＊（ろんしょ）……………………**39**, 193
論人＊（ろんにん）……………………2, **38**, 39

わ　行

賄賂（わいろ）……………………105, 109, 226
脇牓示（わきぼうじ）……………………109, 199
倭寇（わこう）…………………………………225
和市（わし）………………………137, **175**, 176
和市之法（わしのほう）………………175, 176
和与状＊（わよじょう）…2, 39, 58, 66, 136, **140**
和与中分（わよちゅうぶん）…………………148
割書＊（わりがき）………………………2, **87**
悪口（わるくち）→あっこう

分捕（取）（ぶんどる）……………42, **243**, 244
分明（ぶんみょう）………………………24, 95

＊

炳焉＊（へいえん）………………………55, **179**
兵士（へいし）……………36, **73**, 75, 116, 221
兵士米（へいしまい）……………………………75
兵士役（へいしやく）………………74, 141, 185
別所（べっしょ）………………………92, 121
別符（べっぷ）………………………**197**, 240
返抄＊（へんしょう）………………**43**, 142, 187

＊

奉（ほう）……………………………………132
法会（ほうえ）…106, 107, 128, 130, 132, 189, 206
宝号（ほうごう）………………………129, 130
牓示（ぼうじ）……………24, 42, 193, **198**, 199
房仕役（ぼうじやく）……………………………184
奉書＊（ほうしょ）…………………………**40**, 41
謀書＊（ぼうしょ）………………3, 71, **87**, 244
髣髴（ほうふつ）……………………………24
法流（ほうりゅう）…………………………122, 123
母開（ぼかい）…………………………………215
墓所（ぼしょ）…………………101, **110**〜114
本公験（ほんくげん）…………………………16, **87**
本家＊（ほんけ）…………………………………**208**
凡下＊（ぼんげ）…17, 57〜59, 144, **179**, 215, 253
本券＊（ほんけん）……2, 77, **87**, 189, 191, 193
本所＊（ほんじょ）…23, 24, 52, 147, 171, 182, 189, **209**, 213, 214, 230, 248, 253

ま　行

巻舌（まきじた）→かんぜつ
継母（ままはは）→けいぼ
万雑公事（まんぞうくじ・まんぞうくうじ）…114, 185
政所下文（まんどころくだしぶみ）………40, 41

＊

右（みぎ）……………………………………179
御教書＊（みぎょうしょ）………15, **41**, 86, 205
見せ消ち＊（みせけち）……………………**87**, 187
密懐（みっかい）……………………………**244**, 245
三日厨（みっかくりや）……………………117, 184
密通（みっつう）………………………………82
宮座（みやざ）……………………69, 129, 202
名字（みょうじ）…………………………**76**, 77
未来（みらい）…………………………………**118**
未来際（みらいざい）……………………………118
未来年号（みらいねんごう）……………………118
未来領主（みらいりょうしゅ）……90, 118, 195

＊

無縁（むえん）…………………**119**〜122, 137
無縁所（むえんじょ）……………………119, 120
迎買（むかえがい）……………………………138
婿・聟（むこ）………………69, **78**, 79, 96, 139
無常（むじょう）………………………………101
無常院（むじょういん）…………………………101
筵付米（むしろつきまい）………………**199**, 200
無尽（むじん）…………………………156, 158
無尽銭（むじんせん）……………………150, 158
無足（むそく）………………56, 57, **200**〜202

＊

召籠（めしこめ）…………………………214, 215
召文＊（めしぶみ）………………………………**39**
乳父（めのと）……………………………46, 47
乳母（めのと）→うば
目安（めやす）…………………**35**, 36, 184, 189
免田（めんでん）…………51, 72, 192, 206, 207

＊

蒙古襲来（もうこしゅうらい）…13, 16, 23, 42, 52, 79, 90, 115, 116, 150, 154, 249
目録（もくろく）…2, 8, 21, 31, 143, 204, 206, 244
勿体ない（もったいない）……………**172**, 173
以下（もってくだす）……………………………86
以解（もってげす）………………………………40
本鳥を切る（もとどりをきる）…215, **245**, 247, 253
物言（ものいい）………………………………33
門跡（もんぜき）………………**122**〜124, 171

252
土用（どよう）……………………**109**, 110, 197
取帳（とりちょう）…………………43, 204, 206
遁世（とんせい）……………49, 92, 93, 231, 245

な　行

流旗（ながしはた）…………………………115
名寄帳（なよせちょう）…………………43, 235

＊

日記（にっき）……**31**, 128, 130, 184, 188, 204
女人結界（にょうにんけっかい）………100, 102

＊

野畠（のばたけ）……………………**165**, 166
延（のび）……………………………………199

は　行

者＊（は）………………………………………**134**
売券＊（ばいけん）…2, 16, 17, 29, **43**, 68, 77,
145, 148, 164
墓（はか）……………………………**110**〜114
無墓（はかなし）……………………………111
墓守（はかもり）……………………………113
計沙汰（はからいさた）………………18, 27, 95
博奕（ばくえき）→ばくち
白状（はくじょう）…………………**239**, 241
博奕（ばくち）……………100, **241**, 243, 246
端（はし）……………………………………86, 87
端裏書＊（はしうらがき）………………**87**, 187
馬上定（ばじょうさだめ）………………197, 206
馬上帳（ばじょうちょう）………………43, **197**
畑（はたけ）…………………165, **167**, 168
畠（はたけ）…………………165〜**167**, 168
旗差（はたさし）………………………115, 116
旗を揚げる（はたをあげる）…………**115**, 116
初穂（はつほ）…………………………………153
犯科人（はんかにん）……………………………14
番頭（ばんとう）……………………………63, **72**
番頭職（ばんとうしき）…………………………72

＊

贔屓（ひいき）…………………………………94
引付＊（ひきつけ）…………………26, **38**, 182
引付沙汰（ひきつけさた）………………………18
引付衆（ひきつけしゅう）………………………93
引出物（ひきでもの）……………………**117**, 184
非拠＊（ひきょ）…………………57, 169, **179**
比興（ひきょう）………………………………**169**
非御家人（ひごけにん）………15, 17, 215, 230
密懐（びっかい）→みっかい
悲田（ひでん）……………………………………103
日次＊（ひなみ）…………………31, 176, **179**
日次記（ひなみき）………………………………31
非人（ひにん）…………………………119, 215
評定＊（ひょうじょう）…19, 26, **38**, 48, 65, 71,
78, 85, 93, 96, 163, 195, 215, 218, 225, 247
評定沙汰（ひょうじょうさた）………………18
評定衆（ひょうじょうしゅう）………5, 38, 93, 96
評定文（ひょうじょうぶん）……………………2
尾籠（びろう）……………………………………37

＊

符＊（ふ）…………………………………………**40**
夫婦之儀（ふうふのぎ）……………………………83
風聞（ふうぶん）……………8, **32**〜34, 83, 225
不孝（ふきょう）…………………………57, 99
覆勘状＊（ふくかんじょう）……………………**42**
無沙汰（ぶさた）…………………18, 25, 65, 173
不日＊（ふじつ）…………………14, 33, **179**
諷誦（ふじゅ）…………………………………130
布施物（ふせもの）………………………106, 108
二重成（ふたえなし）……………………………205
懸札（ふだをかける）→けんさつ
立札（ふだをたてる）……………………198, 199
不知行（ふちぎょう）……………………………208
不調（ふちょう）…………………………99, 100
覆勘状（ふっかんじょう）→ふくかんじょう
物忩＊（ぶっそう）………………………23, **179**
文殿＊（ふどの）…………………………2, 26, **38**
補任状＊（ぶにんじょう）………………………**42**
不便（ふびん）…23, 72, 92, 108, **170**〜172, 195
撫民（ぶみん）……………………………………10
紛失状（ふんしつじょう）……145, 161, 166, 212

た 行

対捍＊（たいかん）…98, 107, 108, 140, **208**, 249
退屈（たいくつ）……………………………**194**
怠状（たいじょう）…………………………**25**
太政官符（だいじょうかんふ）…40, 102, 114, 143
田代（たしろ）………………………………**155**
尋沙汰（たずねさた）…………………………18
糺返＊（ただしかえす）……………**179**, 233, 241
侘傺（たてい）……………………………57, **195**
立札（たてふだ）→ふだをたてる
憑支（たのもし）…………………**156**〜158
壇供（だんぐ）…………………………………129
担保文言＊（たんぽもんごん）……………28, **86**

＊

逐電（ちくでん）………………………………100
致仕＊（ちし）……………………………92, **179**
馳走（ちそう）……………………**108**, 109
縮（ちぢみ）……………………………………199
乳付旗（ちつきはた）…………………………115
乳母（ちもと）→うば
茶（ちゃ）…………………………………**159**, 160
嫡妻（ちゃくさい）……………………………66
嫡子（ちゃくし）…57, 64〜**66**〜68, 71, 80, 90, 97, 115, 171, 185
嫡女（ちゃくじょ）…………………66, 72, 90
着到状＊（ちゃくとうじょう）……………**41**, 42
嫡男（ちゃくなん）…………………46, 66, 67, 72
注進状＊（ちゅうしんじょう）…**42**, 118, 124, 206, 252
注文（ちゅうもん）…74, 76, 79, 160, 184, **196**, 227, 229, 230
牒＊（ちょう）………………**40**, 154, 192, 239
逃散（ちょうさん）……………92, 161, 235, 236
長日厨（ちょうじつくりや）…………………184
長者（ちょうじゃ）……………11, **69**, 70, 124
長者職（ちょうじゃしき）……………………69
庁宣＊（ちょうせん）………………**41**, 142, 143
鳥目（ちょうもく）……………………………139
猪鹿栖（ちょかのすみか）…………………**161**
陳状＊（ちんじょう）…2, 4, 5, 35〜**38**, 71, 76, 233, 234, 242, 244
鎮西下知状（ちんぜいげちじょう）…24, 25, 58, 240
鎮西御教書（ちんぜいみぎょうしょ）……41, 182

＊

継目＊（つぎめ）………………………………2, **87**
継目安堵＊（つぎめあんど）……………87, 182
佃（つくだ）……………………185, 206, 208
土田（つちだ）…………………………………148
津料（つりょう）………………………………154

＊

手（て）…………………………………………203
庭中（ていちゅう）……………………**26**, 27
者＊（てえり）…40, 77, 113, 114, **134**, 140, 206
手継証文＊（てつぎしょうもん）……………**87**
田図（でんず）…………………………………192

＊

問（とい）………………………………162, 163
問職（といしき）………………………162, 163
問状＊（といじょう）…………………**38**, 117
問丸（といまる）……………………**162**, 163
唐船（とうせん）→からぶね
当知行＊（とうちぎょう）…17, 104, 182, **208**, 238, 249
道理（どうり）…5, 8, 23, 37, 67, 72, 106, 169, 231, 233
徳政（とくせい）…………**27**〜29, 70, 138, 150
徳政令（とくせいれい）…27, 28, 70, 121, 150, 157, 195
得分親（とくぶんしん）……………………67, **71**
土倉（どそう）…28, 139, 143, 158, **163**〜165, 187, 189
土代（どだい）……………………………86, 214
宿直（とのい）…………………………**29**〜31, 74
宿直物（とのいもの）…………………………141
殿原（とのばら）………………………………145
輩＊（ともがら）…12, 22, 33, 53, 57, 95, 103, 144, 150, **179**, 195, 201, 202, 224, 225, 238,

遵行状（じゅんぎょうじょう）……………………43
城郭（じょうかく）…………………33, **237**〜238
将軍家政所下文（しょうぐんけまんどころくだしぶみ）………………………………………41, 154
将軍家御教書（しょうぐんけみきょうじょ）…41
不可勝計（しょうけいすべからず）→あげてかぞうべからず
勝載物（しょうさいぶつ）………………………141
正作田（しょうさくでん）………………………208
上所（じょうしょ）→あげどころ
定田＊（じょうでん）…………………………**208**
上分＊（じょうぶん）…31, 147, 150, 153, 176, **208**
升米（しょうまい）………………24, 153, 154
正文＊（しょうもん）………………14, 17, **86**
条里図（じょうりず）…………………………112
庶子（しょし）………4, 47, 56, 57, 65〜67, 185
女子一期分（じょしいちごぶん）……………66
所従（しょじゅう）……………49, 50, 222, 233
除田＊（じょでん）…………………………**208**
所当＊（しょとう）…………………………**208**
処分（しょぶん）………………**21**, 48, 56, 57, 71
処分状（しょぶんじょう）…16, 21, 43, 49, 124, 145, 191, 206
所務沙汰＊（しょむさた）…18, **38**, 240, 249, 251
白拍子（しらびょうし）…………………………215
参差＊（しんし）……………………………26, **179**
進止＊（しんし）……22, 124, 147, 148, 163, **179**

＊

吹挙（すいきょ）……………**22**, 23, 56, 57, 124
吹挙状（すいきょじょう）…………………23, 118
出挙（すいこ）……………………**149**, 150, 158
出挙米（すいこまい）……………………50, 150
鮨（すし）…………………9, **151**, 152, 177
図師（ずし）…………………………72, **192**, 193
図帳（ずちょう）…………………………………192
炭（すみ）…………………………………198, 231

＊

成敗（せいばい）…………………5, 12, 18, 82
関所（せきしょ）…5, 52, 75, **153**, 154, 222, 249
関銭（せきせん）……………………………153, 203
関手（せきて）……………………………………203
関米（せきまい）…………………………………75
関料（せきりょう）………………75, 153, 154
世間（せけん）……………………………………107
世俗（せぞく）……………………………**106**〜108
節会（せちえ）……………………………………152
節料（せちりょう）………………………………152
殺生禁断（せっしょうきんだん）…102, 161, 212, 232, 248
施入状（せにゅうじょう）………………………114
せまち……………………………………………**206**
宣旨＊（せんじ）………10, **40**, 43, 91, 124, 149

＊

草（そう）…………………………………………86
惣（そう）………………………………28, 148, 157
草案＊（そうあん）……………………………14, **86**
雑役免（ぞうえきめん）→ぞうやくめん
相折帳・相節帳＊（そうせちちょう）……10, **43**
左右無し＊（そうなし）………95, **134**, 198, 240
雑役免＊（ぞうやくめん）……………………2, **208**
惣領（そうりょう）…4, **64**〜68, 115, 116, 185, 202
惣領職（そうりょうしき）……………65, **66**, 76
惣領制（そうりょうせい）…………………65, 66
相論＊（そうろん）…5, 14, 17, 24, 25, 30, 37, **38**, 48, 50, 55, 56, 62, 75, 76, 82, 99, 109, 115, 118, 137, 158, 172, 176, 184, 186, 189, 193, 198, 203, 205, 215, 218, 223, 240
楚忽（そこつ）…………………………………**23**, 24
訴状＊（そじょう）…2, 6, 12, 23, 35〜**38**, 75, 95, 213, 216, 234
訴陳（そちん）……………………………35, 205
訴陳に番う＊（そちんにつがう）……………**38**
率分（そつぶん）…………………………154, 203
袖＊（そで）…………………………………42, **86**
袖判（そではん）…………………………………86
袖判下文（そではんくだしぶみ）………………41
訴人＊（そにん）……2, 25, 26, **38**, 63, 201, 244
損田＊（そんでん）……………………………196, **208**

249
在地人（ざいちにん）……………………………145
在庁官人（ざいちょうかんじん）…41, 62, 192, 193, 208
在地領主（ざいちりょうしゅ）…………93, 193
棹立（さおたつ）………………………198, 199
境相論（さかいそうろん）…24, 35, 62, 63, 189, 193, 198, 204, 213, 248
榊（さかき）…………………………**104**, 198
酒手（さかて）……………………………203
支申*（ささえもうす）……………………**134**
篠を引く（ささをひく）………………235, 236
閣*（さしおく）…………………26, **134**, 187
指図（さしず）………………24, 143, **188**〜190
差定（さじょう）………………………130, 131
沙汰（さた）…3, 11, **18**, 19, 23, 24, 26, 57, 61, 63, 65, 83, 94, 105, 107, 121, 141, 147, 150, 153, 169, 191, 224, 227, 231, 233, 234, 240, 250
沙汰人（さたにん）……4, 19, 91, 139, 154, 225
沙汰始（さたはじめ）……………………………18
雑務沙汰*（ざつむさた）…………18, **38**, 224
猿楽（さるがく）………………………………69
三齋市（さんさいいち）………………137, 138
三十二相（さんじゅうにそう）………………130
山賊（さんぞく）…34, 213, 214, 220, 223, 224, 248, 251, 253
去*（さんぬる）…………………………**134**, 139
三問三答*（さんもんさんとう）……………2, **38**
算用（散用）（さんよう）……………186, 187
算用状（散用状）*（さんようじょう）…**43**, 186, 187
山林に交わる（さんりんにまじわる）…**231**, 232

＊

辞（じ）…………………………………17, 40
四至（しいし）…6, 42, 77, 102, 103, 189, 193, 198, 232
塩（しお）…………51, 138, 152, 178, 202, 203
塩手（しおて）……………………………203
塩屋（しおや）……………………………202
云々（しかじか）→うんぬん
加之*（しかのみならず）…………………**134**
然者*（しからば・しかれば）…………**134**, 229
直状*（じきじょう）……………………**41**, 42
色代*（しきだい）………………………73, **208**
施行状（しぎょうじょう）……………………43
地子*（じし）…………………………………**208**
自然（しぜん）………………………………**20**
下地（したぢ）…………**147**, 148, 167, 192, 202
質券（しちけん）………………………17, 29, 195
質物（しちもつ）……………………50, 149, 164
執達*（しったつ）………………17, 40, 86, **179**
祠堂銭（しどうせん）……………………………158
祠堂米（しどうまい）……………………………119
神人（じにん）…51, 69, 82, 83, 104, 138, 150, 206, 218, 222, 227, 229
自然（じねん）………………………………**20**
支配（しはい）…19, 64, 65, 68, 185, 187, **191**, 192, 196
支配状（しはいじょう）……………………………75
標（しめ）……………………………………198
借状（しゃくじょう）……………………149, 158
自由（じゆう）…19, 172, 173, 193, 199, **232**〜235
集会（しゅうえ）…………………125, 218, 247
愁状（しゅうじょう）……………………28, 212
重申状*（じゅうしんじょう）………**38**, 74, 214
住宅（じゅうたく）…………**235**, 237, 238, 247
舅（しゅうと）……………………………79, 96
修理料（しゅうりりょう）……………………153
宿（しゅく）…………………………69, 74, 116
酒肴（しゅこう）……………………………**105**
酒肴料（しゅこうりょう）……………………105
咒師（しゅし）…………………………102, 131
種子農料（しゅしのうりょう）…………149, 150
出家（しゅっけ）…………56, 76, 93, 233〜245
出世（しゅっせ）……………………………107
衆徒（しゅと）…5, 24, 28, 32, 33, 55, 75, 103, 104, 115, 116, 121, 124, 212, 214, 226, 227, 236

軍忠状＊（ぐんちゅうじょう）…36, **42**, 116, 243

＊

解＊（げ）…16, 37, **40**, 58, 62, 64, 72, 74, 103, 170, 176, 195, 212, 229
継子（けいし）……56〜78
景迹（けいしゃく）→きょうじゃく
境内図（けいだいず）……101, 189
継父（けいふ）……57
継母（けいぼ）……**56**, 57, 67, 82
下行＊（げぎょう）…35, 130, 137, 149〜151, 187, **208**
下手人（げしゅにん）……14, **226**〜229
解状（げじょう）……222, 226, 229
懈怠＊（けたい）……19, 124, **179**
下知＊（げち）…30, 42, 48, 61, 143, **179**, 230, 235
結縁（けちえん）……127
結解（けちげ）……**186**, 187, 196, 204, 234
結解状（けちげじょう）……43, 163, 186, 187
下知状＊（げちじょう）…38, **41**, 58, 94, 232, 234, 241
結番＊（けちばん）……30, **179**, 196
結界（けっかい）……**100**〜103, 131, 213
結番（けつばん）→けちばん
家人（けにん）……5, 15, 50, 97, 223, 229
下人（げにん）……49, 215, 224
券契状（けんけいじょう）……5
見作（げんさく）……155, 202
懸札（けんさつ）……193, 198
憲政（けんせい）……12
顕然＊（けんぜん）……7, 113, 146, **179**, 240
検断沙汰＊（けんだんさた）…18, **38**, 145, 223, 224, 249, 251
検注（けんちゅう）…42, 65, 109, 148, 184, 197, 204, 206, 234, 235
検注帳＊（けんちゅうちょう）…**43**, 193, 197, 204
検田（けんでん）……204
憲法（けんぽう）……5, **11**
見米＊（げんまい）……35, 202, **208**

＊

交易（こうえき）→きょうえき
甲乙人（こうおつにん）……6, **57**, 58, 59, 215
興行（こうぎょう）……**13**, 19, 28
向後（こうご）→きょうこう
強市（ごうし）……175
拘惜（こうじゃく）……**14**, 233
香水（こうずい）……131
号する（ごうする）……68, 117, 157, 230
強訴（ごうそ）……113, 124, 228
公平（こうへい）→くびょう
牛王宝印（ごおうほういん）……43, 131, 132
沽却＊（こきゃく）……16, 17, 164, **179**
沽却状（こきゃくじょう）……16, 43, 77
国衙＊（こくが）…41, 43, 49, 51, 74, 95, 121, 137, 153, 193, 197, **208**
後家（ごけ）…47, 48, **60**, 61, 67, 71, 82, 90, 148
後家尼（ごけに・ごけあま）…19, 48, 55, 60, 61, 67, 82
御家人（ごけにん）…3, 4, 15〜17, 20, 23, 25, 26, 28, 48, 52, 58, 65, 77, 82, 90, 93, 150, 158, 182, 185, 195, 216, 225, 227, 229, 238
御家人と号する（ごけにんとごうす）……**229**
沽券（こけん）……**16**, 17, 43
小袖（こそで）……**144**
乞食（こつじき）……137, 215
忽緒（忽諸）＊（こっしょ）……**179**, 230
骨張（こっちょう）……37, **230**
事書＊（ことがき）…21, 26, 48, 65, **86**, 93, 115, 148, 163, 187, 195, 244, 250
故下（ことさらにくだす）……86
為事実者（ことじちたらば）……171
古老（ころう）……**62**, 63

さ　行

座（ざ）……138
裁許状＊（さいきょじょう）…2, 18, 30, **38**, 155, 187
在家（ざいけ）……29, 77, 95, 138, 235
催促状（さいそくじょう）……51
在地（ざいち）…62, 63, 107, **145**, 146, 219, 221,

勘文（かもん）→かんもん
唐船（からぶね）……………………**140**～142
苅田狼藉（かりたろうぜき）……………249, 253
過料*（かりょう）……………25, **38**, 241, 244
河手（かわて）……………………138, 154, 203
冠者（かんじゃ（かじゃ））……………**49**, 50, 96
感状*（かんじょう）……………………**42**, 112
勧進（かんじん）……13, 119, 154, 157, 215, 249
巻舌（かんぜつ）……………………………37
緩怠*（かんたい）……………………26, **179**
勘当（かんどう）…………………………**98**, 99
関東下知状（かんとうげちじょう）…48, 56, 61, 63, 66, 71, 93, 191, 197, 203, 244, 250
関東御教書（かんとうみぎょうしょ）…15, 17, 41, 117, 166, 176, 212, 229, 234
関東御公事（かんとうみくうじ）…15, 65～68, 116, 185, 202
勘渡帳（かんとちょう）……………………163
梶取（かんどり）…………………………**51**, 52
勧農（かんのう）…………………85, 147～149
官物（かんもつ）……………60, 143, 186, 187
勘文*（かんもん）……………………**43**, 164
願文*（がんもん）……………22, **43**, 109, 121
寛宥*（かんゆう）……………………105, **179**

＊

飢饉（ききん）………70, 84, 150, 213, 219, 249
刻*（きざみ）………………64, 116, **133**, 164
起請（きしょう）…………………………103, 182
起請文*（きしょうもん）…5, 34, **43**, 58, 62, 74, 85, 95, 99, 108, 126, 132, 146, 213, 247
寄進状*（きしんじょう）…10, 23, **42**, 113, 148, 207
義絶（ぎぜつ）…………56, 57, 79, **99**, 100, 146
切符（きっぷ）→きりふ
格（きゃく）………………………………60, 149
究済（きゅうさい）…………………………187
給田*（きゅうでん）………51, 72, 171, 206, **208**
糺返（きゅうへん）→ただしかえす
交易（きょうえき）………………………154, 176
胸臆（きょうおく）……………………………37
供給（きょうきゅう）→くごう
恐々謹言（きょうきょうきんげん）……………86
向後*（きょうこう）……………6, 30, 108, **133**
恐惶謹言（きょうこうきんげん）………………86
景迹（きょうじゃく）……………………………**9**
京上夫（きょうじょうふ）……………………185
交分（きょうぶん）……………………………199
交名*（きょうみょう）…15, 17, **43**, 52, 75, 77, 79, 196, 225, 227～230, 247
挙状（きょじょう）……………………………23
挙銭（きょせん）………………………150, 158
切符（きりふ）……………………………**142**, 143
器量（きりょう）…22, **52**, 53, 58, 63～67, 123, 124, 139
禁制（きんぜい）……26, 57, 103, 174, 201, 242
近代（きんだい）………………………………103

＊

杭（くい）………………………………………199
悔返（くいかえす）…………………………**54**, 55
供給（ぐきゅう）→くごう
傀儡（くぐつ）…………………………………69
公験*（くげん）……………………62, 161, **179**
供給（くごう）……………………………**183**, 184
供御人（くごにん）……………………138, 216
草手（くさて）…………………………………203
公事（くじ）…4, 9, 30, 60, 65, 67, 72, 114, 137, 147, 184, **185**, 186, 201, 206, 208
公事足（くじあし）……………………………202
具書*（ぐしょ）………………………………**38**
下文*（くだしぶみ）…7, 14, 15, 28, 29, **40**～42, 48, 54, 58, 63, 67, 68, 142, 161, 182, 197, 205, 234
如件*（くだんのごとし）…7, 16, 17, 21, 36, 38, 40～43, 61, 86, 114, 130, 131, **133**, 187, 191
賦奉行*（くばりぶぎょう）……………………**38**
公平（くびょう）………………………………**10**
供奉*（ぐぶ）…………………………15, **179**
厨雑事（くりやぞうじ）………………………184
軍勢催促状*（ぐんぜいさいそくじょう）…**41**, 42
軍忠挙状（ぐんちゅうきょじょう）……………23

有徳人（うとくにん）……………………………70
乳母（うば）………………………………**46**, 47
奪取（うばいとる）…214, **219**, 220, 248, 249, 251, 252
裏書（うらがき）……………2, 5, 100, 101, 148
裏封（うらふう）→うらをふうずる
裏を封ずる（うらをふうずる）…………………**2**
温室（うんじつ）……………………125〜127
云々＊（うんぬん）…10, 28, 77, 103, 111, **133**, 139, 155, 171, 229, 234, 242

＊

依怙（えこ）……………………………**94**, 101
会釈（えしゃく）…………………………**95**
絵図（えず）………24, 101, 118, 148, 155, 189
烏帽子（えぼし）………………………**96**, 245
烏帽子親（えぼしおや）………………46, 96, 97
烏帽子子（えぼしご）………………79, 96, 97
縁（えん）…………………………………119
縁者（えんじゃ）…………58, 79, 96, 97, 99, 119

＊

往昔＊（おうじゃく）………………15, 161, **179**
圧状（おうじょう）…………………………240
往昔（おうせき）→おうじゃく
垸飯（椀飯）（おうばん）……………………**3**
押領（おうりょう）…6, 62, 77, 141, 193, **221**〜233
大袋（おおぶくろ）…………………**223**, 224
置石（おきいし）………………24, 153, 154
置文＊（おきぶみ）…4, **43**, 64, 92, 93, 113, 125, 190, 247
奥＊（おく）……………………………**86**, 87, 192
奥上署判下文（おくうえしょはんくだしぶみ）…41
怠状（おこたりじょう）→たいじょう
押入婿（おしいれむこ）………………78, 222
押買（おしがい）………138, 222, 249, 250, 253
押作田（おしさくでん・おうさくでん）……63, 221
越度（落度）（おちど）→おつど
億劫（おっくう）→おっこう
億劫（おっこう）…………………………**97**
越訴＊（おっそ）………………………18, **38**
越度（おつど）………………………………**5**
畢・了・訖＊（おわんぬ）…5, 8, 10, 12, 17, 21, 23, 94, 98, 100, 105, 113, **133**, 143, 146, 172, 187〜189, 202, 216, 219, 236, 238, 240, 242
温室（おんしつ）→うんじつ
恩足（おんそく）……………………………201

か　行

雅意＊（がい）………………77, 173, **179**, 213
改嫁（かいか）………………**48**, 49, 81, 82, 173
海賊（かいぞく）…34, 74, 213, 220, 223, **224**, 225, 248, 249, 251, 253
垣内（かいと）…………………………251, 252
開発領主（かいはつりょうしゅ・かいほつりょうしゅ）……………………………15, 42, 69
懐抱（かいほう）……………………………244
花押＊（かおう）………………2, 41, **86**, 87
篝屋（かがりや）……………………………15
加冠（かかん）………………………………96
鵞眼（ががん）………………………**139**, 140
書下（かきくだし）…………………………41, 74
書止文言＊（かきとめもんごん）……5, 40, 43, **86**
水手（かこ）………………………36, 51, 60
過差＊（かさ）………………………129, 144, **179**
借上（かしあげ）……………………………163
加地子（かじし）……………………………62, 147
梶取（かじとり）→かんどり
嫁（かす）→よめ
員米（かずまい）……………………………199
緩怠（かた）→かんたい
方違（かたたがえ）…………………………117
且（かつうは）…………………………**6**, 7, 14
且（かつがつ）……………**6**, 7, 19, 63, 164, 223
合戦手負注文（かっせんておいちゅうもん）…116, 196
合点（がってん）……………………**8**, 196, 204
門田＊（かどた）→もんでん, **208**
勾引（かどわかし）…………………………224
鐘撞免田（かねつきめんでん）………………207
鎌懸（かまかけ）……………………………198

索　　引

太字は立項されている項目，＊はコラムで解説している項目を示し，太字数字はその頁で立項されていることを示す.

あ 行

合婿（あいむこ）……78
白地（あからさまに）……241
明沙汰（あきらめさた）……18, 133
明申＊（あきらめもうす）……86, **133**
悪党（あくとう）…14, 34, 58, 76, 79, 96, **212**, 213, 214, 219, 220, 225〜227, 230, 236, 238, 243, 247〜249, 251, 252
不可勝計＊（あげてかぞうべからず）……**133**, 176
上所＊（あげどころ）……**86**
不能＊（あたわず）……15, 21, 76, 124, **133**, 232
悪口（あっこう）……37, **214**, 215, 244
宛行状（充行状）＊（あておこないじょう）…**42**, 55, 133
宛行（充行）＊（あておこなう）……53, 114, **133**
宛行状（あてがいじょう）→あておこないじょう
宛行（あてがう）→あておこなう
宛所（充所）＊（あてどころ）……**86**
跡＊（あと）……54, 70, 76, 98, **133**, 189
阿党（あとう）……**216**, 217
案内＊（あない）……124, **133**
嫂（あによめ）……83
姉聟（あねむこ）……78
網場（あば）→あみば
剰＊（あまつさえ）……50, 111, **133**, 250
網場（あみば）……**136**
改沙汰（あらためさた）……18
有難＊（ありがたし）……**133**, 198
在判＊（ありはん）……61, **86**
案（あん）…2, 4, 5, 7, 10, 15〜17, 22, 24, 28, 35, 37, 56, 58, 61〜65, 71, 74, 77, 92, 94, 95, 100, 109, 111, 114, 118, 146, 160, 165, 166, 172, 173, 189, 191, 194, 206, 212, 214, 219, 220, 222, 224, 229, 242, 244, 250, 252
安堵（あんど）……15, 48, 54, 65, 121, **182**
安堵状＊（あんどじょう）……**42**, 182
案内（あんない）→あない
案文＊（あんもん）……2, 20, 24, **86**, 154, 187

＊

移（い）……86
雖＊（いえども）…2, 15, 17, 20, 28, 29, 53, 56, 57, 60, 80, 95, 100, 106, 114, 124, 131, **133**, 164, 172, 194, 220, 232, 233, 240, 252, 253
以前＊（いぜん）……**179**
一期（いちご）……48, 67, **90**
一期領主（いちごりょうしゅ）……90, 118, 195
市津料（いちしんりょう）……138
市立（いちだて）……137
市棚（いちだな）……138
市場（いちば）……**137**, 138, 176, 250
一味神水（いちみじんすい）……218
一味同心（いちみどうしん）……218
一揆（いっき）……28, 207, **218**, 219
田舎（いなか）……**139**, 146
猪（いのしし）……151, 161, 213
鋳物師（いもじ）……138, 154, 239
井料田（いりょうでん）……94, 190
無謂＊（いわれなし）……**133**
隠居（いんきょ）……**91**〜93
院家（いんげ）……122, 123
院主（いんしゅ）……122〜124
院宣（いんぜん）……8, 33, 41, 220, 228
去（いんぬる）→さんぬる
院庁下文（いんのちょうくだしぶみ）……40, 205

＊

有縁（うえん）……120, 121
請所（うけしょ）……17, 46
請文＊（うけぶみ）…10, **42**, 58, 95, 108, 156, 157, 182, 186, 222〜224, 233, 234
牛神祭（うしがみまつり）……198
氏長者（うじのちょうじゃ）……69
写＊（うつし）…**86**, 93, 101, 159, 191, 197, 234
有徳（うとく）……150

鎌倉遺文にみる中世のことば辞典

二〇〇七年九月一〇日　初版印刷
二〇〇七年九月二〇日　初版発行

編　者　©ことばの中世史研究会
発行者　今　泉　弘　勝
印刷所　株式会社　理　想　社
製本所　渡辺製本株式会社

発　行　所　株式会社　東　京　堂　出　版
東京都千代田区神田神保町一－一七（〒一〇一－〇〇五一）
電話　〇三－三二三三－三七四一　振替〇〇一三〇－七－二七〇

ISBN978-4-490-10729-6 C1581
Printed in Japan